社会的世界の制作
人間文明の構造

ジョン・R・サール——著
三谷武司——訳

making the social world

John R. Searle

keiso shobo

ダグマーに

社会的世界の制作　目次

凡例

・本書はJohn R. Searle, *Making the Social World: The Structure of Human Civilization*（Oxford University Press, 2010）の全訳である。
・短い原注や文献情報のみの原注は本文に組み込み、それ以外は原注の番号を残して傍注とした。
・原文のイタリック体は強調の場合は傍点を付してある。
・訳者の判断で原著にはない改段落を入れた箇所がある。
・引用文に既邦訳のある場合は参照のうえ、必要に応じて訳者の独自訳とした。

序文

本書で試みるのは、人間の社会的・制度的現実の基本的な性質とその存在のあり方――哲学用語で言うなら本質と存在論――の説明である。民族国家や貨幣、また会社やスキークラブや夏休みやカクテルパーティやアメフトの試合、これらが「存在する」と言われるとき、その「存在する」とはいったいどういうことなのか、それを考えたい。特に、社会的現実の創出、構成、維持に際し言語が果たす役割については、とりわけ厳密な説明を与えたいと思っている。

本書は前著『社会的現実の構築』(Searle 1995) で着手した議論を引き継ぐものだが、まずは社会的現実に対する我々の理解にパラドクスが含まれることを指摘して、社会的存在論がいかに厄介な問題であるかを示しておきたい。例えば、「バラク・オバマは米国大統領である」、「私が手に持っている紙片は二十ドル紙幣である」、「私はロンドンで結婚した」――これらはいずれも、社会的現実についてなされた完全に客観的な陳述である。ところがこれら客観的な陳述に対応する事実の方は、どれも人間の主観的態度によって生み出されたものなのだ。このパラドクスを問いの形に直すなら、「主観的見解によって生み出された現実について、事実的で客観的な知識をもつことはいかにして可能か」とでもなろう。私はこの問いに魅力を感じる。というのもこの問いは、次のような、もっと大きな問いに繋がっているからである。

我々はこの世界が物理的な粒子から成り立つものであることを知っている。またこの物理的粒子が心や意味をもたないことも知っている。しかし、そうした物理的世界の中で、我々自身——心をもち、合理的であり、発話行為を遂行し、自由意志をもち、社会的であり、また政治的でもある存在としての人間——はどのように説明されるのか。殺伐たる物理的事実の支配するこの世界の中に、社会的で心的な我々の存在はいかにして位置づけられるのか。この問いに答えるにあたりまず避けるべきなのは、心的領域と物理的領域を互いに存在論を異にする二つの世界として、最初から別々に分けて考える態度である。ましてや社会的領域まで追加して三つも領域を考えるなど論外である。現実はあくまでも一つでなければならない。その単一の現実に人間の現実をうまく組み込んだ説明を与えることが可能か否か——それが問題なのだ。

本書ではまず社会的存在論の一般理論を示し、続いて政治権力の本質、普遍的人権の占める地位、社会の中で合理性の担う役割、といった特殊な問題群にこの理論の適用を試みる。

謝辞

これまで何冊も著書を出してきたが、今回ほど多くの方のお世話になったことはなかったように思う。これには二つの事情がある。第一に、前著の『社会的現実の構築』(Searle 1995)で手をつけた議論に、哲学のみならず経済学、社会学、心理学と、社会科学全般の研究者の方々から多大なコメントをいただけたことである。そして第二に、本書の主題に関連するテーマについて、私も参加しているバークリー社会的存在論グループにおいて週一回のペースで議論を交わす機会が得られたことである。お世話になった全員のお名前を挙げることはできないにしても、以下の方々にはやはり記して感謝の気持ちを表しておきたい。

なんといっても私は有能な助手に恵まれたと思う。私の研究人生へのかれらの貢献を考えてみれば、「研究助手《リサーチアシスタント》」という括りはいかにも不適切である。かれらはあらゆる意味で私の共同研究者であったからだ。ここでは特に、ジェニファー・ヒューディン、アシア・パシンスキー、ロメリア・ドレイガー、ベアトリス・コボウ、マット・ウルフ、アンデシュ・ヘドマン、ヴァイダ・ヤオ、ダニエル・ヴァシャーク、ビスキン・リー、フランチェスカ・ラッタンツィの各氏のお名前を挙げさせていただきたい。

かれらはほぼ全員がバークリー社会的存在論グループのメンバーでもある。このグループでは他にも、サイラス・シャヴォシー、アンドルー・モイジー、マルガ・ベガ、クラウス・ストレラウ、マヤ・クロンフェルド、アウスタ・スヴェインスドウティル、ダイナ・グセイノーヴァ、ラファエラ・ジョヴァニョーリ、アンディ・ワンドの各氏に特にお世話になった。

『社会的現実の構築』で扱った論点については、これもありがたいことに多くの学術誌で特集が組まれ、中には論文集として刊行されたものもある。*American Journal of Economics and Sociology* 62, no. 1 (January, 2003) は、デイヴィッド・コプセルとローレンス・S・モスを編者とし「ジョン・サールの社会的現実論——発展、批判、再構築」と題する特集号として編まれている。執筆陣にはアレックス・ヴィスコヴァトフ、ダン・フィッツパトリック、ハンス・バーンハート・シュミット、マリアム・サロス、ライモ・トゥオメラ、アントニー・W・M・マイエルス、フランク・A・ヒンドリクス、レオ・ザイバート、イングヴァル・ヨハンソン、ネナド・ミシュチェヴィッチ、フィリップ・ブレイ、バリー・スミスが名を連ね、この特集号は後に書籍化もされている（Koepsell and Moss (eds.) 2003）。

Anthropological Theory 6, no. 1（2006）はロイ・ダンドレイドを編者として特集「サールの制度論」を組み、こちらにはダンドレイドのほか、スティーヴン・ルークス、リチャード・A・シュウェーダー、ニール・グロスの論文が掲載されている。サヴァス・ツォハツィディスを編者とする論文集『意図的行為と制度的事実——ジョン・サールの社会的存在論』（Tsohatzidis (ed.) 2007）には、ツォハツィディスのほか、マーガレット・ギルバート、カーク・ルドウィッグ、シェイマス・ミラー、アントニー・マイエルス、ハネス・ラコツィ／マイケル・トマセロ、ロバート・A・ウィルソン、レオ・ザイバート／バリー・スミス、イグナシオ・サンチェス＝クエンカ、スティーヴン・ルークスの各論文が掲載されてい

る。

The Journal of Economic Methodology 9, no. 1（March, 2002）, 1-87 はシンポジウム「ジョン・サールによる経済学の社会哲学からの諸展開」の成果を掲載している。執筆陣はシュテファン・ブーム、ヨハン・ルンデ、フィリップ・フォークナー、ピーター・J・ベトキ／J・ロバート・スブリック、アレックス・ヴィスコヴァトフ、スティーヴン・ホーウィッツである。

ビーレフェルト大学では学際研究センター（ZiF）の主催で、私の研究をテーマとした国際会議が開かれ、これはグンター・グレーヴェンドルフ／ゲオルク・メグレ編『発話行為、心、社会的現実――ジョン・サールとの議論』として書籍化もされている（Grewendorf and Meggle（eds.）2002）。この会議では様々な論点が扱われたが、そのうち社会的現実に関するものについては、スタンリー・B・バーンズ、ゲオルク・メグレ、ヨーゼフ・モウラル、デイヴィッド・ソーサ、ライモ・トゥオメラが寄稿している。

バリー・スミス編『ジョン・サール』（Smith（ed.）2003）には、私の仕事をあらゆる面から検討した論文が多数掲載されており、中でも本書で扱った論点については、スミスのほか、ニック・フォション、レオ・ザイバート、ジョージ・P・フレッチャーが論じている。スミスはこれに加え、社会的存在論をテーマとした会議を三つ開催しているが、そのうち二〇〇三年のものは私の仕事とエルナンド・デ・ソトを併せて扱うもので、その成果はバリー・スミス／デイヴィッド・マーク／アイザック・エアリック編『資本の謎と社会的現実の構築』（Smith, Mark and Ehrlich（eds.）2008）にまとめられた。私の仕事についてはエルナンド・デ・ソト、バリー・スミス、ジュレミー・シアマー、イングヴァル・ヨハンソン、ヨーゼフ・モウラル、エロル・マイディンガー、エリック・ストゥブキャー、ダニエル・R・モンテロ、ダン・フィッツパトリック、エリック・パルマーが寄稿している。

以上のように活字になったものに加え、誇張ではなく文字通り世界中で、講演ないし連続講義として自説を話す機会にも恵まれた。自説が検討され、評価され、攻撃されることは、私にとって〈哲学する〉ことの本質に含まれる。私は自分に次の戒めを課している——明確な言葉で語れないとしたらそれは自分でも理解できていないからであり、公の場での論争で自説を守りきれないようならそんな説は公刊すべきではない。私に与えられた講演の機会を全部列挙するのはさすがに控えるとしても、特に言及しておくべきものがいくつかある。私にとって最も重要だったものの一つが、二〇〇八年七月にバークリーでジェニファー・ヒューディィンとベアトリス・コボウの企画によって開催された会議「集合的志向性Ⅵ」である。本書で示した見解の一部はこの会議の基調講演として発表したものだし、それ以外に参加したセッションも大変有意義だった。これに先立つ二〇〇六年にはロッテルダムで「集合的志向性Ⅴ」の講演を行い、二〇〇七年には北京の清華大学で開催された第十三回論理学・方法論・科学哲学国際会議の総会講演で本書の主題の一部について話した。上海の華東師範大学でも講義をもった。蔡曙山（Cai, Shushan）と何剛（He, Gang）をはじめ、中国側で受け入れの労にあたってくれた方々には本当に助けられた。二〇〇五年にはスウェーデンのルンド大学でプーフェンドルフ講義を担当したが、このとき受け入れにあたってくれたオーサ・アンデションとヴィクトリア・フーグは、バークリー社会的存在論グループの立ち上げメンバーでもある。また二〇〇七年にコーネル大学でメッセンジャー講義を担当したときには、トレヴァー・ピンチが尽力してくれた。

イタリアの、特にそれぞれ二度ずつ客員教授として滞在したトリノとパレルモの友人や同僚らにもお世話になった。フランチェスカ・ディ・ロレンツォ・アイエッロ、ジュゼッペ・ヴィカーリ、ウーゴ・ペローネ、ブルーノ・バーラ、パオロ・ディ・ルチア、ジュゼッペ・ロリーニに御礼申し上げる。

プラハの人脈も私にとっては特に大切なものである。理論研究センターでは数度にわたり講演の機会を得た。イヴァン・ハヴェル、ヨーゼフ・モウラル、パブラ・トラーチョヴァーに御礼申し上げる。二〇〇八年にはドイツのコンスタンツ大学にて毎年恒例のマイスタークラッセで連続講義を受け持った。本書のアイデアを批判的に検討してもらう機会を与えてくれた機関には他に、ウィーン大学、ハワイ大学、ブリティッシュコロンビア大学、コロラド州デュランゴで開催された山岳諸州哲学会議、ニューヨーク州立大学オルバニー校、フライブルク大学（ドイツ）、フリブール大学（スイス）、ライプツィヒのマックス・プランク研究所、シカゴ大学、ルブリンカトリック大学、スタンフォード大学で開催されたTARK（合理性と知識の理論的側面）会議、ヴェネツィア大学、サンディエゴの神経科学研究所、ドゥブロヴニク大学間連携センター、ヘアデッケ大学がある。これら貴重な出会いの場を提供してくれた方々、特にニコラウス・リット、ジーニー・ラム、リチャード・シコラ、マーガレット・シャバス、デュゴルド・オーウェン、イシュトヴァーン・ケチュケーシュ、マイケル・コーバー、マイケル・トマセロ、マルティーネ・ニーダ゠リューメリン、レス・ベルドー、ジェラルド・エーデルマン、ズドラヴコ・ラドマン、クリス・マンツァヴィノス、マークス・ヴィッテに御礼申し上げる。

他にもお世話になった友人、同僚、学生の諸君――ブライアン・バーキー、ベン・ブドロー、マイケル・ブラットマン、グスタヴォ・フェイゲンバウム、マハディ・ギャド、マッティア・ガロッティ、アンヌ・エノ、ジョフリー・ホジソン、ダニエル・モヤル＝シャロック、ラルフ・プレッド、アクセル・シーマン、エイヴラム・ストロール、ジム・スウィンドラーにも謝意を表する。

本書の編集段階に尋常ならざる努力を傾けてくれたロメリア・ドレイガーと、索引の準備にあたってくれたジェニファー・ヒューディンには特別な感謝を贈りたい。

ここにお名前を挙げるべきであるのに漏れてしまった方が幾人もいらっしゃるかと恐れつつ、ひとまず以上とさせていただく。最後に、五十二年の長きにわたり変わらず私を助け支えてくれた我が妻ダグマー・サールへの謝意を記し、本書を彼女に捧げる。

第1章　本書の目的

第1節　社会、基礎的事実、哲学の包括的課題

人間の社会、人間の文明に特有の性質は、いかに創出され、いかに維持されるのか。本書で扱うこの問いは、より包括的な哲学的課題――私に言わせれば現代哲学が取り組むべき根本問題――の一部を構成するものである。この課題は、次のような問いの形をとる。物理学や化学をはじめとする基礎科学が記述する世界像と、我々人間が我々人間について有する知識――あるいは知識だと思っているもの――の間に折り合いをつけることはそもそも可能なのか。可能だとして、いかにして可能なのか。この宇宙が、どこをとっても結局は物理的な力場と素粒子から成り立っているのだとすれば、その内部に意識、志向性、自由意志、言語、社会、倫理、美、政治的義務といったものが存在することは、いったいいかにして可能なのか。現代の哲学者でこの問いに直接取り組んでいる人は多くない、というかほとんどいないと思うが、実はこれこそが現代哲学における最重要問題なのだ。私のこれまでの仕事は、そのほとんどが、まさにこの問いに対し、様々な角度から挑戦するものだったと言ってもいいくらいである。と

にかく本書は、私なりに考案した志向性論と発話行為論を用いて社会的存在論の説明を試みるものである。はたしてどうすれば電子《エレクトロン》から出発して選挙《エレクション》へ、はたまた陽子《プロトン》から出発して大統領《プレジデント》へ到達することができるのか。

以下に展開される議論が適切なものであるかどうかは、次の二つの条件を満たしているかどうかで判断されなければならない。第一に、世界を二つとか三つとか複数個用意するような議論は許されない。あくまでも世界は一つであり、その単一の世界の中で我々がどのように暮らしているかが問われなければならない。クォークや重力から、カクテルパーティや政府に及ぶ多種多様な現象が、どれもこの単一の世界の一部であるという事態がいかにして成立しているかを説明することが、本書の目標なのである。とはいえ、二元論だの三元論[原注1]だのといった存在論的無節操を禁じるからといって、「一元論」でいこうというわけでもない。「一元論」という用語には、本書では排されるべき形而上学的な存在論化が前提されているからである。

議論の適切性を定める条件の第二は、宇宙の構造に関する基礎的な事実は尊重しなければならないというものである。ここで基礎的事実とは、物理学、化学、進化生物学等の自然科学が提供する事実のことである。現実のうち基礎的事実ではない部分については、それがこの基礎的事実に依拠し、そこから導出されるそのあり方を示すという形で論じていかなければならない。本書の目的に照らして最も根本的な基礎的事実は、物質についての原子論と、生物についての進化論である。我々の心的生活はこれらの基礎的事実なしには成立しえない。意識と無意識を問わず、およそすべての心的現象は脳内の神経生物学的プロセスを原因として脳内で生じるのであるし、その神経生物学的プロセスそのものもまた、分子、原子、さらには素粒子レベルでのより根本的なプロセスがあってはじめて、その一つの現われとして生じるのである。我々が意識等の心的現象を有するのは、長い時間をかけた生物進化の結果にほかならず、その個々人の心的現象に依拠して、組織化した社会で見られる集合的な心的現象が導出される。同様のパターンはより高次の水準でも見られる。すなわち、政府や会社のような社会的制度もまた、個々人の心的現象と行動に依拠し、そこから導出されるのである。このように、議論を展開するにあたって基礎的事実と矛盾しないようにすること、すなわち基礎的でない事実が基礎的な事実に依拠し、そこから導出されることで成立する仕組みを明らかにすることが、本研究に課される基礎的要件である。ただし、この「基礎的要件」という表現にはわざと曖昧さを残してある。これは、本書で扱う現象——貨幣、大学、カクテルパーティ、所得税——がより基礎的な現象に依拠するという事実と、この条件を満たすことが本研究の根本的な、つまり基礎的な要件となることの二つを、同時に一つの語で表すためである。とにかく、本書の議論はどの点においても基礎的事実と矛盾してはならず、しかも、基礎的事実に依拠しそこから導出されるものでなければならないのである。

　現代哲学に親しんだ人なら、私がここで「還元（reduction）」だの「付随性（supervenience）」だのといったお馴染みの概念の使用を敢えて避けていることにお気づきだろう。これらの概念は本研究に必要

原注1　「三元論」という表現は、現実が一つの部分できていると主張する一元論や、二つの部分でできていると主張する二元論を斥けて、現実は物理的部分、心的部分、および「あらゆる顕現形態における文化」の三つの部分からできているとする立場のことで、ジョン・エクルズの命名になる（Eccles 1982）。

な区別を無化してしまうもので、従来議論を混乱させてきた元凶であるというのが私の見立てである。

第2節　社会の哲学

本書の議論を進めるにあたり、私は一つ基本的な前提を置いている。それは、哲学には「社会の哲学（The Philosophy of Society）」とでも呼ぶべき新しい分野が必要だ、という判断である。またこの前提を、本書の議論を通じて正当化したいとの思いもある。哲学の下位分類というのは永遠不変のものではない。現在最も重要と思われている分野の中にも、つい最近になってから生まれたものがいくつもある。ゴットロープ・フレーゲがバートランド・ラッセルやルートヴィヒ・ヴィトゲンシュタインらとともに――おそらくは明確に意識することなく――「言語の哲学」を創始したのは、十九世紀末から二十世紀初めのことなのだ。今でこそ言語の哲学といえば哲学の中枢を占めるものとなっているが、イマヌエル・カントにそういう考えはなかったし、当時はそんな発想自体不可能だったのである。

ともかく「社会の哲学」である。私はこれが、心の哲学や言語の哲学と同様、哲学の一分野として確立されるべきだと考えている。幸い、近年「社会的存在論」や「集合的志向性」の問題への関心の高まりに見られるように、「社会の哲学」はようやく哲学の内部に根付きつつある。一方、哲学には伝統的に「社会哲学（social philosophy）」という分野があり、実際この名を冠したコースをもつ大学は少なくない。だが既存の社会哲学コースで行われているのは、大抵は社会科学の哲学であり、そうでなければせいぜい政治哲学の延長にすぎず、「政治社会哲学（political and social philosophy）」なる名称もちらほら見る。研究テーマも「C・G・ヘンペルの演繹的法則的説明について」とか「ジョン・ロールズの正義論について」といったものが多い。だが私の提唱する「社会の哲学」は、社会科学の哲学や社会哲学、政治哲学と較べて、もっとはるかに根本的な問題を扱う分野である。それは人間社会それ自体の本質を問うような――すなわち政府、家族、カクテルパーティ、夏休み、労働組合、野球の試合、パスポートといった社会的単位の存在様態を問うような――研究である。この研究によって社会的現象一般についての我々の理解は深まるはずだし、仮に社会的現実の本質と存在様態について今より明確な理解が得られるようになるならば、それは社会科学の研究にも資するところ大であると私は考える。必要なのは既存の社会科学についての哲学ではなく、将来の社会科学のための哲学、社会的現象への理解を深めたいと望む人のための哲学なのである。

　これは今のこの時代だからこそできる研究である。百年前はもちろん、五十年前でもなされえなかった種類の研究である。十七世紀から二十世紀後半に至るまで、西洋哲学はほぼ全部が認識論に縛られていた。言語や社会は、仮に問いの俎上に載せられることがあったとしても、それはあくまで認識に関わる問題としてであった。すなわち、他人の発言の意味を我々はいかにして知るのかとか、社会的現実についての陳述が真なることを我々はいかにして知るのか、いかにして検証するのか、といった問いに限定されていた。これらがつまらない問いだというわけではないが、私に言わせれば、いずれもあくまで周縁的な問題にすぎない。だが幸いなことに、三百年の長きにわたった認識論と懐疑論への強迫は、この現代に至って概ね克服されたのである。認識論に関する問いで興味をそそるものはまだ多いが、そのどれについても本研究で取り上げるつもりはない。

二十世紀の偉大な哲学者たちが、こと社会的存在論に関してはほとんど何も言っていないというのは、知の歴史の上でなかなか奇妙な事態ではある。すなわち、フレーゲ、ラッセル、ヴィトゲンシュタインに加え、クワイン、カルナップ、ストローソン、オースティンといった面々のことだが、実際かれらは私が本書で扱う問題には取り組んでこなかったのである。一方、本書で私が言語について用いる分析技術やアプローチは、かれらが開発したものにほかならない。私自身のこれまでの仕事も使いはするが、なによりかれらの肩の上に立って、かれらが見なかった風景を見たいと思う。最後に、このテーマを、なぜ経験科学ではなく哲学が扱うべきなのかとの疑問に対しては次のように答えよう。社会には論理的（概念的、命題的）な構造があり、論理的な分析を許容するに留まらず、むしろそれを要請するからだ、と。

第3節　概念装置

この節ではまず、本書で用いる基礎的な概念装置について解説しておく。ここはごく簡単に済ませるつもりなので、十分な理解を得るには結局巻末までお読みいただくほかないが、さしあたり最初に、本書で私がしようとしていることを、それが重要だと思う理由と併せて示しておきたいのである。

本研究を進めるにあたり、私は次のような方法論的前提を置いている。すなわち人間の社会は、私の知る限り他のどんな動物のそれとも決定的に異なる社会であり、この社会はいくつかの非常に単純な原理によって支えられているという前提である。いくつかの原理と言ったが、実際には議論の進展に伴って一つに絞られる。人間社会の制度的構造はただ一つの原理によって支えられている——これが私の結論である。人間社会に見られる複雑性は、基礎にある単一の性質が様々な形をとって現れたものにすぎない。存在論についてしっかりした理解が確立している他の学問分野を眺めてみるなら、大抵はその存在論の基礎にただ一つの統一原理が存在するものである。物理学では原子が、化学では化学結合が、生物学では細胞が、遺伝学ではＤＮＡ分子が、地質学ではテクトニックプレートが、それぞれこの統一原理の役割を果たしている。社会的存在論にもこれらと同様の単一の基礎原理が存在するというのが私の議論で、それを説明することが本書の主目的の一つとなる。もちろん、こんなふうに自然科学との類比論を述べたからといって、社会科学も自然科学も似たようなものだと言いたいわけではない。自然科学がこうだから社会科学もそうであるはずだという話ではない。要は、人が制度的事実を創出する際に、相互に論理的に独立した複数のメカニズムが用いられているという議論が私には納得できず、だから単一のメカニズムを見つけてやろうと思ったわけである。我々はただ一つの形式的な言語メカニズムを、そのつど内容を変えながら反復使用している——これが私の主張である。

人間社会を創出・維持するこの基礎原理を説明するにあたり、まずはこの原理に関係する六つの概念を導入しておきたい。

1　地位機能

人間の社会的現実には固有の性質、すなわち私の知る限り他の動物の現実には見られない特徴がある。[原注2]それは、人間は物や人に、その物や人が元来有している物理的構造によるだけでは遂行しえない機能を付与する能力をもつということである。この種の機能の遂行には、当の物や人が、集合的に承認された地位を有している必要がある。この地位こそが唯一、当の物や人においてその種の機能の遂行を可能にするのである。例は至るところに見つかる。私有物、米国大統領、二十ドル紙幣、大学教授——これらの物や人はいずれも、それぞれ集合的に承認された一定の地位を有しており、その地位を有しているがゆえに、その地位が集合的に承認されていなければ不可能だったはずの機能遂行が可能になっている。

2　集合的志向性

地位機能の体系の働き方については後でまた詳しく論じることとして、さしあたりここでは次の点を確認しておこう。そもそも地位機能が作用するにあたっては、当の物や人がその地位を有することについて集合的な受容（acceptance）または承認（recognition）が必要である。この点について述べるとき、以前は「受容」という語をよく使っていたのだが、それだと賛同を含意しているように思われかねないとの指摘がジェニファー・ヒューディンをはじめ何人かからあった。私としては「熱狂的に支持する」から「嫌々認める」まで幅をもたせて「受容」と言っていたわけで、もっと言うと、自分が組み込まれている当該の制度について自分ではどうすることもできない、拒みたくても拒むことができないといった場合まで含めていたつもりだった。だから、指摘されたような誤解の余地があるのであればということで、本書では「承認」か、場合によっては「承認または受容」という選言の形で表記することにした。いずれにせよポイントは、地位機能が作用するにはそれが集合的に承認されていることが必要であるということで、ここで言う「承認」は「賛同」を含意するものではないことを改めて強調しておきたい。

ある対象を憎みつつそれを承認しているとか、それに無関心でありつつ承認している、それを変えられない自分の無力さに絶望しつつそれを承認している――これらは決して矛盾した態度ではないのである。ともかく、地位機能の基礎には集合的志向性がある。この集合的志向性については、後で一章を割いて論じる予定なので、ここでは一点、重要な事実として、人間をはじめ若干の動物は互いに協同する能力をもっているとだけ指摘しておこう。しかも、これは協同で行為を遂行することができるというに留まらず、互いに共通の態度、共通の願望、共通の信念をもつことができるということでもある。では人間以外の動物種にどの程度集合的志向性が存在するかとなると、これは理論的な問題としてはなかなか面白い問いではあるが、残念ながら動物心理学でも依然判然としていない（De Waal 2005; Tomasello and Call 1997）。とはいえ、ヒトという種に集合的志向性が存在することは疑問の余地なく明らかである。この紙片が二十ドル紙幣であること、バラク・オバマが米国大統領であること、私が米国民であること、ジャイアンツがドジャーズを延長十一回に三対二で下したこと、家の前に駐めてある車が私の所有物であること、これらはいずれも、集合的承認を前提にしてはじめて成り立つ事実なのである。

原注2　本書では折にふれて、人間と他の動物の違いを強調することになる。とはいえ、だからといってヒトの優越性をことさらに主張したいわけではない。ポイントは、人間だけに見られる現象が有する論理構造を分析することにある。だから、仮に所得税、大統領選挙、離婚裁判等の制度的事実をもつ動物が人間以外にも存在すると判明した場合には、その動物をこちら側に迎えるのにやぶさかではない。そうした動物の存在は私の議論を反駁する材料にはならない。単に対象領域が広がるだけのことである。

3　義務論的権力

地位機能というものが存在し、それには集合的志向性が必要とされる旨を述べてきたわけだが、そもそもなぜ地位機能に着目するのかといえば、それは地位機能には例外なく、私の言葉でいうと「義務論的権力」が備わっているからである。地位機能には権利、責務、義務、要求、許可、認可、権原等が伴う。「義務論的権力」はこれらを一括する表現である。権利等の場合には正の義務論的権力、義務等の場合には負の義務論的権力と修飾語を分けて表せばいい。また論理的には、条件付きの義務論的権力とか、選言的な義務論的権力などを考えることもできる。民主党員として登録している人だけが民主党の予備選挙で投票する権利をもつという場合、これは条件付きの義務論的権力の一例である。他方、民主党に登録してもいいし共和党に登録してもいいが、両方同時に登録することはできないという場合、これは選言的な義務論的権力の一例である。

4　願望独立的な行為理由

地位機能に備わる義務論的権力のために、人間文明は崩壊を免れている。そうだとして、なぜそう言えるのか。それは義務論的権力に、おそらく他の動物には見られないであろう特異な性質が備わっているからである。すなわち、義務論的権力はひとたび承認されるや、我々の傾向性や願望から独立した行為理由を我々に与えるのである。例えばここに何か物があり、その物体が「あなたの所有物」であることを私が承認しているとする。このとき私は、あなたの許可なしにはその物体を持ち去ったり使用したりしてはいけないという義務を自分が負うことをも承認しているのである。仮に私が泥棒だったとしても事情は変わらない。あなたの所有物を強奪するとき、泥棒たる私は自分があなたの権利を侵害していることを承認しているからだ。そもそも「私有」という制度を信じていない人に泥棒稼業など無理である。泥棒は他人の私有物を奪って自分の私有物にするのが仕事なのであって、そういう意味で泥棒は私有制度に対する自分自身の、そして社会の側からのコミットメントをむしろ強化しているのである。地位機能はまさにこのような仕方で社会を一つに繋ぎ止めている。地位機能は集合的志向性によって創出され、自らに備わる義務論的権力によって機能するのである。ではこの地位機能を人間はどうやって創出し維持しているのだろうか。この問いに対する答えは次節「宣言による地位機能の創出」までお待ちいただきたい。

5　構成的規則

規則については、少なくともこれを二種類に分けて考えるのが肝要である。規則と聞いてすぐに思いつくのは、あらかじめ存在する一定の行動形態に統制をかけるような規則だろう。例えば米国には「自動車は道路の右側を走行せよ」という規則があるが、この規則によって統制されている「自動車の走行」という行動形態は、この規則とは独立に存在しうるものである。しかし規則の中には、ただ行動を統制するだけではなく、そもそも統制の対象となるその行動の可能性それ自体を創出するものもある。チェスの規則などはその一例である。チェスの規則はもちろん盤上での駒の動きを統制するものではあるのだが、それに先立って、チェスの規則に従った振る舞いをすること自体が「チェスをする」ことの論理的な必要条件になっている。チェスの規則がないところにチェスは存在しえないのだ。統制的規則の基本形が「Xせよ」であるのに対し、構成的規則の基本形は「Xは文脈CにおいてYとみなされる」である。例えば、チェスの試合において、これこれはナイトの動きとみなされ、これこれの位置関係はチェックメイトとみなされるといった具合である。制度についても、例えば米国（C）において、一定の条件を満たす人物であるバラク・オバマ（X）は大統領（Y）とみなされる、というようにこの基本形があてはまる。

同様の例はいくらでも挙げられる。私がいま手に持っているこの紙片は二十ドル紙幣とみなされている。そうみなされていることでこの紙片は一個の地位を獲得し、それに伴って、その地位の集合的承認がなければ不可能だったはずの機能を与えられているのである。他にもアメフトの試合、株式市場での取引、カクテルパーティ、私有物、会議の散会等、構成的規則があってはじめて存在するような地位機能はいくつもある。

あらゆる制度の中で最も根本的な制度である言語にも、これと同じ原理があてはまる。ただ、そのあてはまり方に重要な違いがある。「雪は白い」という文を適切に発話すれば、その発話は雪が白いことについての陳述とみなされるわけだが、これは「雪は白い」という文の意味それ自体によって決まっていることであって、そう「みなす」行為を別個に必要とするわけではないのである。なぜそうなのかについては、本章に加え第5章で詳論する。

6　制度的事実

事実には、いかなる制度からも独立に存在するもの——私の言葉では原事実（brute fact）——と、何らかの制度を前提にしなければ存在しえないものの二つがある。地球が太陽から九千三百万マイル離れていること、これは原事実である。それに対し、バラク・オバマが米国大統領であること、これは制度的事実である。制度的事実もその大半は客観的事実なのだが、これを事実たらしめているのが人間による合意ないし受容である点で特異な事実だと言える。制度的事実が存在するためには制度が不可欠であり、大抵の場合、制度的事実は制度の内部でしか存在しえない。ではその制度とはなんなのか。この問いに対する答えは実はすでに与えられているのだが、ここで改めて明示しておこう。制度とは構成的規則の体系である。それが、制度的事実の可能性を自動的に創出するのである。オバマが大統領であるという事実、私が運転免許をもっているという事実、チェスの試合で一方が勝って他方が負けたという事実はいずれも制度的事実であるが、それはこれらの事実がいずれも一定の構成的規則の体系の内部に存在する事実であることによるのである。

第4節　宣言による地位機能の創出

前節で導入した概念装置は、基本的には既発表のもの（特にSearle 1995）の再掲である。本書の理論的な新しさは、この概念装置に加えて、非常に強い理論的主張を一つ導入するところにある。すなわち、あらゆる制度的事実は——したがってあらゆる地位機能は——私が一九七五年に「宣言（Declarations）」と命名したタイプの発話行為（Searle 1975）によって創出されるという命題である。今回改めてもう一冊本を書こうと思ったのは、一つにはこの主張を組み込みたかったからである。この命題を解説するにあたっては、まず言語がどういう働き方をするかについて、また発話行為についても若干補足しておく必要がある（ただ、言語とはなんであるか、言語はどういう働き方をするかについては、第4章全体を使って説明する予定なので、この段階ではまだ理解できなくてもかまわない）。

さて発話行為には、世界の実際の有り様を表すと称することによって機能する種類のものがあり、哲学者が好んで論じるのがこれである。哲学の文献に頻出するのは「マットの上に猫がいる」、「雪は白い」、「ソクラテスは死ぬ」等で、これらはいずれも世界の実際の有り様を表していると称する陳述である。これらの陳述は、世界の実際の有り様をどの程度正しく表せているかで、真または偽と評価される。ごく大雑把なイメージで言うと、この種の発話行為は世界の上に浮かんでいて、下方の世界を指し示している。その指し示しが正しければ、この発話行為は世界に適合するが、正しくなければ適合しない。そこで、この種の発話行為は〈言語から世界へ（word-to-world）〉の適合方向を有すると言い、これを下向きの矢印↓で表すものとする。ある発話行為が〈言語から世界へ〉の適合方向を有しているか否かを確認したいときは、その発話行為について真偽が問えるかどうかを考えてみるのが最も簡単な方法である。正しく適合するなら真であり、適合しないなら偽だからである。

しかし発話行為には、世界の実際の有り様を伝えようとしているわけではないものも多い。つまり、世界の方を自らの内容に適合するように変えようとする発話行為である。例えば、誰かに部屋を出て行けと命じるとき、また水曜日にお宅に伺いますと約束するとき、私は世界の実際の有り様を伝えようとしているのではなく、その発話行為をなすことで世界の方を変えようとしているのである。それは、自らが変化の原因となることを目的とする発話行為である。命令は、相手がその命令に従うことの原因となることを目的とする発話行為であり、約束は、その約束が守られることの原因となることを目的とする発話行為なのである。いずれの場合も、当の発話行為から独立に存在する既定の現実を前提に、それに対して適合をはかるのではなく、むしろ現実の方に変化をもたらし、既定の発話行為の内容に現実を適合させることこそが目的なのである。私があなたに、水曜日にお宅に伺います、と約束したとしよう。この発話のポイントは、私が水曜日にあなたの家を訪問すべき理由を創出し、私にこの約束を守らせることで現実の側に変化をもたらすことなのだ。私があなたに、部屋を出て行け、と命じたとすれば、この発話の目的は、あなたに私の命令に従うという形で部屋から出て行ってもらうことであり、つまりはあなたの行動を私の発話行為の内容に適合させることなのである。したがってこういう事例については、上向きの適合方向、〈世界から言語へ（world-to-word）〉の適合方向を有すると言える。これは上向きの矢印↑で表すことにする。

なお、ここでは詳論しないが、発話行為には、下向きと上向きいずれの適合方向ももたず、適合が自明視されるものも存在する。人の足を踏んでしまって謝る場合とか、百万ドルくれてありがとうと御礼を言うような場合である。しかしこの種の発話行為は本書の議論には関係してこないので、第四章で少し扱うだけにする。

さてここでようやく本題だが、一つの発話行為の中に〈言語から世界へ〉（↓）と〈世界から言語へ〉（↑）の二つの適合方向が同居している（↕）事例が存在する。この種の発話行為は、その命題内容に適合するよう現実の側に変化をもたらすという点では〈世界から言語へ〉の適合方向を有する一方――ここが面白い部分なのだが――自らがその変化の原因となるための手段として、変化がもたらされた後の現実を自ら表象するのである。三十年以上前になるが、私はこれを「宣言」と命名した。この種の発話行為は、ある事態の存在を宣言することで世界に変化をもたらし、それによって当の事態を成立させるからである。

宣言の例として最も有名なのは、オースティンの言う「遂行的発話（performative utterance）」（Austin 1962）である。これはある事態が成立していると明示的に発言することでその事態を成立させる発話行為である。例としては、「約束します」と発言することで約束を成立させるとか、「謝罪します」と発言することで謝罪を成立させるとか、「命令する」と発言することで命令が下されたという事態を成立させるといったものが挙げられる。これらは宣言の中でも最も純粋な事例である。

ここで改めて、本書の議論で理論的に最も重要なポイントを述べておく。すなわち、言語それ自体を重要な例外として、人間にとってのあらゆる制度的現実、したがってある意味であらゆる文明は、宣言と同じ論理形式を有する発話行為によって創出されるのである。厳密には、そうした発話行為のすべてが宣言であるわけではない。というのも、何かあるものに対し、単に言語的に扱う、つまり記述したり、言及したり、話題にしたり、あるいは頭の中で考えるだけでも、なんらかの現実が創出されたとの表象によって実際にその現実が創出されるということがありうるからである。この種の表象は宣言と同様に二重の適合方向を有するが、発話行為として宣言がなされたわけではないため、これらの表象は厳密には宣言ではない。

ある地位機能について、その存在を表象することでその制度的現実を創出するような発話行為を――宣言型の発話行為が明示的には存在しない場合も含め――「地位機能宣言（Status Function Declaration)」（または略して「ＳＦ宣言」）と呼ぶことにする。人間の制度的現実は――明示的に宣言型の発話行為でない場合も含め――ＳＦ宣言（と同一の論理形式を有する表象）によって創出・維持されるということの主張について解説し、十分な論拠を挙げて擁護することが本書の目標である。

あらゆる制度的現実が宣言と同一の論理形式を有する言語的表象によって創出・維持されるという主張が仮に正しいとした場合、次に説明を要するのは、その際に構成的規則がどういう役割を果たしているかであろう。そこで以下、その点の説明を試みる。制度的事実が創出される際の最も一般的な形式は、我々が（あるいは私が）宣言によって地位機能Ｙが存在するという事態を生み出すというものである。「ＸはＣにおいてＹとみなされる」型の構成的規則は、定立的宣言（standing Declaration）と考えることができる。例えば「キングにチェックがかかり、キングがそのチェックから逃れることのできない場合、そのような駒の位置関係はチェックメイトとみなされる」という規則が定立的宣言であり、試合ごとに生じる個別のチェックメイトはこの規則の適用事例にすぎない。ここで、構成的規則それ自体と、この規則の個別事例への適用が区別されていることに注意してほしい。構成的規則それ自体は定立的なＳＦ宣言であり、この規則が受容されるにあたっては同時に個別事例への適用についての承認も暗になされている。したがって、個別事例への適用に際して、別立てで何かを受容したり承認したりする必要はない。ゲームの規則や一国の憲法といったものは、構成的規則が定立的宣言として機能している典型例である。例えば米国憲法は「選挙人団の過半数票を獲得した大統領候補は次期大統領とみなされる」ことを宣言によって成立させている。この憲法上の規定が定立的宣言として機能している限り、個別の事例においてある候補者が大統領に選出されたことを受容するのに、そのつど別個の行為として受容または承認を行う必要はない。この構成的規則は憲法に含まれているわけだから、憲法という制度を受容している者、つまりこの制度に参与している者にとって、「これこれの条件を満たす任意の者は次期大統領となる」ことはすでに受容済みと言ってよいのである。

以上の議論は、前著『社会的現実の構築』で示した「いかなる制度的現実も言語的表象によって創出される」という論旨を補強するものでもある。もちろん常に既存言語の特定の語が用いられなければならないわけではないが、制度的事実が何か一個存在しているならば、そこには必ずなんらかの表象が存在している。ところが先にも触れたように、ここで大変興味深く、かつ重要な一個の例外が登場する。それは言語的現象そのものである。宣言が存在することはそれ自体が一個の制度的事実であり、それゆえ宣言の存在それ自体が一個の地位機能なのだ。ならば任意の宣言について、その存在を成立させる宣言が別に必要になるのではないか。このように考えたくなるのだが、これは正しくない。もし宣言の存在に別の宣言が必要ということになれば、議論は無限後退に陥ってしまうだろう。

だが一般的要件として、あらゆる地位機能は地位機能宣言によって創出されねばならず、かつ言語もまた地位機能の一種であるにもかかわらず、こと言語に関してだけはこの要件が免除されるというのはいったいどういうことなのだろうか。我々は意味論を用いて意味論を超える現実を創出し、意味論を用いて意味論の力を超える力を創出する。だが言語的事実、すなわちこれこれの発話が陳述や約束とみなされるという事実は、意味論が意味論を超えるような種類の事実ではないのだ。むしろ、陳述なり約束なりの存在を説明するにあたっては、意味論だけで十分なのである。発話行為の意味論的内容は、それだけで貨幣や私有物を生み出すわけではないが、陳述や約束や要請や質問であれば、それが成立するのに発話行為の意味論的内容以外のなにものも必要とはされないのである。両者の違いは、そこに含まれる意味の性質の違いである。この点については第4章と第5章でさらに詳しく議論する。

他方、「XはCにおいてYとみなされる」型の定式が、他の制度的事実だけでなく、言語に対してもうまくあてはまるのではないかと疑問の向きがあるかもしれない。つまりバラク・オバマが一定の条件を満たしている人物であるがゆえに米国大統領とみなされているのと同様に、文「雪は白い」の適切な発話は、それが適切な会話であるがゆえに、雪が白いことについての陳述とみなされているのではないのか、というわけだ。たしかに両者の間にはそういう類似がないわけではないが、この類似を凌駕するほど大きな違いもある。すなわち意味の性質に関わる違いである。文「雪は白い」の適切な発話が雪が白いという事態についての陳述を構成することは、この文の意味だけで十分に保証されている。だが「オバマは大統領である」の場合、実際にオバマが大統領であることを保証するのにこの文の意味だけではまったく不十分なのである。文の場合、「XはCにおいてYとみなされる」型の定式が記述しているのは意味の構成（constitution）であって、我々が別個に遂行する言語的操作ではない。これに対し、非言語的な制度的事実の場合に「XはCにおいてYとみなされる」型の構成的規則が記述しているのは、新たな制度的事実を創出するために我々が遂行する言語的操作（linguistic operation）なのである。制度的事実の創出には、そこで用いられる文や発話の意味だけではまったく足りないのだ。両者の区別については第5章で改めて論じる予定である。

第5節　哲学の包括的課題の中での本書の位置づけ

本研究は一個の包括的な哲学観を前提として進められている。このあたりで一度、その哲学観を要約しておきたい。これにより本書に登場する個々の主張が、それぞれこの包括的な体系のどこに位置づけられるのかが見やすくなるはずだ。

心は美しく対称的な形式的構造を有している。ここで「形式的」というのは、信念、願望、知覚、意図等の構造的要素が、そのつど充塡される個々の内容とは独立に特定できるというほどの意味である。そしてこの形式的構造の基礎には「認知能力（cognitive faculties）」——知覚、想起、信念——と「意欲・意志能力（conative and volitional faculties）」——願望、先行意図、行為内意図——の区別がある。この両者の間には、現実との関係の仕方に大きな違いがある。先に発話行為の一成分として導入した適合方向の概念は、もちろん心的状態にも同様に適用される。信念という心的状態は、発話行為としての陳述と同じく下向きの適合方向↓を有し、心的状態としての願望や意図は、発話行為である命令や約束とともに上向きの適合方向↑を有するのである。というのも信念や知覚は、陳述と同じく世界の実際の有り様を表象するものであって、つまりは世界に対してこちらから適合すべき関係にあるため〈心から世界へ〉の適合方向↓を有し、願望、先行意図、行為内意図といった意欲・意志的な心的状態は、命令や約束がそうであったように、世界の実際の有り様を表すのではなく、世界はどうあってほしいかについての我々の考え、世界をどうしたいかについての我々の意図を表象するものであって、それゆえ

〈世界から心へ〉の適合方向↑を有するのである。

　認知能力と意欲・意志能力に続く第三の能力として想像力（imagination）の存在も指摘しておきたい。想像の場合、認知や意志において命題内容が現実に適合するというのと同じ意味で命題内容が現実に適合するわけではないのだが、しかし社会的・制度的な現実を創出するにあたっては、この想像力が実に決定的な役割を果たすのである。なお、虚構が命題内容をもつのと同様、想像にも命題内容はある。例えば、古代ローマ時代の人々の暮らしはどんなだったろうと想像してみるのは、自分自身が古代ローマで暮らしている様子を虚構的に考えてみるのと似ていて、どちらも事実に対するコミットメントを欠いている。想像でも虚構でも世界に関するコミットメントは放棄されており、どちらの適合方向においても命題内容はコミットメントをもたないのである。これらの論点は第2章で大きく扱い、第3章ではそこからさらに、集合的な——複数人が関わる——心的過程、集合的志向性の話へと議論を展開させる。

　本書では心を、心的な状態、過程、出来事から成るものとして扱う。意図的行為もそこに含まれる。人間の心には記号表象の体系を創出する力があり、我々はこの体系を用いて有意味な発話行為を遂行している。発話行為の構造もまた、心的状態の構造と同様に単純明快である。発話行為の可能性は意味が有する性質によって創出されるのであり、この点を踏まえるなら、言語の定める限界がすでにして心の定める限界であることも理解されるだろう。意味それ自体の性質により、発話内的[原注7]な発話行為は次の五つの類型に分けられ、かつこの五類型以外には存在しない。すなわち——私の用語でいうと——主張型

原注7　「発話内的」という用語は Austin 1962 によるものである。

[Assertives]（物事の実際の有り様を伝えるのに用いる。陳述や主張など）、指令型［Directives］（人になんらかの行為をさせるのに用いる。命令や指示など）、拘束型［Commissives］（自分自身になんらかの行為へのコミットメントを与えるのに用いる。約束や誓約など）、表出型［Expressives］（自分自身の感情や態度を表出するのに用いる。謝罪や感謝など）、宣言型［Declarations］（ある事態の成立を宣言することでその事態を成立させるのに用いる。宣戦や散会など）の五つである。原注8 このうち、宣言型は自らが表す現実それ自体を創出するという点で別格である。前節で述べた通り、人間の非言語的な制度的現実はどれも宣言によって創出されたものである。だが、そんなことがいかにして可能なのか。この疑問に対しては、まず第4章で言語の本質を明らかにし、続く第5章で、その言語が非言語的な制度的現実の創出にどのような形で寄与するかについて説明する。宣言には、政府、大学、結婚、私有物、貨幣等の制度的現実を創出する力がある。この点が十分に理解できれば、言語を用いて創出される社会的現実が、その言語の構造と同様の単純明快な形式的構造を有することについても納得してもらえるはずだ。

第6節　本研究を導く若干の原理と区別

ここで基本的な概念について若干の区別を導入し、本書の議論の前提となる一般的な原理を明示しておく。私としてはどれも特段言うまでもないこと、常識に属する部類のことだと思うのだが、それぞれの点について否定する論者が出てきているのも事実であるため、議論を始める前に全部明記しておくのが望ましいと判断した次第である。

1　心的な／心に依存する／心から独立した現象、志向性相対的

心的と形容されるべき多くの現象が存在することは直観的に明らかである。信念、希望、恐怖、願望等の志向的な現象も、痛みや、対象がはっきりしない漠然とした不安といった非志向的な現象もここに含まれる。他方、山や分子やテクトニックプレートのように、心から完全に独立した現象が多く存在することも、やはり直観的に明らかである。この二つのカテゴリーは昔からよく使われてきたものだが、本書ではこれらに加えてもう一つ、心の中で生じるわけではないが我々の態度に依存する現象という類型を導入する。貨幣、財産、政府、結婚等がここに含まれる。この類型を形容するのに以前は「観察者相対的（observer-relative）」という言葉を用いていたが、これだとどうも、外部観察者が、人類学者のごとき立場から、人や物に観察者相対的な地位を付与しているかのような印象になってしまう。私が言いたいのはそういうことではなく、貨幣が貨幣であるのは実際にその制度に参与する人々がそれを貨幣とみなしているからだといった種類のことなのであるから、やはり「観察者相対的」という表現はミスリーディングである。そこで本書では代わりに「志向性相対的（intentionality-relative）」を使ってみることにした。言わんとしているのは、何かが貨幣、政府、政党、期末試験として構成されるときには人々の態度が不可欠だということである。この種の現象は、伝統的に用いられてきた「心的である／心的でない」の区別では捉えきれない。意図や痛みのようないわば本来的に心的な現象には含まれないが、

原注8　これらは術語であるから語頭を大文字にしてある。

しかし志向性に相対的であるという意味では心的なものに依存してのみ存在しうる――貨幣、財産、結婚、政府等を典型例とする――対象のカテゴリーを同定してやる必要があるのである。なお、志向的状態そのものは志向性相対的ではない。なぜなら志向的状態は、その外部に存在する誰かがその状態についてどう考えているかとは無関係に存在するものだからである。

本書で扱う制度的事実はどれも志向性相対的な現象である。だが志向性相対的であることは認識論的に主観的であることを含意しない。そこでもう一個の区別が必要になる。

第7節　認識論における客観性／主観性と、存在論における客観性／主観性

本研究は一個のパラドクスから出発している。このパラドクスは例えば次のように表現できる。本研究の対象である貨幣や民族国家はいずれも客観的な実体である。この紙片が二十ドル紙幣であること、それは単に私がそういう意見をもっているということではなく、あくまでも客観的な事実である。だが同時に、この種の制度的事実の存在は、ほかならぬ我々の主観的態度の賜物でもある。だとすると、同じものが客観的であると同時に主観的でもあることになってしまう。そんなことがいかにして可能なのか。

いかにして可能なのかという問いに対する答えは、結局のところ客観的／主観的の区別が曖昧にすぎるという点に尽きる。この区別には少なくとも二つの異なった意味、すなわち認識論における意味と存在論における意味がある。前者は知識に、後者は存在に関わる。痛みやくすぐったさ、痒みといったも

のは、人間なり動物なりの主体がそれを経験する限りで存在するものであり、その意味で存在論的に主観的である。これに対し、山脈や火山は、誰の主観的経験にも依存することなく存在するもので、その意味で存在論的に客観的である。しかしこうした存在論的な意味での客観的／主観的の区別とは別に、認識論的な意味での客観的／主観的の区別もまた可能である。命題には、誰の感情や態度とも独立にその真偽を知りうるものがある。例えば「ゴッホはフランスで死んだ」という陳述は、その真偽が観察者の態度や意見とは独立に確認可能であり、それゆえ認識論的に客観的である。これに対し「ゴッホは画家としてマネより優れていた」だと、これは主観的な意見に関わる陳述であって、認識論的に主観的である。つまり認識論的に客観的な事実についての陳述ではない。存在論的に客観的であるのか、それとも存在論的に主観的であるのかは、対象（entity）の存在様式に関わる区別である。これに対し、認識論的に客観的であるのか、認識論的に主観的であるのかは、主張（claim）の認識論的地位に関わる区別である。以上を踏まえるならば、本節冒頭で述べたパラドクスを、少なくともパラドクスには見えないような形で述べ直すことができる。すなわち問うべきなのは、客観的でも主観的でもあるような現実がいかにして存在しうるかではなくて、存在論的に主観的な現実についての認識論的に客観的な陳述はいかにして可能かなのである。この問いこそが本書の主題となる。

補論　本書で扱う一般理論と『社会的現実の構築』で扱った特殊理論の異同について

本書は前著『社会的現実の構築』(以下、『構築』と略記)から続く研究プロジェクトの一環である。この補論では、前著と本書の異同を明らかにしておきたい。いまから振り返ってみれば、『構築』の理論は本書で展開される一般理論の一適用例、すなわち特殊理論だったことがわかる。前著執筆当時の私は、地位機能宣言が制度的事実の創出と維持の双方にとって中心的な位置を占めるものであることに気づいていなかった。制度的現実の創出と維持に対して言語がもつ本質的な意義には気づいていたが、構成的規則「XはCにおいてYとみなされる」だけでこの現象の説明には十分だと思っていた。だがその後「XはCにおいてYとみなされる」は地位機能宣言の一形式にすぎないと考えを改めた。地位機能宣言にはそれ以外の形式も存在することに気づいたのである。

これによって何が違ってくるのかを明らかにするため、以下、『構築』の議論に対して私自身が抱いた疑念、および他の論者から寄せられた異論を逐一検討していくことにする。

1　アドホックな事例

第一の問題は、制度的事実であっても別段制度を必要としないように思えるものが存在することである。というか、一番最初に制度を創出するにあたっては、先行する制度が存在しないにもかかわらず、何かあるものについてそれが一個の地位を有するとみなすことができなければならない。『構築』では仮想事例として、ある部族が地面に並んだ石の列を、そのための一般的な構成的規則をもたないにもかかわらず、境界線として扱うようになる過程を考えた。それができるのであればさらに、族長を選ぶための制度——すなわち一般的な構成的規則の集合——が存在しない場合でも、特定の人物に族長がもつべき義務論的権力と地位機能を与えて、この人物を族長とみなすこともできるだろう。『構築』では、このほか若干の事例についても論じたのだが、それが自分の議論に対して問題を提起するものであることには当時気づいていなかった。なぜ気づけなかったかといえば、これらの事例が、制度の構成的規則と同じ論理構造を有していたからである。すなわち部族の成員たちはアドホックに、そのCにおけるそのXをそのYとみなす——その場その時においてその男をその族長とみなす——のであるが、ここでかれらはすでに「Xは文脈CにおいてYとみなされる」型の一般的規則の採用へと一歩を踏み出しているのである。この部族はたしかに族長を選ぶための制度をもってはいないが、その制度までほんの一歩のところまでは達しているのである。例えば、族長が死んだときには存命中の息子のうち最年長の者が次の族長になると決めたとすれば、それによってかれらは構成的規則を一つ採用したことになるわけだ。

2　自立的なY項

次の問題はこうだ。非常に先進的な社会では、具体的な人や物を必要としない形での地位機能の付与ないし義務論的権力が存在する。地位機能が創出されるにあたり、その機能を担うべき人や物の存在が不要である場合について、バリー・スミスは「自立的なY項（freestanding Y term）」が存在すると述べている（Smith 2003; Thomasson 2003も同様）。最もわかりやすい事例は会社の設立である。そもそも有限責任会社は、会社と同一視されるべき——単数ないし複数の——個人の存在を要しない概念である。もしある個人が会社と同一視されたり、その個人こそが会社を構成するものであったりするなら、この個人は会社の責任を担わなければならなくなってしまうだろう。だが個人と会社が同一視されないのであれば、会社の存在・存続にとって物理的な現実は不要なのである。もう一つの例は電子マネーである。この場合、存在するのは例えば銀行のハードディスクに記録された磁気の痕跡であって、これは貨幣の電子的な表象にほかならない。各国通貨や金貨銀貨のような形で物理的に物が存在する必要はない。物理的に存在するのはディスク上の磁気痕跡だけであり、これは貨幣の表象であって貨幣それ自体ではないのである。もう一つ、目隠しチェスの事例も挙げておこう。この場合も、プレイヤー双方がクイーンやビショップやルークをもつ権力——義務論的権力——を有するにもかかわらず、クイーンやビショップやルークと同一視される物理的客体は存在しない。存在するのは、標準的なチェス用語を用いたそれらの駒の表象だけなのだ。

3　集合的承認を要しない制度的事実

『構築』の議論に寄せられた第三の異論は、一部の哲学者および社会科学者からのもので、制度的事実の中には集合的な合意、受容、承認を必要とせず、例えば社会科学者によって新たに発見されるような事実もありうるのではないかというものであった（Thomasson 2003; Friedman 2006）。経済における景気後退などはその一例である。仮に経済的取引に参与する人が、景気後退について何一つ知らなかったとしても、その存在は認識論的に客観的な事実でありうる。そもそも景気後退という概念自体が二十世紀に生まれたものであるにもかかわらず、それ以前にも景気後退は存在していたのである。そうである以上、景気後退の存在のような種類の制度的事実は集合的承認を要しないと言えそうである。

以上紹介してきた通り、『構築』の議論には少なくとも、アドホックな事例、自立的なY項、集合的承認を要しない制度的事実の三つの異論が寄せられているわけだが、私としてはこの三つのいずれについても『構築』の議論の枠内で容易に処理可能だと思っており、実際いずれの論点にもすでに応答済みである。以下ではその簡単な要約を記しておく。

アドホックな事例は「XはCにおいてYとみなされる」と同じ形式を有しており、それゆえこれは構成的規則へと向かう途上にある段階である。族長をアドホックに選ぶ部族もまた、構成的規則と同じ論理構造を有する操作によって一個の地位機能を付与しているのであって、その意味でこの部族は規則の制定へと向かう一歩をすでに踏み出しているのである。アドホックな事例は私の議論に反例を突きつけるものではなく、むしろ同じ論理形式を有する前制度的な事例を示したものにほかならないのである。

自立的なY項についての異論も同様に『構築』の枠内で応答可能である。自立的なY項の場合、それに対応する具体的な物は存在しないとしても、掘り下げていけば相応の義務論的権力を有する人は現実に存在するはずである。会社そのものと同一視されるような人や物は存在せずとも、社長、取締役、株主であるような人は現実に存在し、義務論的権力はかれらが有しているのである。「会社」は、これら現実に存在する人々の間に現実に存在する権力関係をまとめて一言で表すための用語にすぎない。電子マネーや目隠しチェスについても同様のことが言える。貨幣の所有者や、自陣にクイーンをもつ人は、それぞれに対応する権力を有しているのである。

第三の、新たに発見される制度的事実についての異論も、やはり『構築』の分析枠組みの中で応答可能である。この種の事実は、一階の制度的事実から体系的に生じる派生事実である。経済の場合で言えば、売買その他の経済活動と参与者の態度がこの一階の事実にあたり、ここから景気循環などのマクロな帰結が派生することになる。しかし体系的な派生事実はどれも一階の、あるいは低次の制度的事実によって構成されるマクロ的事実である。私自身は「体系的な派生事実」という表現を用いた（Searle 2006: 84）が、オーサ・アンデションの著書では「マクロな制度的事実」と呼ばれている（Andersson 2007）。一般に、経済に関する一階の制度的事実はミクロ経済学が研究し、体系的な派生事実はマクロ経済学が研究するものと言える。

このように『構築』の議論に対して提起された主要な異論はすべてこの理論の一般的な枠内で応答可能というのが私の考えであるが、他方で、これらの論点について考えているうちに、私は元の理論を拡張すべきではないかと考えるに至った。この拡張について説明することも本書執筆の目的に含まれる。

制度をもつに至る途上にあると言えそうな事例を考えてみる。すなわち、この人を国王とみなすとか、この石列を境界線とみなすというように、アドホックにXをYとみなす場合だが、ここでもやはり地位機能宣言の形式はとられている。この種の事例では制度的構造が存在しないところで単にXをYとみなしているわけだが、あるXをあるYとみなすというのは、あるXについて、それがYであると表象することで実際にY項にしているのであるから、これはまさに地位機能宣言の形式に則った操作である。違いは、この操作がアドホックになされているということでしかない。

自立的なY項の問題も、結局のところ処理は容易である。これも結局、なんらかの地位機能——例えば電子マネー、例えば会社——を宣言によって創出するという話の一例にすぎない。第5章で見る通り、会社設立について定めた成文法はそれ自体が、会社はこれこれの宣言によって創出されるという内容をもった一個の宣言であって、それゆえ個々の会社設立は、定立的宣言によって構成される一制度内での個別の宣言にほかならない。

第三の異論も容易に処理可能である。というか、以前の応答に変更を加える必要がない。その存在に集合的承認を要せず、単に一階の制度的事実から派生する、制度的事実のマクロ的な、あるいは体系的な派生事実も、集合的承認を要する一階の制度的事実が存在するのとまったく同様に存在するのである。ただしこの点で用語法の変更が必要になるため、以下で説明する。厳密に言うなら、制度的事実から体系的に生じる派生事実は制度的事実ではない。

用語法の変更

本書で新たに呈示される議論は、そこに含まれる同値関係と含意関係を次の式で表すことができる。

制度的事実 ＝ 地位機能 → 義務論的権力 → 願望独立的な行為理由

すなわち、制度的事実はすべて地位機能であり、地位機能はすべて制度的事実である。そして地位機能は義務論的権力を含意し、義務論的権力は必ず願望独立的な行為理由を提供する。

だがここには『構築』での用語法からの変更が三点含まれている。一点は単に言葉遣いの変更だが、残り二点については実質的な変更を伴うものである。第一に、『構築』では、いかなる制度的事実も制度の内部に存在すると述べた。しかし既存制度の外部にも地位機能が存在しうることを認めるなら、制度の外部に存在する制度的事実もあるとするか、あるいは制度的事実ではない地位機能があるとするかの二者択一を迫られることになる。私としては、議論の都合上、制度的事実の概念と地位機能の概念は外延を同じくしておくべきだと思うので、その線で用語法を変更することとする。すなわち、地位機能はすべて制度的事実であるが、すべての制度的事実が構成的規則の集合である既存制度の内部に存在するわけではない、としておく。

第二に、先に触れておいたように、制度的事実から体系的に生じる派生事実は、それ自体としては義務論的権力を伴わないがゆえに制度的事実ではない。例えば現在景気が後退しているという事実は他の諸制度を取り巻く一個の事実であるが、それ自体は義務論的権力をもたないがゆえに制度的事実ではないのである。一方で仮に、連邦準備制度理事会（ＦＲＢ）は景気後退期には利率を下げなければならないという法律が連邦議会で可決されたとすると、これによって景気後退期であることに義務論的な効力が付与され、したがってそれは一個の制度的事実となる。景気後退期であることに義務論的権力が与えられ、それによってＦＲＢに利下げの義務が課されるわけだが、ここにはある水準での事実が、それよりも高次の水準で義務論的権力をもつという典型的な形式が見られる。

第三の変更も先の式に含意されている。『構築』では、制度的事実は一般に義務論的権力を有するとしつつ、例外の存在を許容していた。名誉などは特にこの例外にあたり、例えばどこかの大学から名誉学位を授与された人や、ミス・アラメダ郡に選ばれた人は、たしかに新たな制度的地位を獲得したことにはなるが、それによって新たな権力を得たわけではないのであって、純粋に名誉上の地位には権力が伴わないというのが当時の私の見解だった。だが現在はこれを改め、名誉もやはり義務論的権力の一種として扱った方がいいと考えている。おそらく限界事例ということになろうが、それでも例えば名誉には尊敬が向けられるべきだといった形で、ある種の義務論的権力は伴うのである。そこで本書では例外をなくし、すべての地位機能が義務論的権力を創出するものとした。

以上、用語法において三つの変更を行った。第一に、制度的事実には既存制度の外部で存在するものもありうるとした。第二に、制度内での存在を要する事実の中にも、義務論的権力を伴わないがゆえにそれ自体は制度的事実ではないものがあるとした。第三に、制度的事実は定義上すべて、どんなに限定的で微弱なものであってもなんらかの義務論的権力を有することとした。

第2章　志向性

本書の目的は人間の社会的存在論に説明を与えることである。この存在論を創出するのは心である。だからまずは心に備わる性質のうち、社会的現実の創出に関わるものから始めなければならない。したがって最初に論じるべきは志向性である。

分析をこの順番で進めていくことは、心や社会といった高次水準の現象が、物理学や生物学で扱う低次水準の現象を基礎として成立する様を示すという本書の基礎的要件に沿ったものである。生物学は物理学に依拠し、神経生物学は生物学の一分野である。神経生物学は意識と志向性が成立するための原因と場を与える。集合的志向性は志向性の一類型であり、この集合的志向性が社会を創出するのである。

第1節　志向性の基礎論

「志向性（intentionality）」とは、自らを世界内の物や状態に向かわせる心の能力を表す哲学用語である。その際、心が向かう先の物や状態は、心それ自体とは独立に存在するのが普通である。例えば私が、いま雨が降っていると信じている。あるいは利率の上昇を恐れている。あるいは映画に行きたいと思っている。あるいはピノ・ノワールよりカベルネ・ソーヴィニヨンを好む。いま挙げたいずれの事例においても、私は一個の志向的状態にある。志向的状態は常に何かについての状態であり、この状態には必ず参照先がある。映画に行こうと意図している場合のような日常語の「意図（intending）」は、信念、願望、希望、恐怖等と並ぶ志向的状態の一類型にすぎない。[原注1]

志向性から議論を始めるのは、社会を理解しようと思うなら人間の集合的行動についての理解が先決だからである。しかし人間の集合的行動は集合的志向性の一つの顕れにほかならない。そしてこの集合的志向性を理解するには、その前に個人的志向性について理解しておく必要がある。そればかりか、そもそも志向性の理解には意識についての理解が先行するはずであり、それには意識を生み出す原因であり、かつ意識が生じる場でもある脳の構造についての理解が前提となる。とはいえ現在のところ、脳内のいかなる過程によって意識が生み出されるのかについてはまだよくわかっていない。一方で、私が思うに意識の哲学的な側面についてはすでに多くのことがわかっている。いずれにせよ、ここでは志向性論に関係するものだけに論点を絞ることとしたい。さしあたり本章では、社会的存在論の理解に不可欠の志向性理論について、その骨子を解説していく。具体的には志向性理論の基礎概念をいくつか説明することを目標とし、一個ずつ慎重に進めていくつもりである。では始めることとしよう。[原注2]

志向性と意識

先に述べたように、志向性とは心的状態が何かに向けられていること、それが何かについての状態であることを表す名詞である。だが心的状態のすべてが志向的であるわけではない。不安や苛立ちといった状態では、何についていて不安や苛立ちを覚えているのか自分でもわからなかったり、不安や苛立ちの原因となるものが存在しなかったりすることもありうる。目覚めている間でも、私の志向的状態のうち意識に上るのはその一部だけである。例えばいまこの瞬間、私は空腹を覚えている。だが私の心的状態の多くは、ほぼ常に無意識に留まる。私はジョージ・ワシントンが米国の初代大統領であったと信じているが、この信念は私がワシントンについて特に考えているわけではないときでも、さらには眠っている間にも常に存在している。したがって意識／無意識の区別と、志向的／非志向的の区別は互いに交差するのであり、結果、論理的に可能な組み合わせとして、意識的な志向的状態、無意識的な志向的状態、意識的な非志向的状態、無意識的な非志向的状態の四つが得られる。前三者については、その各状態が存在するのは明らかである。第四の無意識的で非志向的な心的状態については、この類型にあてはまる事例が存在するかどうかいまいち心許ないのだが、例えば特定の対象をもたない無意識的な不安というのが考えられるかもしれない。そういった状態自体、存在するかどうか覚束ないところではあるが、要は少なくとも論理的な可能性としてはそうした類型が与えられるということである。

原注1　意図が志向性の一類型にすぎないのであれば、なぜわざわざ intentionality という、意図（intending）との特別な繋がりを匂わせるような紛らわしい用語を採用するのかという疑問が出てくるのも当然であろう。この疑問に対しては、この語がドイツ語圏の哲学に（さらに遡るなら中世ラテン語の intentio に）由来するもので、ドイツ語では「志向性」を意味する Intentionalität と「意図」を意味する Absicht が全然似ていないからだと答えておくしかない。

原注2　以下の議論は概ね Searle 1983 に基づく。ただし自由意志論と想像力論の二つの論点は本書で初めて登場するものである。

志向的状態の構造

任意の志向的状態は、類型と内容の二つの成分に分析できる。ここで志向的状態の内容というとき、その典型例は命題内容である。この志向類型と命題内容の区別は「S(p)」と表記することができる。例えば私の心的状態として、雨が降っていると信じている、雨が降っているのではないかと恐れている、雨が降っていることを望んでいる、この三つはいずれも可能であり、かつ「雨が降っている」という同一の命題内容を共有している。これをpで表す。一方、志向の類型、つまり心理的様態の方は、信念、恐怖、願望と互いに異なっている。こちらはSで表すものとする。志向的状態の多くは完全命題をとるため、哲学ではしばしば「命題的態度(propositional attitude)」と呼ばれるが、これはあまりいただけない用語である。というのもこれではまるで、私の志向的状態がなんらかの命題に対する態度であるかのように読めてしまうからだ。一般に、信念、願望等は命題に対する態度ではない。私がワシントンは初代大統領であると信じているとき、この信念はその命題に対する態度ではなく、あくまでワシントンに対する態度なのである。志向的状態が命題に向けられることはめったになく、ほとんどの場合、志向的状態が向かう先はいかなる命題からも独立して存在する世界内の物や事態である。まれに志向的状態が命題に向けられることもあるが、それは例えば私がベルヌーイの原理は自明であると信じているような場合である。このとき、私の信念の対象はベルヌーイの原理という一個の命題である。このことから、文「ジョンはワシントンが初代大統領だったと信じている」においても、信念の対象は「ワシントンは初代大統領であった」という命題であるかのように思われるかもしれないが、それは文法上の錯覚というものである。この命題は信念の内容ではあるが、信念の対象ではない。この事例における信念の対象はワシントンなのだ。「信じている」等の志向的動詞が、信念をもつ者と命題の間の関係を表しているとする見解は誤っている。この誤謬が哲学や認知科学に及ぼしてきた害悪を思うと気が遠くなるほどだ。

志向的状態には、その内容が完全命題ではないものもある。サリーを愛している、ビルを嫌っている、トマス・ジェファソンを尊敬している等の場合、志向的状態が内容として含むのは完全命題ではなく、対象の表象である。そこで、こういう場合についてはS(n)という表記を用い、「愛している（サリー）」、「嫌っている（ビル）」、「尊敬している（ジェファソン）」等と書くものとする。

発話行為がそれぞれ一定の適合方向（direction of fit）を伴って現実を表象することについては前章で触れた通りであるが、この適合方向という概念は志向的状態にも応用できる。信念の目的は真たることであり、偽であったならばその信念は信念としての目的を逸したことになる。信念が世界に合致しているとか、世界に適合しているとか、あるいは世界を正しく表していると言えるためには、とにかく真でなければならない。この限りで信念は〈心から世界へ〉の適合方向↓を有するのである。これに対し願望や意図は、世界の実際の有り様を表象するものではない。願望の場合は世界がどうあってほしいかを、意図の場合は世界をどうしたいかを、それぞれ表象するのであり、だから願望や意図は〈世界から心へ〉の適合方向↑を有すると言える。適合の「方向」という言い方がわかりにくければ、適合の「責任」と言い換えてもいい。信念は真たることを目的としているわけだから、世界に適合することが信念の責任であり、それがすなわち信念は〈心から世界へ〉の適合方向を有するということである。この適合を獲得しえた信念は真であり、獲得できなかった信念は偽である。これに対し願望や意図の場合、仮に失敗したとしても、それは当の願望や意図のせいではない。いわば悪いのは世界の方、なのである。それゆえ願望や意図の場合は〈世界から心へ〉の適合方向、あるいは適合責任を有すると言える。信念の場合と願望・意図の場合の適合方向の違いについては直観的に明らかだろうと思うが、もし判断に迷う場合には次の点を手がかりにすればよい。任意の心的状態について、その真偽が問えるような場合には、〈心から世界へ〉の適合方向を有している可能性が高い。なぜなら、真偽というのは〈心から世界へ〉の適合方向における成功／失敗を判断するための標準的な用語だからである。このように信念が真偽いずれかであるのに対し、願望・意図についてはこれが成り立たない（英語では「望みが叶った」を「My wish came true」のように言うことがあり、これは逐語的には「望みが真になった」ということだから少々厄介ではある。とはいえ厳密には、望みは真偽のいずれでもありえない）。願望と意図において問われるのは充足されるか否か、実行されるか否かであり、このことは願望と意図が〈心から世界へ〉の適合方向をもたず、〈世界から心へ〉の適合方向を有するという事実を端的に示すものである。

この区別が言語についても成り立つというのは重要な事実である。これは第1章でも触れた論点ではあるが、何がどう重要なのかについては第4章で再度取り上げる予定である。とにかく、志向的状態に関して状態の類型と内容を区別し、前者を「S」、後者を「p」で表したのとまったく同様に、言語理論でも、発話行為の類型と命題内容を区別することができる。発話行為の類型というのはオースティン（Austin 1962）のいう「発話内効力（illocutionary force）」のことだが、これを「F」で表し、命題内容は「p」で表すものとする。私はあなたが部屋を出ていくと信じることも、あなたが部屋を出ていくのを望むこともできるわけだが、それに加えて、あなたは部屋を出ていくだろうと予言することも、あなたが部屋を出ていくよう命じることもできる。いずれの場合も命題内容は同一であるが、志向的状態についてはそれぞれ心理的様態が異なり、発話行為については発話内効力ないし類型が異なる。さらに私の信念が真偽のいずれかであって、それゆえ〈心から世界へ〉の適合方向を有するのとまったく同様に、私の陳述もまた真偽のいずれかであり、〈言語から世界へ〉の適合方向を有する。また私の願望や意図が真偽のいずれでもありえず、充足されるか不充足であるかのいずれかであるのとまったく同様に、私の命令や約束は真偽のいずれでもありえず、充足されるか不充足であるかのいずれかである。命令の場合であれば、相手が従えばその命令は充足されるが、相手が従わなければその命令は不充足となる。

以上、ごく簡単に志向性論の骨子を概観してきたが、ここで一つ重要な結論を導くことができる。すなわち、完全命題を内容とし、適合方向を有する志向的状態について、我々はこれを、適合が成立するには世界がどうなっていなければならないかという条件を表象したものと考えることができるのである。志向的状態の充足に必要な世界内の条件のことを充足条件（condition of satisfaction）と呼ぶことにするなら、完全命題を内容とし、適合方向を有する志向的状態はどれも、自らの充足条件を表象するものと考えることができる。信念はその信念の真理条件を表象し、願望はその願望の充足条件を表象し、意図はその意図の実現条件を表象するのである。これらの単純な事例に限って言えば、志向性を理解するための鍵は、非常に特殊な用語としての「表象（representation）」にこそある。任意の志向的状態は自らの充足条件を表象するのである。

ただしこれはまだ一部の事例に限った話である。第一に、完全命題を内容とする志向的状態でありながら、適合方向をもたないように思われる事例があるからだ。例えば私が、鼻が大きいことを誇らしく思っていたり、あるいは鼻が大きいことを恥ずかしく思っていたりする場合である。このとき、私の鼻が大きいという事実は単に自明視されている。つまり私の鼻が大きいという事実を表象すること（〈心から世界へ〉の適合方向↓）は、この志向的状態の目的とはなっていないのである。他方で、私の鼻が大きいという事実を実現すること（〈世界から心へ〉の適合方向↑）が目的だというわけでもない。鼻が大きいのが誇らしいとか恥ずかしいといった場合、鼻が大きいことは端的に前提されているのである。このように適合が端的に前提されているような志向的状態について、以前の著作ではゼロ適合方向（null direction of fit）を有するという言い方をしていた。だがその後、これだとそもそも適合それ自体が存在しないかのように読めてしまってミスリーディングだと考えるようになった。適合は存在しないのではなく前提されているのであって、鼻が大きいことについての誇らしさや恥ずかしさは、仮に鼻が大きいというのが事実でなければ、不適切とか的外れと言うべき感情なのである。そこで、適合の存在が前提されていることを強調するため、今後は表記を「ゼロ」ないし「∅」から、「前提適合（Presup Fit）」、もしくは略記して「前提（Presup）」に改める。つまり、以前の著作（Searle 1983）で誇らしさや恥ずかしさのような感情は「∅適合方向を有する」と書いていたのを、これからは「前提適合を有する」と書くことにする。少々不格好な表記ではあるが、少なくともこれで誤解の余地はなくなったはずだ。

　第二に、内容が完全命題ではない志向的状態――サリーを愛している、ジェファソンを尊敬している等――についても論じる必要があるが、これについては、さらに若干個の区別を導入した後で再論するものとする。

志向性についての以上の議論は必ずしも、我々に対して事物がどのように現れているのか、我々にとって事物がどんなふうに感じられているのかといったことについての記述を意図したものではない。普段生活していてそういったことに思考が向かうことはまずないからである。ここで改めて、私は我々に対する事物の現れ方を記述しようとしているわけではない旨、ぜひ強調しておきたい。哲学には「現象学」と呼ばれる運動があって、これに携わる人たちは、志向性の研究で最も重要なのは、我々に対して事物がどのように現れているかを考察することだと主張する。というか「現象学」はしばしば、意識についてなされる哲学的な研究の別名として用いられているほどである。だが私の議論は、信念、願望、意図等の志向的状態をもつ――その状態において行為する――という過程に、常に無媒介の現象学的現実が伴うなどと主張するものではない。この点は誤解のなきよう願いたい。自分の信念や願望が一定の適合方向を有する充足条件の表象となっていること、これは現象学的な意味で無媒介に明白な事柄ではないのであって、このことに気づくにはそれ相応の省察を必要とする。志向性に無媒介の現象学的現実が伴うとは限らないのとまったく同様に、志向的表象にも現象学的現実が伴うとは限らない。時々、表象という概念に対して批判を向ける人がいるが、それは批判する当人に、心的表象が心的表象たるにはそれが心的表象として意識的に思考されることが必須であるという誤った思い込みがあるからである。だが私が用いている表象概念は機能的な概念であって存在論的な概念ではない。何かが充足条件を有するなら、つまり志向性に特有の仕方で成功／失敗しうるなら、その何かは定義上、常に当の充足条件の表象となっていなければならないのである。

以上、若干個の基本的な区別を導入し、志向的状態は一般に自らの充足条件の表象となっているという重要な理論的主張も併せて示した。この主張については、一見反例と思われるような事例も多く挙げておいた。誇らしいとか恥ずかしいといった感情は、志向的状態ではあるものの、適合が前提されているためにあたかも適合方向をもたないかのように見える事例である。また愛しているとか嫌いだといった感情も、やはり志向的状態ではあるが、こちらは内容が完全命題ではなく、志向の先が一個の客体にすぎないような事例である。どちらの場合についても詳細は後で再論する。ともあれ読者においては、以上の文章により、命題内容、心理的様態、適合方向（↑、↓、前提、↕の四種類）、充足条件といった概念に馴染んでいただけたものと思う。

第2節　ネットワークとバックグラウンド

志向性理論の基礎概念として、ネットワーク（Network）とバックグラウンド（Background）の二つを追加する。志向的状態は個々ばらばらに生じるわけではない。映画に行こうという意図には常に、それ以外に多くの信念や願望が伴う。映画が大衆娯楽の一つであること、映画を観るには普通その映画を上映している映画館に行かなければならないこと、映画館では先に入場料を払う決まりであること、場内では席に座り、巨大なスクリーンに映された映画を観るものであること——これらについての信念をはじめ、その他様々な志向的状態を有していてはじめて、映画に行こうという意図をもつことが可能になるのである。

このように志向的状態は互いにネットワークをなしているわけだが、それに加え、志向性が適用可能であるために必要な前提の集合――能力の集合も含む――についても考えなければならない。志向的状態のネットワークを辿っていくと、典型的な志向的状態のそれぞれについて、そもそもその状態が機能しうるには、他にも多くの志向的状態が相互に連携して複雑な集合をつくっていなければならないことに気づく。一例として、大学のキャンパスにある自分の研究室まで自分の車を運転して行こうと意図する場合を考えてみよう。この意図をもつことができるために、私はどのような信念や願望、その他の志向的状態をもっていなければならないだろうか。逐一全部挙げていくとあまりにも長大なリストになるため、ここではごく一部を示すに留めるが、まずは自分が車を所有していることや、自分は車の運転ができることについての信念が必要であるし、さらにこの道順で行けばキャンパスに着くこと、車は乗り物であること、車は道路を走ること、車を走らせるには運転しなければならないことについての信念も必要であろう。ひとまずこのくらいにしておくので、この他にどんな信念や願望が必要かは読者各位で考えてみていただきたいが、ここで一つ重要な点として、こうやってリストを作成していくと、その中には典型的な志向的状態とは言えないようなものが登場してくることに注意が必要である。例えば、キャンパスが車で行ける範囲内にあることについては、私はこれを信念としてもっている必要がある。しかし、車を運転する能力それ自体についてはその限りではない。私はこの能力を自明視しているのであり、またこの能力を複数の志向的状態の集合へと分解することはできない。自分がこれから地球の表面を移動することになるということについても同様で、私はこのことを自明視しているのである。このように自分の能力や、自明視の対象となる事態は、ほとんどの場合志向的状態そのものとは考えにくい。これらはむしろ特定の志向的状態をとるのに必要とされるものであって、これをバックグラウンドと呼ぶことにしたい。能力、傾向性、やり方、一般的なノウハウ等がここに含まれる。そして我々が意図を実行したり、あるいは一般に何らかの志向的状態をとることが可能なのは、まさにこのバックグラウンドのおかげなのである。

ネットワークはその大半が無意識的であるような志向的状態の集合であり、バックグラウンドは能力や傾向性の集合であるから、両者はカテゴリーとしては異なる一方、ネットワークを構成する無意識的な要素は――それが無意識的である限りにおいて――それを意識にもたらす背景的能力に存するという点ですでに、両者の間に明確な分割線を引くのは不可能である。現代哲学はこの論点に関して多くの論争を惹起しているが、本書がそこに参戦する必要はなく、ここでは思考、行為、知覚のいずれかにおいて世界を処理するにあたり、我々は非常に多くの事柄を自明視するほかはないという一点だけ押さえておけば十分である。車で研究室に向かうという意図を形成するとき、私は信念と願望の集合（ネットワーク）と能力の集合（バックグラウンド）の両者を自明視しているのである。

いま導入したネットワークとバックグラウンドを用いれば、本書の志向性論に突きつけられたある問題への対処が可能になる。すなわち、愛や嫌悪などの完全命題を内容としない志向的状態や、誇らしさや恥ずかしさのように命題内容が前提適合を有しており、上向きの適合方向↑も下向きの適合方向↓も伴わない事例について、充足条件と適合方向の両概念をどう適用してやればよいかという問題である。私の考えでは、ネットワークの存在を認めるならば、この問題は容易に処理される。たしかに、例えば私がサリーを愛しているとして、この志向的状態は完全命題を内容とするものではない。しかし誰かを愛しているとき、当人はその相手について多くの信念や願望を有している。つまりある人が別の誰かを愛しているという関係は、それ以外の志向的状態が織りなすネットワークの内部でしか存在しえないのであり、そこに含まれる信念や願望の大半は、その人を愛しているという関係にとって不可欠の構成部分なのである。そしてネットワークを形成するこれらの信念や願望は、それぞれ一定の充足条件を伴う適合方向を有するのである。

適合が前提されている志向的状態についても事情は同様で、これにも必ずその他の信念や願望が伴う。レースで優勝したのが誇らしいとして、その人は自分がレースで優勝したという信念、それにもともとレースで優勝したかったという願望をもっていなければならない。つまり「Xはpが誇らしい」は「Xはpを信じている」および「Xはpを望んでいる」を含意するのである。そしてこの信念と願望は、一定の充足条件を伴う適合方向を有するのである。

このように、充足条件に基づく志向性論は一見して思われるほど限定的な理論ではない。それればかりか、充足条件こそは志向性を理解するための鍵であり、社会的現象の志向性の構造を分析しようと思うなら、その充足条件をこそ分析すべきなのである。この点については以下の議論を通じて一層明らかになっていくだろう。

第3節　意図と行為

ここで改めて「意図（intention）」の問題を論じておこう。次の選挙で投票しようと意図しているとか、数秒前に私の手が挙がったのは意図的にしたことだとか言うときの意図である。この意図と充足条件の関係はどうなっているか。意図は次の二点で、信念や願望とは大きく異なる。

第一に、意図という概念は、論理的な性格をまったく異にする二つのカテゴリーに分けられる。まず、ある行為遂行に対し、それに先行して存在する意図というものがある。例えば、三十秒後に腕を上げることを現在意図しているといった場合の意図である。他方、それとは明確に区別されるべき意図として、当該の行為遂行の最中に存在する意図がある。例えば現在自分の腕を意図的に上げていて、その意図が当の行為それ自体の一部をなしている場合の意図である。そこで両者を区別するために、ある意図的行為の遂行に先立って形成される意図を「先行意図（prior intention）」、当の行為それ自体の一成分となっている意図を「行為内意図（intention-in-action）」と呼ぶことにする。「腕を上げる」というごく単純な事例で言えば、ある人がまず腕を上げようと先行的に意図し、その後実際に腕を上げたならば、この先行意図は一個の意図的行為に帰結したと言える。この意図的行為は、腕を上げるという行為内意図と、腕が上がるという身体動作の二つの成分でできている。先行意図は日常語では「計画（plan）」と呼ばれるもので、この先行意図の形成を表す代表的な語は「決意（decision）」であろう。いま、「後で～をやろう」と決意したとすれば、私はそれによって一個の先行意図を形成したのであり、やろうと決めたことを引き続き実際にやる計画である限り、私は一個の先行意図を有するのである。行為内意図を伴わない行為はありえないが、すべての行為が先行意図を要するわけではない。計画も決意も欠いたまま突発的に行われる意図的行為もありうるからである。その場合、唯一下される決定は行為それ自体の開始である。例えば、椅子に座って哲学の問題を考えていた私が、完全に突発的に椅子から立ち上がり、室内を歩き始めたとしよう。この場合、先行意図は存在しない。私はただ立ち上がって歩き始めただけである。もっと重要な事例は会話である。会話の最中に、次に何を言おうかと計画している、というのはごく例外的な事態である。普通はあくまで相手の発言を承けて、突発的に返事をするものだろう。

存在論的には、先行意図が信念や願望と同じく心の一状態であるのに対し、行為内意図は実際の行為として生じる事象である。私が一定の身体動作を伴うなんらかの意図的行為を無事遂行できたものとする。このとき行為内意図は、この身体動作を伴う心理的事象として生じている。私が自分の腕を意図的に上げたとする。この意図的行為には行為内意図と身体動作の二つの成分が含まれ、この行為が無事遂行されたなら、そのときには行為内意図と身体動作の間に、前者を原因とし後者を結果とする因果関係が成立していなくてはならない。日常語で行為内意図に最も近いのは「試みる（try）」だろう。私があることをしたくて実際しようと試みたとする。仮にこの試みが結局は失敗に終わったとしても、このとき私は一個の行為内意図をもっていたと言ってよい。逆に、私がなんらかの行為内意図をもっていたと言えるなら、私は試みたのである。先行意図については、誰かに対してそれをもてと命令することはできない。「映画に行こうと意図せよ」という発話は意味をなさない。「映画に行こうという意図の形成を試みよ」であれば可能だが、この命令の内容は、先行意図の形成を試みること（つまり先行意図を形成するという行為内意図をもつこと）にほかならない。行為内意図が試みるという行為であるのに対し、先行意図は状態であるという点をはっきりさせるため、もう一つの手がかりとして、「試みる（try）」は現在進行形をとるが「意図する（intend）」は現在進行形をとらないことを指摘しておきたい。「いま何をしているのか」という質問に対して、「論文の執筆を試みている（trying）」とは言えても、「論文の執筆を意図しつつある（intending）」とは答えられないのである。いずれにせよ、この二種類の意図の間の関係については、人間の行為の構造について論じるところで再び取り上げ、もう少し詳しく論じる予定である。

意図に見られる第二の顕著な特徴は——行為内意図であろうと先行意図であろうと——ある意図が充足されたと言えるためには、その充足条件が満たされる際に、当該意図が原因として機能している必要があることである。例えば私が、十五秒後に自分の腕を上げると意図した直後にその意図のことを完全に忘れてしまい、その意図とはまったく別の理由で自分の腕を上げたとする。この場合、忘れてしまったもともとの意図については、実行されたとも充足されたとも言えない。ある意図が充足されたと言えるためには、意図された行為を生み出すにあたって当の意図それ自体が原因として機能していなければならないのである。いま挙げたのは先行意図の例だが、行為内意図についても同様のことが言える。私がいままさに自分の腕を上げようと試みているものとする。この試みが成功した、つまりこの行為内意図が充足されたと言えるためには、その試みそれ自体が、ここで試みられている動作の原因として働いていなければならない。その行為内意図それ自体が原因となって当の身体動作が生み出されるという関係になっていない限り、その行為内意図が充足されたとは言えないのだ。

先行意図であれ行為内意図であれ、一般に意図に伴う充足条件については、信念や願望のときとは多少異なる表記が必要となる。というのも意図の場合、その内容に、当の意図それ自体への言及が含まれるからである。志向的状態としての意図の充足条件はその意図の内容によって定められるが、第一にその形式が因果的なものであることにより、第二にその形式に当の志向的状態それ自体への言及が含まれることにより、意図は因果的な自己言及性を有すると言える。[原注5] このことを単純な事例に則して明確にしておきたい。そこで一例として、私が自分の腕を上げるという先行意図をもっているとしよう。それから私は意図的に自分の腕を上げ、それによってこの先行意図を実行する。このとき、先行意図、行為内意図、身体動作の間の関係は次のようになっている（先行意図を「pi」、身体動作を「BM」、行為内意図を「ia」で表すものとする）。

pi（自分の腕を上げるという行為を私が遂行する、かつ、この pi を原因として、自分の腕を上げるという行為を私が遂行するという結果が生じる）

ia（私の腕が上がる、かつ、この ia を原因として、私の腕が上がるという結果が生じる）

pi の場合も ia の場合も、「かつ」の前に書かれていることは「かつ」の後ろに書かれていることに含意されているため、前者は削除してかまわない。加えて、行為には行為内意図と身体動作（この行為内意図を原因として生じる身体動作）以外には何も含まれないのであるから、この関係は次のように単純明快な形で表すことが可能である。

原注5　意図が因果的な自己言及性を有することについては、すでに多くの指摘がある。例えばカントは『判断力批判』（Kant 1987）の冒頭でそのことを指摘している。「因果的自己言及性」という語を用いたのは、私の知る限りギルバート・ハーマンが最初である（Harman 1976）。

pi（この pi を原因として行為が生じる）
ia（この ia を原因として BM が生じる）
行為＝ia を原因として BM が生じるという事象

ここで、因果関係を矢印で表すことにすれば、この矢印を用いて――単純さを損なうことなく――複数の因果関係を一挙に表すことができる。

（行為）
pi → (ia → BM)

第4節　複合意図と複合行為

まず前節の議論を要約しておく。私は意図の志向性について二つのことを主張した。いずれも、社会的行為および社会的存在論の理解に不可欠な論点である。第一は、先行意図と行為内意図の区別の必要性であり、第二は、先行意図と行為内意図がともに有する因果的な自己言及性である。

先行意図と行為内意図の区別の必要性については、両者は充足条件が互いにまったく異なるという点をもって決定的な論拠とすることができる。一つ単純な例でこの点を確認しておこう。いま私が、三十秒後に自分の腕を上げると意図しているものとする。この先行意図はその充足条件として、一個の行為が生じることを求めている。その後、実際に私が自分の腕を上げたとする。このとき、腕を上げつつある私の意識の中で生じていること、すなわち腕を上げようと試みているという意識経験が行為内意図である。この行為内意図の充足条件が求めるのは一個の行為の全体ではなく、その行為内意図それ自体を原因として生じる身体動作「私の腕が上がる」にほかならない。

意図のもつ因果的自己言及性については次の点が決定的な論拠となる。すなわち同じ志向的状態であっても、信念や願望の場合は、充足の成否にとってその充足がどのように生じたかは不問であるのに対し、意図の場合、その意図それ自体が原因となって当の充足条件が満たされたのでなければ意図が充足されたとは言えないのである。大金持ちになりたいという願望を例に考えてみよう。私がこの願望を抱いているとすれば、この願望は私が大金持ちになったとき、そのときに限って充足されるのであり、どうやってなったかは問われない。これに対し、大金持ちと言えるだけの大金を自分で稼ぐという先行意図を考えてみると話は大きく変わってくる。この意図が実行に移されたと言えるためには、大金を自分で稼ぐという意図が原因となって私が大金を稼ぎ、それによって大金持ちになったという因果関係が不可欠である。もし意図が原因として働いていなかったとしたら、仮に何か他の事情でやはり大金持ちになれたとしても、決してもともとの意図が実現したわけではないのである。同様のことは行為内意図についても言える。いま私がドアを開けようと試みているとすれば、その行為内意図が充足されたと言えるのは、その試みそれ自体が原因となってドアが開いたときだけである。何か他の原因でドアが開いた場合、例えば誰か他の人が私のためにドアを開けてくれたというような場合には、私の行為内意図が充足されたとは言えない。

続いて、ある行為を手段として別の行為をするとか、ある行為をすることが別の行為を成立させるような場合、すなわち複合行為についてその構造を説明する。例えば議長が「本件動議に賛成の方は右手を挙げてください」と発言したとする。ここで私が右手を挙げたならば、私はただ右手を挙げたに留まらず動議に賛成票を投じたことにもなる。ただし「右手を挙げる」行為と「投票する」行為が一個ずつ、つまり合計二個の行為が存在するわけではない。「右手を挙げる」と「投票する」はあくまで一個の行為が有する異なる二個の側面を、それぞれ別の水準で記述したものだからである。この事例では、右手を挙げることはすなわち投票を構成するのであり、私は挙手することで投票を成立させたのである。

複合行為にはもう一つ、これとは異なるタイプのものがある。何かを意図的に行うと、それが原因となってまた別のことが生じる、という形のもので、一例として引き金を引くことによって銃を撃つ場合が挙げられる。この場合も「引き金を引く」行為と「銃を撃つ」行為の二つがあるのではなく、一個の行為が二つの記述水準を有しているのである。最も下位の水準では、私は意図的に引き金を引いている。私が引き金を引いたことが原因となって銃から弾丸が発射されるわけだが、決して私が引き金を引いたことが原因となって私が銃を撃つのではない。「銃を撃つ」と記述される文脈では、私は端的に「銃を撃つ」のである。だがこの「銃を撃つ」という行為は、最も下位の水準における私の意図的動作「引き金を引く」が原因となり結果として銃から弾丸が発射される、という因果的な「手段」関係を私が利用して「銃から弾丸が発射される」という結果を意図的に実現させるという形での複合行為にほかならないのであって、このように結合された全体こそが一個の行為となっているのである。

このように複合行為の構造には、複合性のもとになる条件が少なくとも二種類ある。まずは、記述の水準が複数存在し、低次の水準における行動がより高次の水準を構成するような関係になっている場合である。先の例では、挙手が投票を構成するという関係が見られた。だが複合性の源泉には、この構成的成立関係（constitutive by way of relation）に加えて因果的手段関係（causal by means of relation）もある。引き金を引いたことが原因となり、結果として銃から弾丸が発射されるといった関係であり、このとき私は、引き金を引くことを手段として銃を撃っているのである。

行為内意図が備えるこの内部構造は、もっと複雑なものにすることも可能である。例えば「ジョーンズは引き金を引くことを手段として銃を撃ち、銃を撃つことを手段として政敵に弾丸を命中させ、弾丸を命中させることを手段としてこの政敵を暗殺し、政敵を暗殺することで復讐を果たした」といったことが言える。この複合構造では、一個の行為に対する記述——引き金を引く、銃を撃つ、犠牲者に弾丸を命中させる、犠牲者を暗殺する、復讐を果たす——は拡げたり縮めたりが可能であるため、この点を捉えて「アコーディオン効果」（この語は Feinberg 1970: 34 による）と呼ばれる。まるでアコーディオンのように、記述の幅を拡げたり縮めたりすることができるからである。時々、アコーディオン効果の範囲は無際限に拡大していくと言う人がいるが、少なくとも意図的行為のアコーディオン効果に限って言うなら、アコーディオンの限界は複合的な行為内意図の充足条件によって定められると言っていい。それに対し、行為内意図の内容に含まれず、したがって充足条件に含まれないような副次的もしくは長期的な帰結であれば、こちらは無際限に拡がっていくと言うことができる。

さらに、このとき端緒にあたる行為、つまり他の行為によって構成される行為でもなければ、他の行為を原因として遂行される行為でもない行為は、「基礎行為（basic action）」と呼ばれる（この語はアーサー・ダントーによる（Danto 1968））。意図的行為のうち、他の意図的行為によって構成される必要がなく、かつ他の意図的行為を手段として遂行される必要のないものは、すべて基礎行為である。引き金を引くことを手段として銃を撃ち、銃を撃つことを手段として敵を殺すという例をとれば、このうち「引き金を引く」は基礎行為と考えられる。「引き金を引く」という行為については、他の行為によって構成されるものだとか、他の行為を原因ないし手段として遂行されるものだとは普通考えない。引き金を引く人はまったく端的に引き金を引くのである。

ここで、何が基礎行為であるかは当然人によって異なると言える。つまりバックグラウンドの能力に左右される。優れたピアニストであれば、アルペッジョを最初から最後まで基礎行為として弾くことができるだろう。この場合、ピアニストは端的にただ弾くのであって、それが何によって構成されているのか、何を手段としているのかといった問いは成り立たない。だがピアノの初心者がある程度複雑な曲を弾こうと意図している場合には——この鍵を左手の親指で押す等の——補助的な行為内意図の集合が、曲全体を弾くという意図を構成的に成立させるものとして必要とされる。

第5節　志向性の一般構造

本書の主たる関心対象は行為であって、知覚や想起のように厳密な意味で認知的な現象は議論の埒外にあるためここまでほとんど論じてこなかったが、本節では議論の完全性を確保するため、知覚や想起もまた——先行意図や行為内意図と同様——因果的な自己言及性を有することを指摘しておきたい。何

表 2.1　志向性

	認知			意欲		
	知覚	想起	信念	行為内意図	先行意図	願望
適合方向	↑	↓	↓	↑	↑	↑
因果方向	↑	↑	非該当	↓	↓	非該当
因果的自己言及性	○	○	×	○	○	×

か物が見えたとすれば、これはその物体がそこに存在することが原因となってその物体についての視覚経験が生じたということであり、ピクニックのことを思い出したとすれば、これは以前ピクニックを経験したという事実が原因となって現在そのピクニックについての想起が生じたということでしかありえないからである。しかし知覚や想起の場合、適合および因果の方向が、先行意図や行為内意図のものとはちょうど正反対になる。意図の場合、適合方向は〈世界から心へ〉と上向きであり、因果の方向は〈心から世界へ〉と下向きである。これに対し、知覚や想起の場合は、適合方向が〈心から世界へ〉と下向きであり、因果の方向は〈世界から心へ〉と上向きになっているのである。視覚経験や想起経験に見られる因果的な自己言及性が、当の視覚や想起それ自体が、その内容において表象されている事態そのものを原因として生じていることを含意するからである。

このように、志向性の各類型間には非常にきれいな形式的関係がある。それをまとめたのが表2・1である。志向的状態の基本類型には「認知(cognition)」と「意欲(volition)」なる少々古臭い用語をあてておいた。(信念と願望に関して因果方向が「非該当」となっているのは、これらの志向的状態の内容には因果的な自己言及性が含まれず、因果の方向が問題にならないからである。)

志向性の各種成分間にはこのように明快な、あるいは美しいと言ってもいいような形式的関係が成立している。そこで、この対称性に伴う含意についても一言しておきたい。知覚と想起の欄を見るとわかるように、下向きの適合方向を有する充足条件が満たされるのは、当の知覚や想起それ自体が、その充足条件を満たす事態を原因として生じている場合に限られる。このことは、我々は知覚や想起を認知の主たる形式とし、これらを通じて現実世界と関係しているという本書の構想にとって、絶対的な基礎となる知見である。意欲の場合はこれと正反対で、上向きの〈世界から心へ〉の適合方向において充足条件が満たされるのは、その充足条件を満たす事態が我々の試みや計画それ自体を原因として生じる場合に限られる。つまり志向的現象、心的現象の側が原因となり、その結果として、そこで表象されている世界内の事態が生じるという関係が必要なのである。この点も、試みと計画——行為内意図と先行意図——の充足条件について理解する際に根本的な重要性を有する知見である。〈世界から心へ〉の方向での適合を獲得するには、〈心から世界へ〉の因果方向が不可欠なのである。

要するにこういうことだ。我々が知覚と想起において物事の現実の有り様を表象し、〈心から世界へ〉の方向で適合を獲得するにあたっては、〈世界から心へ〉の因果方向が不可欠である。他方、我々が先行意図や行為内意図において、意図の内容と現実の物事の有り様が合致し、〈世界から心へ〉の適合方向を獲得するにあたっては、〈心から世界へ〉の因果方向が不可欠なのである。

哲学者の間では、信念と願望を志向性の主要形式とするのが多数派である。だが先の表からは、生物学的に基礎的なのはむしろ行為や知覚であって、信念と願望はそこから派生したもの、つまり因果関係の部分が抹消されたものであることが明らかである。信念と願望は因果的な自己言及性をもたない。まさにそのことによって、信念と願望は大きな柔軟性を備えているのだが、しかし現実との関わり方の形式として生物学的により基礎的なのは、因果的な成分と表象的な成分の両方を備え、この両成分をいま述べてきたような仕方で結びつけている、計画（先行意図）、試み（行為内意図）、知覚、想起の方なのである。

ところで先の表には「想像（imagination）」が含まれていない。想像には適合方向が存在しないからだが、状態類型Sと内容pの区別は想像の場合にも成り立つ。雨が降っているという想像は、雨が降っているという信念や、雨が降っていることへの願望とまったく同様に可能である。信念は下向きの適合方向をもち、願望は上向きの適合方向をもつが、想像の場合、私はその内容が事実であると信じているわけでも、事実であってほしいと望んでいるわけでもない。そうであってほしい事態を空想することはあるにしても、空想なり想像なりにとって、そのように願望の形式をとることは本質ではない。怖いことや嫌なこと、つまり起こってほしくないことであっても、人はそれを想像することができる。またありうることはもちろん、ありえないことであっても想像は可能である。想像との適合には責任が存在しないのである。

もう一点、想像に特有の性質を指摘しておこう。すなわち、想像とは自由で自発的な行為である。信念とか願望とか意図の場合、なんでも好きなように信じたり望んだり意図したりできるわけではないが、想像であればなんでも好きなように想像することが可能である。この点は、命令文をつくってみればよくわかる。「自分がヴェネツィアで暮らしていると信じよ」、「ヴェネツィアで暮らしたいと望め」、「自分がヴェネツィアで暮らそうと意図せよ」――これらがどれも適切な命令文とは言えないのに対し、「自分がヴェネツィアで暮らしていると想像せよ」であれば、これは要するに「仮にヴェネツィアで暮らしているとすればどんな感じになるか想像せよ」という意味であって、命令文として正しく成り立っている。

想像は、本書で展開する社会的存在論においても重要な役割を担うものである。というのも、我々がそれが現実だと考えている限りで存在する現実に関しては、その創出に際し、どうしても一定水準の想像力が不可欠だからである。

以上述べてきた志向性論は、基礎から始めて段階的に進んでいく構成になっている。志向性の原始的な形式は知覚と意図的行為である。知覚と意図的行為の場合、主体となる動物と環境の間に直接のコンタクトが存在する。すなわち、知覚とは環境が原因となってその動物の内部で生じる事柄であり、また行為内意図の場合は動物が原因となって環境に変化をもたらすのである。これより一段階上の水準に、記憶と先行意図が位置づけられる。記憶とは知覚を充足条件に含む表象であり、先行意図は行為内意図を充足条件に含む表象だからである。この水準では、因果成分それ自体は存在するものの、充足条件との間に直接の因果関係があるわけではない。記憶が表象するのは過去であり、先行意図が表象するのは未来だからである。それより一段階上の水準に位置づけられるのが信念と願望である。この両者は因果成分の要件を免除されている。すなわち信念が充足されるにあたり、その信念の内容に対応する現実が原因となってその信念が成立したという条件は不要である。また願望が充足されるにあたり、その願望が原因となってその願望充足が生じたという条件は不要なのである。次の段階では充足条件との内的接続すら失われるが、そこに位置づけられるのが想像である。

この志向性論は、人間の行動そのものを理解するための、また人間の社会的行動と社会的現実を理解するための本質をなすものである。この点については次章以降で論じていく予定だが、最後に一点だけ、ここで付け加えておくべきことがある。それは——先の表には示されていないのだが——認知と意欲の間に一個の非対称性が存在することである。意図的行為の場合、自分の信念や願望を自覚することと、先行意図が形成されること、つまり決意することの間に因果的な開きが存在する。すなわち、信念や願望は決意なり先行意図の形成なりの理由ではあるものの、必ずしも決意がなされるための十分な原因ではないのである。この因果の開きは、先行意図と行為内意図（として行為が実際に開始されること）の間でも経験される。あることをしようと決めたからといって、それだけでその行為が始まるわけではない。先行意図は必ずしも行為が開始されるための十分な原因ではなく、行為の開始にあたっては一定の努力が必要とされる。さらに「本を執筆する」とか「英仏海峡を泳いで渡る」のように複数の行為が連結してはじめて成立する拡張的行為の場合、その一成分である任意の個別行為において存在する志向性、すなわち行為内意図は、それ単独では当のプロセスを継続させて完了までもっていくのに十分ではなく、やはり継続的な努力を必要とする。

このように、意図的行為の場合、任意の段階で生じる志向的現象と、そこから次の段階への継続の間に少なくとも三つの開きが存在する。もしくは、一つの開きの中に三つの部分が存在する。すなわち、理由と決意（先行意図の形成）との開き、決意と行為の開始（行為内意図）との開き、そして行為の連結を考えた場合、行為の開始と完了までの継続との開き、この三つである。これらは哲学の伝統において「意志の自由」と呼ばれてきたものに相当する。我々は世界との関わりにおいて、好むと好まざるとにかかわらず意志の自由を前提せざるをえないのである。意図的行為の開きは連続的なものだが、特にそれが顕れる三つの位置は次に示す通りである。

行為の理由（信念、願望、義務、必要、等々）↓（開き）決意↓（開き）行為の開始↓（開き）完了までの継続

要するに、理由と決意、決意と行為、行為の開始と完了までの継続の間には、前者が後者を必然的に導く関係は存在しない。我々はそうしたものとして理由や決意や行為を経験しているのであり、それがまさに、我々が自由の経験を有するということの意味である。しかし他方で、我々がそうした自由の経験を有するという事実が、我々が実際に自由意志を有することの保証になるわけではないことについても強調しておきたい。この自由の経験がただの錯覚なのか、そうでないのかに関しては、ここでは未決にしておかざるをえない。

本章の叙述はさすがに簡潔に過ぎたと思う。急ぎ足の議論をお詫びする次第である。しかしともかく、この後の諸章では、本章で導入した概念装置を用いて議論を展開していく。

第3章　集合的志向性と機能付与

本書の課題は、ただ人間社会が有する性質についてなんらかの説明ができればいいという類いのものではない。まず基礎的事実と矛盾しないことが必要であり、かつ基礎的事実からの自然な発展の先に人間社会が登場する、そうした説明を提供することができなければならない。ここで言う基礎的事実とは物理学、化学、進化生物学等のいわゆるハードサイエンスによって与えられる事実のことであるが、実際前章の議論は志向性を、特殊な論理的性格を有する生物学的自然現象として考える可能性を示す試みだったと言える。脳の自然過程が論理的な意味論的性質を有すること、つまり真理条件などの充足条件や、その他の論理的関係を有すること、少なくともある水準ではそうした記述が可能であることは、常に念頭に置いておいてほしい。そしてこの論理的性質は我々の生物としての自然の一部であって、その点ではシナプス間隙への神経伝達物質の分泌と変わらないのである。したがって、ある脳内過程が別の脳内過程と論理的に矛盾するといったこともありうる。いまこの文章を読んでいるあなたの脳内には、一定の電気化学的過程が進行していると同時に、あなたの意識にのぼっている意味論的内容も存在しているのである。

生物学的な自然現象が本来論理的性質を有するものであるという知見は、伝統的な二元論の思考法には馴染みにくい。生物学が生物《ナマモノ》の世界を扱うのに対し、論理的性質は抽象的な領域に存在するものとされ、フレーゲなどは心とも身体とも異なる第三の領域を想定し、論理的性質はそこに無時間的に存在すると考えたわけだが、私がやっているのはそういう浮わついた議論を地上に引きずり下ろす試みだと言えよう。この文章を読んでいるあなたの心中でいま進行している思考は、同時に脳内における神経生物学的過程でもあり、この両者はまったく同じ論理的性質を有するというのが私の主張である。結局のところ脳内の神経生物学的過程とは、思考が神経生物学的な形で実現したものにほかならないからだ。哲学では志向性の「自然化」ということがよく言われるが、これは志向性の実在性を否定する、もしくは志向性だと思われているものは実は何か別のものなのだと主張する議論である。それに対し、私が言いたいのは、志向性はちゃんと実在するし、何か別のものなどではないということである。食物の消化が自然現象であるのと同様に思考もまた自然現象なのであり、したがってもともと自然現象である志向性をことさらに自然化する必要などないのである。

第1節　集合的志向性の分析

前章に引き続き、本章でも志向性の論理構造の記述を進めていく。本章で特に注目したいのは、人間は――他の多くの社会的動物と同様に――集合的志向性をもつことができる、という点である。私の議論ではこの集合的志向性こそが、人間の社会的存在論および人間社会一般の基礎に位置づけられる。前章までは、「私は信じている（I believe）」とか「私は望んでいる（I want）」といった一人称単数の文で表される個人的志向性に限って論じてきたが、本章では「我々は～している（We are doing such and such）」、「我々は～することを意図している（We intend to do such and such）」、「我々は～を信じている（We believe such and such）」といった一人称複数の文で表されるような形の志向性について考える。私の用語法ではこの種の志向性を一般に「集合的志向性（collective intentionality）」と呼ぶが、本書の目的にとって最も重要な集合的志向性の形式は、計画や行為における集合的意図、つまり集合的先行意図と集合的行為内意図の二つである。とはいえ信念や願望等でも、集合的志向性の形式をとることはある。例えば宗教的な信仰の場合、ある事柄についての「私は信じている」が「我々は信じている」の一部としてのみ、つまり我々の信仰の一部としてのみ成立するということがありうる。あるいは政治運動の場合、ある事柄についての「私は望んでいる」が「我々は望んでいる」の一部としてのみ成立するということがありうる。だから集合的信念や集合的願望もまたそれぞれ集合的志向性の一例ではある。ただ、本章の主たる関心対象となるのはあくまで、一緒にピクニックに行こうと我々が集合的に意図しているとか、一台の車を一緒に押そうと我々が試みるといった意味での集合的意図である。複数の人間が協同して携わる計画や行為において集合的志向性を構成するものは何か。これを明らかにすることが本章の主たる目的となる。

加えて、集合的志向性の中でも重要なのが、人や物に対する集合的な機能付与である。機能は常に志向性相対的なものだが、特に集合的志向性によって付与される機能は、本書の説明装置にとって本質的な重要性をもつ。この種の機能については本章の最後で論じる。

集合的志向性といっても大層な話ではなく、前章で論じた個人的志向性の議論をそのままもってきて、志向的表象の主語を「私」から「我々」に取り替えてやるだけでいいと考える人があるかもしれない。すなわち「私はその店に行くつもりだ」を「我々はその店に行くつもりだ」にしてやれば、後は「私」の場合にやったのと同じ分析が「我々」の志向性についても成り立つのではないかという議論である。だがこのアプローチは問題含みであり、その問題の中には相当深刻なものもある。第一に、基礎的事実を尊重する限り、人間の志向性が存在しうるのは個人の脳内だけである。この点を前提に、「私」を「我々」に替えた志向性分析を行うのであれば、その我々志向性はいったいどの（単数ないし複数の）個人の脳内に存在するのかが問われることになる。もう一度言うが、志向性は人間の脳内以外には存在しえないのである。第二に、私の個人的志向性が関与するのは私が個人的に原因となって生じる行為だけなのに対し、複数人による協同行動を扱う際には、私が原因となりうる範囲を超えた志向性が登場することになる。第三に、私とあなたが協同して一個の集合的行為をなす場合、集合的行為としては同じ一個の行為を試みているにもかかわらず、個人的に行うことの内容が私とあなたで異なっていなければならないような事例は少なくない。例えば「我々が野球の試合をする」という場合、同じチームに属するメンバーであっても一人ひとりは異なる行為を遂行しなければならない。あるいは、ある個人が楽団の一員として楽器を演奏するというのも同様の事例である。単純なのは二重奏で私がピアノ、あなたがヴァイオリンを弾く場合だろう。いずれにせよ、いま挙げた事例にはまぎれもなく協同行動が存在し、試合をするとか楽曲を演奏するといった全体的な目標が共有されているにもかかわらず、各個人の意図の内容は他の各個人の意図の内容とは異なっているのである。

以下の議論では、いま指摘した三つの問題の解決を試みるつもりである。そこでまず、集合的志向性について論じる際に必ず満たさなければならない適切性の条件を列挙しておく。

1 先行意図と行為内意図の区別が明確でなければならない。両者の区別は個人的行為や個人的意図の場合と同様に、集合的行為や集合的意図においても重要である。

2 先行意図と行為内意図の充足条件が因果的な自己言及性をもつことは絶対的に明確でなければならない。

3 集合的志向性であろうと個人的志向性であろうと、志向性は個人の頭の中に存在しなければならない。

4 集合的志向性の場合、私個人が原因となって生じること、私の志向的内容の充足条件の一部に含まれること、集合的志向性に参与する他の人々に任せておけると私が自明視していること、この三つを区別しなければならない。「我々が交響曲を演奏する」というとき、私個人が原因となりうるのは私個人の演奏だけである。しかし私のその演奏は、集合的な演奏の一部をなすべきものとして遂行されるのである。

5 充足条件を特定するにあたっては、命題内容に含みうるものと含みえないものを明確に区別しておかなければならない。命題内容が表象しうるのは意図の充足条件だけである。要するに、ある志向的状態の命題内容が特定する充足条件は、その命題内容の外部で特定される状態類型とは異なったものでなければならない。先行意図と行為内意図はいずれも因果的に自己言及的であるから、命題内容が表象しうるのは行為主体が自ら因果的な影響を与えうる（と思っている）要素に限られる。

6　集合的志向性に参与する各個人の志向性について、自分以外の個人がいかなる志向性を有しているかを知っていなければならないという要件を置くのは禁止である。一定の複雑さを備えたチーム作業や集合行動では、どの個人も他の人がしていることの詳細については関知していないのが普通である。他方、自分と同じ集合的目標を全員が共有しており、その目標達成に向けて全員が各々の役割を果たそうと意図していることについては、各個人において信じられていなければならない。

第2節　集合的志向性をめぐる既存学説

近年の分析哲学では集合的志向性が流行のテーマで、「集合的志向性」と題した会議が隔年で開催されているほどである。重要な著作も多数刊行されている。だが、この主題をめぐっては当然と言うべきか諸説紛々で、定説と言えるものはまだ存在しない。

本書が集合的志向性の学説史を意図したものなら、マーガレット・ギルバート（Gilbert 1989; Gilbert 1990）やライモ・トゥオメラ（Tuomela 1991; Tuomela and Miller 1988; Tuomela 2007）らの先駆的な業績は数章を費して論じるべきだっただろうし、マイケル・ブラットマン（Bratman 1999）、シェイマス・ミラー（Miller 2001）、デイヴィッド・ヴェルマン（Velleman 1989）等、詳細に検討すべき重要な論者は何人もいる。実は草稿段階では、これらの論者のほぼ全員について個別に扱う議論を本章に含めていたのだが、やはりきちんと論じるのであればもう一冊本を書く必要があるだろうと思い直した。補論という形も考えたが、いずれにせよ本書の主たる目的からはかなり脱線したものとなってしまう。というわけで、本章では既存学説を詳細に論じるのではなく、かれらの見解と私の議論の異同について、管見の限りで一般的に論じるに留めることとした。

一般的に述べるなら、「我々は我々が行為Aを遂行することを意図している」型の先行意図文と「我々はいま（意図的に）Aを遂行している」型の行為内意図文を分析することがここでの課題である。この課題に対して最もよく見られるのが、「我々は」を主語とする文を「私は」を主語とする複数の文の集合へと還元し、それによって「我々」を消去しようとする試みである。私の知る限り、この種の議論を展開する論者のほとんどは先行意図だけを扱っているため、かれらが先行意図と行為内意図の区別を認めているのかどうかは不明である。その結果、典型的な分析は次のように始まる。

Xが庭掃除の自分の担当分をやろうと意図し、Yも同様に自分の担当分をやろうと意図し、XとYが相手の意図についての相互信念を有しているとき、そのときに限って、XとYは庭掃除を一緒にやることを意図している。

二人の間で意図についての相互（共通）知識（または信念）が成立していると言えるためには、二人がそれぞれ意図をもっており、相手が意図をもっていることを二人ともが知っており、自分が意図をもっていることを相手が知っていることを二人ともが知っており、自分が意図をもっていることを相手が知っていることを自分が知っていることを相手が知っていることを二人ともが知っており等々、と無限に続く条件が必要である。

このパターンで分析を行ってみせる論者の場合、根本にある動機は基礎的事実の尊重だろう。つまり、どんな志向性も個人の脳内にしか存在しえないという事実に配慮しているのだ。「我々」志向性もまた個人の脳内にしか存在しないとすると、任意の三人の個人A、B、Cによってなされるあらゆる「我々は意図している」型の陳述は、「私Aは意図している」プラス「私Bは意図している」プラス「私Cは意図している」プラスA、B、Cの間の相互信念へと還元されざるをえないというわけだ。

この種の分析に対しては反論として次の二点を指摘しておきたい。第一に、基礎的事実を尊重するからといって、「我々は意図している」型の陳述が「私は意図している」型の陳述へと還元可能でなければならないわけではない。第二に、これまで提案されてきたこの種の還元論はことごとく失敗している。どんな志向性も個人の頭の中にしか存在しないという基礎的事実から、我々志向性は複数の私志向性の集合に還元可能でなければならないという要件は導かれない。この点は以前論じたことがある(Searle 1990)。何か協同の活動に参与している一人ひとりの頭の中に、還元不可能な我々志向性が存在しているという議論はなお可能であり、これを不可能だと断ずる理由は存在しない。もちろん、その我々意図が各人の身体動作を引き起こしうるものであるためには、その我々意図と一定の私意図の間に体系的な関係が成り立っていなければならず、この点については本章でこの後論じる。ともかく「方法論的個人主義」と呼ばれる一般的要件に、我々意図は私意図に還元可能でなければならないなどという含意はない。どんな志向性も個人の脳内にしか存在しないという要件から、個人の脳内に存在する志向的内容の主語が一人称複数であってはならないという含意は導かれないからである。我々が庭掃除を一緒にやっているとき、私の頭の中には「我々は庭掃除をやっている」という思考が存在し、あなたの頭の中にも「我々は庭掃除をやっている」という思考が存在しているのである。

我々志向性を私志向性に還元する議論に対する反論　既発表のものではあるが、集合的志向性（我々志向性）を個人的志向性（私志向性）へと還元せんとするすべての試みに対して、少なくとも私の知る限りでは常に有効と思われる一般的な反例がある。[原注7] 次のようなものだ。

ビジネススクールの事例　その一　ハーヴァード・ビジネススクールの学生全員が、アダム・スミスの「見えざる手」の理論を授業で教わり、これを正しい理論として信じるに至ったものとする。卒業後それぞれの道に進んだかれらは、人類に利益をもたらすために、どこまでも利己的に振る舞い、できるだけ多くの金を稼ごうとする。その際、各人は他の卒業生たちも自分と同じことをしているという相互知識をもっている。

原注7　Searle 1990. こんな例を出してアダム・スミスとハーヴァード・ビジネススクールには申し訳ないが、別に含むところがあるわけではない。俗にアダム・スミスに帰されている見解がアダム・スミス本人のものではなかった可能性も、ハーヴァード・ビジネススクールが実際には俗にこの組織に帰されているビジネス観と無縁である可能性も十分にある。もしそうなのであれば結果的に誤解を再生産してしまって恐縮だが、わかりやすい例を出すために敢えて使わせてもらった次第である。

この事例では卒業生全員が一個の目標を共有している。またその目標を全員が共有していることを全員が知っていることも全員が知っており、全員がその目標を共有していることを全員が知っていることも全員が知っている。にもかかわらず、この事例にはいかなる協同関係も見出されない。むしろここに存在するのは協同を言語道断視するようなイデオロギーなのである。すなわちこれは、全員が一個の目標を共有し、その目標を全員が共有していることが全員の共通知識となっているにもかかわらず、私が言う意味での集合的志向性が存在しない事例なのだ。

ビジネススクールの事例　その二　もう一つ、少し設定を変えた事例を考えてみたい。卒業式の日に卒業生全員が集まり、自分たちはこれからそれぞれの道を進むが、各々どこまでも利己的に振る舞ってできるだけ多くの金を稼ぎ、それによって人類に利益をもたらそうではないかと厳粛な誓いの儀式のもとで約束するものとする。すべては人類の役に立つためだというわけである。

この事例では、互いに協同しないことを内容とする高次の協同関係が成立している。これはまぎれもなく一個の協同関係であり、ここには確かに集合的志向性が存在する。「事例その一」では集合的志向性が不在だったのに対し、この「事例その二」には集合的志向性が見出されるのである。

二つの事例のどこに違いがあるのかわからないという人がいるかもしれない。なにしろ、各人の行動そのものは両事例間で何も違わないのである。どちらの事例でも、各人は自分ができるだけ多くの金を稼ぐことによって人類の役に立とうとしている。だがこの二つの事例の間にはやはり大きな違いがある。なぜなら「事例その二」では各人が一つの義務を引き受けているのに対し、「事例その一」では卒業後の振る舞いに関して誓ったり約束したりといったことが一切ないからである。だから「事例その一」では、誰でも心変わりした時点で自由に抜けられるし、そのまま平和部隊のボランティアに参加してしまったって一向にかまわない。だが「事例その二」では全員の全員に対する厳粛な約束が存在しているのである。

第3節　集合的志向性をめぐる理解の相違

集合的志向性をめぐる論争にはまだまだ決着がつきそうにないが、その根底には誤解を誘発しがちな二つの事情がある。その第一は、分析対象の理解が論者によって異なることである。「集合的志向性」には誰もが踏まえている日常的な用法が存在しない。哲学に頻出する「真理」なり「知識」なりの概念の場合、「真である」とか「知っている」は日常語であって、分析は少なくともその日常的用法のうちの一つを対象としなければならない。もちろん、タルスキによる有名な真理の定義（Tarski 1944）のように、日常的用法から敢えて逸脱することもあるにはあるが、その場合でも誰もが認める共通の中核的概念は存在し、逸脱的な定義であっても基本的にはその概念に依拠して成立している。だが「集合的志向性」の場合、この語が表す誰にとっても共通の観念というものは存在せず、その結果論者ごとに観念の内容が異なる事態となっている。いくつか列挙してみよう。第一に、私があることをしており、それと同じことをあなたもしているならば、日常的な言葉遣いでは、少なくともある意味で、我々は二人ともそれをしていると言える。例えば私が車でサンフランシスコに向かっており、あなたも車でサンフランシスコに向かっているとする。このとき「我々は二人とも車でサンフランシスコに向かっている」と述べるのは言葉遣いとして間違っていない。だがこれは必ずしも集合的志向性ではない。仮にあなたが車を走らせていて私がそのことを知っており、かつ私が車を走らせていてあなたがそのことを知っているとしても、この条件のもとで言えるのは私とあなたの間に相互知識が存在するということまでであって、我々はいかなる意味でも協同してはいないのである。また、複数人で共通の目標を達成しようと試みてはいるが、そこになんの協同関係も存在していない場合もありうる。いま私が環境改善に向けて、例えば大気汚染の規模をできるだけ小さくしようと試みているとしよう。だが、仮に他に多くの人々が私と同じ目標をもって私と同じことをしており、そのことを私の方でも知っていたとしても、私は誰とも、いかなる意味でも協同関係にはない。私が言う意味での協同関係が存在するためには、全員が同じ目標をもっているだけでは不十分なのである。仮にその目標を全員が共有していることについての知識や、全員が目標を共有していることについての知識についての知識がそこに付け加わったとしても、やはりそこに協同関係が成立しているとは言えない。私の言う集合的志向性にとっては、人間であれ動物であれ、その活動において実際に協同することが可能であるという条件が不可欠である。協同関係は共通の知識や信念の存在を含意するが、仮に共通の知識や信念が存在し、さらに一定の目標が共有されている個々人がその達成を意図していたとしても、そこに協同関係が成立しているとするにはまだ不十分なのである。

集合的志向性をめぐる議論に共通に見られる特徴の第二は、集合的志向性は言語を使用する成人同士の間にのみ成立するものだとする想定である。もちろん大抵の理論的目的にとってこの程度は無理のない想定なのだが、集合的志向性を人間社会を分析するための基礎概念として位置づけるのであれば、やはりこの想定は余計である。問題はあらかじめ言語が前提されてしまっていることである。というのも、次章で示す理由により、言語が存在するところにはすでに人間社会が存在していなければならないからである。集合的志向性が会話を通じたコミットメントの引き受けを帰結するのだとすれば、コミットメントを帰結する会話が可能であるためには、それに先立ってなんらかの集合的志向性が前提されていなければならない。それは言語の遂行に先行して存在し、言語使用それ自体を可能にするような一階の形式での集合的志向性である。私の知る限りどの文化でも、相手が見ず知らずの他人であっても近づいていってなんらかの会話を始めることが可能である。人間がもつこの能力は、社会が機能するうえで不可欠の、決定的なバックグラウンドである。例えば誰でも、そのへんを歩いている人を見つけて「すみません、ドウィネル・ホールに行くにはどうすればいいですか」と質問することができる。相手が「わかりません」とか「くだらない質問をするな」とか「私は英語が話せません」などと答えたとしても、ここには集合的志向性がれっきとして存在している。集合的志向性の成立にとって約束の存在は不可欠なわけではない。むしろ約束がなされ、それが受容されたり拒絶されたりする会話それ自体が、すでにして集合的志向性の一形態なのである。しかも会話が可能であるためには、会話に参加するために用いられるバックグラウンドの能力が不可欠であり、この能力それ自体が、前言語的な根本形態における集合的志向性の存在によってはじめて獲得されるものなのである。だから会話の開始は一階上の水準での集合的志向性であり、さらに約束を通じたコミットメントの創出となればもう一つ階を上がる必要がある。要するに、コミットメントの創出にはそれに先立って会話という集合的志向性が必要であり、かつ言語的形態をとる集合的志向性は、その基礎として前言語的形態の集合的志向性を必要とするのである。

第4節　我々志向性がいかにして個人の身体を動かしうるのか？

「我々は意図している」、「我々は信じている」、「我々は望んでいる」は、複数人の「私は意図している」、「私は信じている」、「私は望んでいる」に相互信念を加えたものには還元できない。この事実を認めると、集合的志向性をめぐってまた新たな問題が生じてくる。その中でも特に重大なのが、我々志向性がいかにして個人の身体を動かしうるのかという問題である。というのも、集合的な行為においてある個人が担当する部分は「私」によって構成されるにもかかわらず、この「私は」の内容と「我々は」の内容は同じではないからである。我々がピアノとヴァイオリンの二重奏を演奏するとしよう。ピアノパートは私が、ヴァイオリンパートはあなたが演奏する。このとき、我々の集合的志向性がいかにして私の身体を動かしうるのだろうか。「我々は二重奏を演奏している」から、いかにして私の発言としての「私はピアノを弾いている」、そしてあなたの発言としての「私はヴァイオリンを弾いている」が導かれるのか。

何度も繰り返すが、意図には行為の開始に先立つ先行意図と、行為の一部を成す行為内意図の二種類がある。この先行意図と行為内意図はどちらも因果的に自己言及的である。

このことは「自分の腕を上げる」のような単純な例を用いることで、次のように表記できる。なお括弧内は意図の命題内容を、括弧の前の部分は志向的状態の類型を表す。

先行意図（この先行意図を原因として、私は自分の腕を上げるという行為を遂行する）

行為内意図（この行為内意図を原因として、私の腕が上がる）

先行意図を「pi」、行為内意図を「ia」、身体動作を「BM」、行為を「a」と略記することにすると、この関係は一般に次の図式で与えられる（これは第2章で行った分析の再掲である）。

pi（このpiを原因としてaが生じる）

ia（このiaを原因としてBMが生じる）

a = ia + BM　ただしiaを原因としてBMが生じる

「自分の腕を上げる」のような単純行為は、人間行為の典型例ではない。むしろ、ある行為が別の行為の手段となる場合や、ある行為が別の行為を成立させる場合の方が普通であり、第2章で触れたアコーディオン効果をはじめ人間行為に固有の性質のいくつかはこの事実に由来するものである。例として、引き金を引くことを手段として銃を撃つ場合と、手を挙げることで委員会の議案への投票を成立させる場合を考える。引き金を引くことは銃から弾丸が発射されることの原因となっている。これに対し、手を挙げることは投票の原因ではなく、端的に投票を構成している。行為の内部構造にはこの二類型が存在するのであり、私はこの二つをそれぞれ因果的手段関係（causal by-means-of relation）、および構成的成立関係（constitutive by-way-of relation）と呼び、次のように表記するものとする。

ia A を手段として B が生起（この ia を原因として A が生じ、この A を原因として B が生じる）

ia A を行うことで B が成立（この ia を原因として A が生じ、この A が B を構成する）

問題は、この概念装置が集合的意図や集合的行為の議論にどう繋がるかである。我々が協同してなんらかの集合的行為に参与しているとする。このとき、個々人の寄与が原因となってその集合的行為が生じるのであれば、我々は因果的手段関係を有する。他方、個々人の寄与がその集合的行為を構成するのであれば、我々は構成的成立関係を有することになる。[原注9]

両者の違いを明らかにするため、因果関係ないし構成関係を含む集合的行為内意図の例を考えてみたい。私とあなたが二人で車のエンジンをかけようと試みているとする。私は車の後部を押し、あなたは運転席に座って車が一定の速度を得た時点でクラッチを繋ぐ。このとき、あなたと私それぞれの寄与はエンジンをかけるための手段となっている。因果的に言うなら、我々は、私が車を押すこと、およびイグニッションがオンの状態であなたがクラッチを解放すること、この二つをそれぞれ手段としてエンジンをかけているのである。もう一例、これは以前の著作でも考察したことがあるが、あなたと私が二人でベアルネーズソースを作っているとする。私は材料を注ぐのを担当し、あなたはそれを混ぜるのを担当している。因果的には、我々は、私が材料を注ぐこと、それをあなたが混ぜること、この二つをそれぞれ手段としてソースを作っている。

これに対し、私がピアノを、あなたがヴァイオリンを担当して二人で二重奏を演奏する場合、私がピアノを弾くこと、またあなたがヴァイオリンを弾くことは、いずれも二重奏が演奏されることの原因となっているわけではない。私がピアノを弾き、あなたがヴァイオリンを弾くことで、二重奏の演奏は端的に構成されているのである。このとき私は、あなたがヴァイオリンを弾くことが自明視されるその文脈において、私がピアノを弾くことで「我々が二重奏を演奏する」という集合的行為を成立させようという集合的な行為内意図を有しているのだ。

集合的志向性の場合、それに参与する各人は、自分以外の人々がそれぞれの担当を遂行していると想定していなければならない。これはすなわち、各人個別のAは異なっていてよいが、全員が同一の目標、同一の「集合的B」を含む行為内意図を共有していることを、全員がそれぞれ想定していなければならないということである。Aが各人で異なっていてよいのは、各人において遂行しうるのは各人ごとの行為Aでしかありえないからである。

因果的手段関係の事例「二人で車のエンジンをかける」における志向性の構造は次のように表記できる。

原注9　以下は Searle 1990 の議論を引き継ぐものである。

ia 個別的Aを手段として集合的Bが生起（このiaを原因としてA「車を動かす」が生じ、それを原因としてB「エンジンがかかる」が生じる）

つまり私は個別行為Aを遂行することを自分の担当とする集合的行為内意図Bを有しており、この意図は、一定の文脈においてこの行為内意図を原因としてA「車を動かす」が生じ、同じ文脈においてこのAを原因としてB「エンジンがかかる」が生じることを内容とするものである。また自由変項である「A」と「B」が、括弧内ではそれぞれの文字に続く動詞句「車を動かす」および「エンジンがかかる」に束縛されていることにも注意が必要である。

ここで、私の集合的志向性の背後には、あなたが自分の担当を遂行するという想定のもとで私が自分の担当を遂行すれば、我々は二人でエンジンをかけようと試みたことになるという想定が存在している。他方、私の行為内意図の命題内容には、あなたの志向性やあなたの行動への言及は存在しない。あなたの志向性や行動は、私が因果的に影響を与えうる範囲内には含まれない現象だからである。このように、私の集合的志向性においては、他の人々が自分と協同してくれることは前提としておかなければならない一方で、他の人々が協同してくれるという事実そのものは、その集合的志向性における私の担当部分の命題内容には含まれず、括弧の外で、そもそもそれが集合的志向性であることそれ自体によって、含意されるのである。「集合的B」という表記には、行為Aを遂行するにあたり、私は単独で行為しているのではなく一個の集合体の一員として行為している、またBを達成しようとの目標はその集合体の全員に共有されているということが、前提として暗示されている。私の議論に寄せられた批判の中には、この点に関する誤解に基づいたものもあった（一例としてBardsley 2007）。しかしこの誤解は簡単に防ぐことができる。つまり、全員が協同しているという信念（belief）を明示的な表象として追加してやればいいのである。

Bel（この集合体における私のパートナーも行為内意図（ia 個別的 A を手段として集合的 B が生起（この ia を原因として A「クラッチを解放する」が生じ，それを原因として B「エンジンがかかる」が生じる））を有している）

すなわち私は、この集合体における私のパートナーもまた、私と同様に、個別的Aを手段として集合的Bを生起させようとの行為内意図を有している、という信念を有している。ただしパートナーの場合、Aは「クラッチを解放する」であり、この文脈においてはこのAを原因としてB「エンジンがかかる」が生起することになっている。

この追加項目については次の二点を強調しておく必要がある。第一に、この信念は集合的行動という観念において暗黙に想定されるものであり、私の行為内意図の内容には含まれない。私の行為内意図の内容が言及しうるのは、私を原因として生起しうる（と少なくとも私が信じている）事態に限られるからである。しかし、集合的行動への参与が可能であるためには、自分以外の人々も協同しているという信念（もしくは想定ないし前提）が不可欠である。ここでいう協同とは、各人が私と同じ目標を伴う行為内意図を有していることだが、その目標を実現するための手段は人それぞれ異なっていてかまわない。

いずれにせよ私はかれらが協同してくれると信じていなければならないのだが、ごく例外的な場合を除き、その協同関係の生成それ自体が私の行為内意図の内容に含まれることはないのである。

第二に、自分以外の人々が何を担当することになっているかを、私が知っている必要はない。つまり自分以外の人について、その人の行為内意図における「A」の値を私が知っている必要はないのである。先刻来検討している例では、私はあなたの「A」の値を知っているが、例えば大規模な集団による複合行為の場合、他の人が何をしているのか完全に把握している人など存在しないのが普通である。

続いて、私がピアノを担当し、あなたがヴァイオリンを担当する二重奏における構成的成立関係の検討に移ろう。私が原因となって生起しうるのは「私がピアノを弾く」ことだけである。「あなたがヴァイオリンを弾く」については、私としてはそのように前提するほかない。以上により、私の志向的内容は次のように表記される。

ia 個別的 A を行うことで集合的 B が成立（この ia を原因として A「ピアノを弾く」が生じ、この A が B「二重奏が演奏される」を構成する）

また因果的手段関係の場合と同様に、この場合の信念は次のように表記される。

Bel（この集合体における私のパートナーも（ia 個別的 A を行うことで集合的 B が成立（この ia を原因として A「ヴァイオリンを弾く」が生じ、この A が B「二重奏が演奏される」を構成する））という行すなわち、私は自分の担当部分、すなわち個別的Aを行うことでBを成立させようという集合的行為内意図を有しており、この意図の内容は、この行為内意図を原因としてA「ピアノを弾く」が生起し、それがこの文脈においてはB「二重奏が演奏される」を構成する、というものである。信念に関する追加項目が述べているのは、私は、この集合体における私のパートナーもまた、私と同様に、個別的Aを行うことで集合的Bを成立させようという行為内意図を有している、との信念を有しているということである。ただしこのパートナーにとってのAは「ヴァイオリンを弾く」であり、この文脈においては、このAがB「二重奏が演奏される」を構成することになっている。

最も重要な点について再度繰り返しておくなら、いずれの事例においても、私の個別的志向性の内容に、あなたの個別的志向性の内容への本質的な言及は含まれていない。この文脈において私は、私が自分の担当部分を遂行すれば、我々は共通の目標の実現を試みたことになることを自明視している。私はあなたがあなたの担当部分を遂行することを、あなたは私が私の担当部分を遂行することを、それぞれ想定しているのである。そう言えるための認識論的な根拠としては、人は自分以外の人の心の中にいかなる個人的志向性が存在しているか知らないことが少なくないという事実が挙げられよう。ある目標の達成を宛先とした集合的志向性をもつとき、私は他の人々も同じ目標を宛先とした集合的志向性をもっていることは端的に想定しているが、必ずしも実際にかれらの志向性の内容を把握しているわけではない。アメフトの試合でオフェンシブラインマンがパスプレイでブロックをする際、彼はワイドレシーバーがどういうルートをとるかとか、クォーターバックがパスを投げる際に何歩後ろに下がるかについて把握している必要はない。知っていなければならないのは自分がやるべきこと（アメフト用語でいう「アサインメント」）だけなのである。先の表記法は、このアメフト選手の意図の充足条件を捉えんとする試みだと言ってもよい。

以上の分析が成功しているなら、集合的志向性がいかにして個々人の心の中に存在しうるかについても、また集合的志向性が個人的志向性に還元不可能でありながら個々人の身体動作の原因となることがいかにして可能なのかについても、うまく示せているはずである。私の身体動作を欠いては集合的行為は遂行されない。だから集合的志向性はこの条件を反映したものでなければならない。しかしその一方で、この集合的志向性は、私やあなたをはじめとする集合体の各成員の脳内に、それぞれ完全な形で存在しているのでなければならないのである。

第5節　以上の分析を導く直観的動機

前節までの分析について、込み入っていてよくわからないという人がいるかもしれないので、多少繰り返しにはなるけれども、改めてこの分析を導く直観的な動機について簡単に説明しておきたい。集合的志向性の構造を分析するための一つの可能性は、この集合体は何をしようと試みているのかと自問してみることである。先にも述べた通り「試みる」とは行為内意図を日常語で置き換えたものである。また何かを試みるとき人はその成功を試みているのだが、一方で試みることと成功することとは同じではない。行為内意図に含まれるのは「試みる」の方だけである。

志向性は個々人の頭の中にしか存在しない。集合体に参与する各個人の頭の中にあるものを超越した集合的志向性など存在しない。だから次に問うべきは、この集合体に参与している各個人は何を達成しようと試みているのか、である。因果的手段関係の事例では、各個人は共通の目標を、それぞれ自分の個人的な寄与を手段として達成しようと試みている。だがその個人的な寄与は、自分以外の全員が各自の寄与をなすという想定のもとでのみ行われる。個人が集合体の一部として行為するとはそういうことである。もちろん、自分以外の全員が各自の寄与をなしているとの信念が誤っている可能性はある。だが集合的行為の一部としてなされる個人的行為にとって、そうした信念ないし前提は不可欠である。以上より、集合的志向性の分析には少なくとも次の二つの要素が必要だと言える。第一の要素は意図それ自体の表象である。この意図に含まれうるのは本人が達成できる（と少なくとも本人が思っている）ことだけであり、自分以外の人々の行為への言及は含まれない。第二の要素は信念の表象である。この信念は自分以外の人々の行為を対象とするものである。

他方、個人的志向性の中に、集合体に参与する自分以外の人々の志向性への言及が含まれるような事例もないわけではない。軍隊で上官が発する命令などはその一例である。命令を発する者は、同じ集合体に参与する自分以外の個人の頭の中に、ある種の志向性を創出しようと試みているのである。あるいは、アメフトの試合においてクォーターバックがハドルで作戦を指示する場面もこの例にあたる。彼はチームメイトの頭の中に、その作戦の遂行に必要な各自のアサインメントを遂行する意図を創出しようと試みているのである。

しかしあなたが材料を注いでそれを私が混ぜることを手段として二人でソースを作る場合のような、二人が協同で事にあたる典型的な事例では、私の志向性には「あなたが材料を注ぐ」への言及は見られない。「あなたが材料を注ぐ」のは私の信念の内容にすぎず、私の行為内意図の志向的内容には含まれないのである。私の書き方も悪かったのだろうが、前著の議論に批判を寄せた人たちは、この点あたかも行為主体の意図に他の人々の行動への言及が含まれなくてはならないかのように誤解したのである。だが、そんな条件は私の分析から出てくるものではない。もちろんある行為主体の意図が達成できるかどうかは同じ集合体に参与する他の人々の行動の如何によるのであるが、そうだとしてもなお、その行為主体の意図それ自体は、他の人々と共有する目標の達成を試みることなのである。例えば私が選挙である候補者に投票するとき、私は自分の票が数百万票のうちの一票にすぎないことを知りつつ、意図としてはその候補者を当選させようと試みているのである。

第6節　協同行為と集合的承認の異同

前節まで我々は主として完全な協同行為を対象とし、その構造を、集合的先行意図と集合的行為内意図を取り上げながら説明してきたのだが、集合的態度の中にはそれよりもはるかに弱い形態でありつつ、しかし本書の社会分析にとって重大な意義を有するものがある。私の用語で言うところの「集合的承認」がそれである。私が誰かから何か品物を買ったとしよう。このとき私は相手に代金を支払い、それを受け取った相手から品物を渡されるわけだが、この売買取引はまぎれもなく我々が遂行する一個の協同行為である。しかしここにはもう一つ志向性が存在している。すなわち私とその相手はこの取引に先行して、また取引後も継続して、私が相手に手渡した（のと同じ種類の）紙片に対し、ある特殊な態度を有しているのである。要するに、我々はともにその紙片を紙幣として承認または受容しているのであり、さらには貨幣とか商売といった制度それ自体をも受容しているのである。一般に、制度的構造が機能するにはその制度に参与する人々による集合的な承認が必要であり、その制度内での個別のやりとりには、前節まで論じてきたような協同が必要とされる。結婚を予定しているカップルは、実際に結婚するのに先行して結婚制度を受容している。これは一個の行動としての協同ではなく、当該制度への同調にすぎない。これに対し、実際に結婚式が実施されたとしたら、それはまぎれもなく協同の一例である。前節まで論じてきたような完全に協同的な集合的志向性は、制度の創出において必要とされることが少なくない。独立宣言による米国の創出などはその一例である。本章では協同行為の分析を進めてきたが、ここで改めて次の点を強調しておきたい。すなわち一個の制度的構造の内部で協同行為が成立するにあたっては、それに先行してその制度それ自体についての集合的な承認または受容が存在していなければならないが、その水準では依然、行為としての協同は必要とはされないのである。

そこで集合的な承認または受容の構造には何が含まれるかが問題になる。なお言葉遣いについて、以前は「集合的受容」と言っていたのをここで「集合的な承認または受容」としているのは、「受容」だけではそこに多少とも賛同の含意を読み取られてしまうからだ。私の言いたいのはそういうことではないのだが、多くの人が同じ解釈をするので表記を改めた次第である。ある制度に対し、それを悪しき制度だと思いつつも承認し、その内部で行為することは可能である。そこで、これが熱狂的な賛同からただの同調まで非常に幅の広い連続体を指す概念であることを明確にするため、「集合的な承認または受容」という混成表現を用いることにしたのである。[原注11] ナチ政権期のドイツを考えてみれば、もちろんナチ党員たちは第三帝国の制度的構造に熱狂的な賛同を寄せていたわけだが、他方には、その制度的構造に賛同するわけではないけれども、ナショナリズム、無関心、保身、あるいは単なる無気力のために、同調的な態度をとった人は大勢いたのだ。

　連続体をなすという点は協同の場合も同じだが、協同の連続体と集合的な承認または受容の連続体とは互いに交差する関係にある。前述の通り、協同行為の場合、集合的志向性を各人の個人的志向性の集合に相互的信念を加えたものへと還元することはできない。これと同じ問いが集合的承認についても成り立つ。はたして集合的承認を、各人の個人的承認の集合に相互的信念を加えたものへと還元することは可能だろうか。実はこの還元論には結構見込みがある。集合的承認には協同行為が不要だからである。ハーヴァード・ビジネススクールの事例で示した通り、個々人に共通の意図が存在し、かつ自分以外の人々の意図についての相互的信念が存在する場合でも、そこに協同行為が存在すると言うには不十分なのであった。同様の反例が集合的承認についても有効かどうか考えてみよう。ビジネススクールの事例では、そこに協同行為は存在しないという結論になったが、集合的承認の場合は少々話が違ってくる。ある現象に対し、それを集合的に承認すべきと考える参与者が一人もいなかったとしても、一人ひとりが個人的にはそれを承認しており、自分以外の全員もそれぞれ個人的に承認していることが参与者間の相互的知識となっているのであれば、そこには集合的承認が存在すると考えてよさそうに思う。はたしてこの違いが那辺に発するかと言えば、要するに協同行為にはそれに向けた集合的意図が必要とされるのに対し、集合的承認は協同行為の形をとる必要がないため集合的意図も不要であるということに尽きる。

改めてビジネススクールの二つの事例を検討してみよう。協同関係が存在するか否かを問わず、どちらの事例でも貨幣制度の存在と妥当性は参与者たちの間で自明視されている。かれらは端的にそれを承認しているのである。ではこの集合的承認はいかにして成立しているのか。私は、そこになんらかの協同行為が必要とは思わない。必要なのはむしろ、参与者一人ひとりが貨幣制度の存在と妥当性を、自分以外の人も同様に受容しているとの信念のもとで受容していることであろう。これは大変興味深い結論である。つまりある制度の存在にとって協同行為は不要であり、必要なのは集合的な承認または受容だけだというのである。協同関係を要するのは「買う」とか「売る」とか「結婚する」とか「投票する」といった制度内での個別行為だけなのだ。これはなかなか重要なポイントだと言える。なぜならこの結論は、一人ひとりの私志向性に相互的信念を加えたものに還元可能な集合的志向性の存在を意味しているからである。貨幣制度が集合的に承認されているとき、その集合的承認を構成しているのは、一人ひとりが個別に貨幣制度を承認しており、かつ自分以外の全員も貨幣制度を承認しているとの相互的知識が全員の間で共有されているという事実に尽きるのである。[原注12]

原注11 「集合的承認」の語はジェニファー・ヒューディンの提案による。

原注12 本節の論点についてはジェニファー・ヒューディンおよびアシア・パシンスキーの示唆によるところが大きい。さらに詳しくは Hudin unpublished を参照。

第7節　機能の付与

人間には——必ずしも人間だけではないが——客体に機能を付与する能力がある。この機能付与により、志向性相対的なある現象、すなわち機能が創出される。客体への機能付与の典型は、その客体が特定の目的のために利用される場合である。この種の機能を私の用語では「対行為者機能」（agentive function）と呼ぶ。[原注13] 道具とは、この対行為者機能を付与された客体にほかならない。ただし、使用者の意図に従った機能を客体に付与することができる動物は人間だけではない。鳥の巣やビーバーのダムもこの種の機能をもつし、霊長類は棒を使用して地中の餌を掘り起こすことができる。いずれにせよ本書の目的にとって重要なのは、機能は常に志向性相対的だということである。

ところがこの点は誤解する人が多いので注意を要する。というのも、生物学ではしばしば自然界に機能が発見されるからである。例えば、心臓には血液を循環させるポンプ機能がある（これは十七世紀になって初めて発見された事実である）とか、前庭動眼反射の機能は網膜像を安定させることであるといったことを、我々は発見するわけだ。だが自然界になんらかの機能が発見されたとき、そこで我々が実際に発見しているのは特定の原因が特定の目的に対して有効であるという事実でしかない。そしてこの特定の目的というのはあくまでも我々自身の価値の置き場所に相対的に定まるものであって、我々の心から独立して元来自然界に存在する客体ではない。それゆえ心臓には血液を循環させるポンプ機能があるという発見に際して、我々は生命、生存、生殖が正の価値であること、それに生物が備えている各種器官の機能はこれらの価値に資することであるという前提を、自明視している。だがこれらの価値は何に由来するのか。機能という観念に規範的な成分が含まれることは、客体に対して機能的観点からの記述を施せば、その客体に規範的な語彙が適用可能になることからも明らかである。ポンプ機能という観点に準拠すれば、「この心臓はあの心臓よりも良い」とか「この心臓は機能不全だ」とか「この心臓は病気だ」といった言い回しが可能になるわけだ。しかし、例えば道端の石ころにこれと同様の記述を与えるのは不可能である。石ころが機能不全になったり病気になったりすることはない。だがその石ころに対して、ひとたび一個の機能——文鎮としての機能、あるいは砲弾としての機能——が付与されるなら、我々はその石ころについて評価的なことが言えるようになる。要点を簡潔に——多少乱暴に——まとめると、機能とは一個の目的に役立つ一個の原因である。そして目的には由来が不可欠である。本書の議論において、目的の拠って来たるところとは、ほかならぬ人間である。この意味で機能は志向性相対的であり、したがって機能は心に依存するのである。

本書が主として扱うのは、私が「地位機能」と命名した特殊な機能である。地位機能も機能であるから、当然志向性相対的である。しかし地位機能の場合、他の種類の機能には見られない特徴が二つある。第一に、地位機能はその創出においても存続においても集合的志向性を必要とする。そして第二に、地位機能はそれを担う人間等の実体の有する物理的構造によって与えられるものではない。少なくとも物理的構造だけでは不十分であり、必ずなんらかの地位の集合的な付与および承認を必要とする。ある実

原注13　この語はジェニファー・ヒューディンの提案によるものである。

体に対してなんらかの地位が集合的に付与され、その地位が集合的に承認されることで、その実体はその地位機能を遂行しうるようになる。人間の制度的存在論の創出に際しては、集合的志向性と機能付与が連携して作用する。地位機能にとって集合的志向性は不可欠だからである。個人が自分だけの「私的」な制度や「私的」な制度的事実を構築することも可能ではある。例えば、自分だけがプレイするためのゲームを一個人が発明する可能性は十分にある。だが本研究の主題たる社会的世界の形成について考える際に重要な意義をもつ事例——貨幣や政府など——では、集合的志向性の存在は不可欠である。

第8節　結論

本章の目標は主として次の三つであった。第一に——これが最も重要だが——集合的志向性の構造を、基礎的事実と矛盾しない旨を確認しつつ記述すること。実際我々は、各個人の心の外部に神秘的な思考過程のごときものを仮定することなく、集合的志向性と個人的志向性を問わずどんな志向性であっても個人の心の中に存在するとする議論を組み立てることができた。だがその一方で、強い形での集合的志向性、すなわち協同関係を伴う集合的志向性については、私志向性への還元が不可能であるとする立場を堅持した。さらに、これが何よりも重要だが、集合的志向性を第二章で呈示した志向性の一般理論の中に組み込むことにも成功した。第二に、協同行為と集合的な承認または受容とを区別した。いずれも集合的志向性の一種ではあるものの、協同行為については、参与者間における態度の共有と相互的信念の存在だけでは不十分であるという意味で、こちらの方がはるかに強い形の集合的志向性だと言える。

第三に、機能付与と集合的志向性の関係を明らかにした。どんな機能も志向性相対的であることを示し、機能付与と集合的志向性の関係について論じた。以上により、社会的現実、制度的現実の理論を構築するのに必要な素材は、ほぼ揃ったことになる。

第4章　生物学的かつ社会的なものとしての言語

本章の目標は主として次の二つである。第一に、徹底的に自然主義的な言語論を提供することである。ここで自然主義的というのは、言語を生物学的に基礎的な志向性、つまり前言語的な志向性の延長上に位置づける理論を組み立てるという意味である。これにより、人間の現実を基礎的な――物理的、化学的、生物学的な――現象の自然な延長上に位置づけるという本書の基本要件が満たされる。第二に、言語こそがあらゆる制度的存在論の基礎であることを示し、言語の有するいかなる性質がそれを可能にしているのかを説明することである。本書の議論はまず志向性から始めて次に言語へと移り、この言語を踏み台としてさらに社会的制度へと進んでいく。それゆえ本章は心と社会の間を架橋する役割を担うことになる。

私はこの二つの目標に対応させて、次の二点で哲学の伝統に対し批判的な立場をとる。第一に、それなりに大きな成果を上げてきた分析哲学が、しかし言語を生物学的な自然現象として捉えることについては、これを怠ってきたように思うことである。言語を前言語的な志向性の延長上に位置づける議論は少なく、むしろ言語こそが志向性の第一次的な形態だとするのが主流で、中には（ドナルド・デイヴィドソンやマイケル・ダメットなど）言語なしには思考すら存在しえないとまで主張する哲学者もいる

(Davidson 1982; Dummett 1993)。この議論は哲学的にも生物学的にも間違いだというのが私の評価だが、いずれにせよこの件については後で詳論する。第二点は、社会の基礎論の従来の伝統が、言語論なしには社会的存在論についての適切な議論は不可能であるという事実を蔑ろにしてきたことである。

私の言語論は、アリストテレスからデュルケーム、ヴェーバー、ジンメルを経てハーバーマス、ブルデュー、フーコーへと至る社会理論（および政治理論）がどうしても抜け出せずにきた呪縛からの脱却を試みるものでもある。管見の限り、政治や社会を主題とする哲学はどれも言語の存在を前提にしている。つまり社会、社会的事実、理想型、政治的義務、社会契約、コミュニケーション行為、妥当要求、言説編成、ハビトゥス、生権力等々を論じるにあたって、かれらは我々が言葉を話す動物であることを自明視しているのだ。[原注2] ハーバーマス、ブルデュー、フーコーが言語を自明視していると言えば訝しく思う向きもあろう。というのもかれらは言語について多くの紙幅を割いて論じているし、自分の哲学／社会学研究にとって言語がもつ重要性についても認めているからだ。だがかれらは誰一人として、言語とはなんであるかという問いに答えようとしないのである。言語とはなんであるかなど敢えて論じるまでもない既知の事柄であるとして、さっさとその先の議論へと進んでしまうのである。この点で最もたちの悪いのが社会契約論者で、かれらは言葉を話す生物としての我々の存在を前提にしたうえで、その我々が「自然状態」で結ぶ社会契約について論じるのである。この後の議論で何度も繰り返すことになるので恐縮だが、これだけは強調しておきたい。共通言語が存在するのであれば、そこにはすでに一個の社会契約が、いや一個の社会が存在するのである。いかなる人間的制度も存在しない状態をもって「自然状態」と言うのであれば、言葉を話す動物には自然状態など存在しないのだ。

社会というものの正体について、また社会において言語が果たす役割について説明しようとするのであれば、まず言語とはなんであるかという問いに答えておく必要がある。本章ではこの問いに対して一個の回答を（少なくとも部分的に）与えるが、これにより、言語とその他の社会的制度との違い――後者が前者に依存するものであること――が明らかにされるはずである。言語はあるが政府、私有、貨幣はもたない社会であれば存在可能だが、政府、私有、貨幣をもっていながら言語の存在しない社会というのはありえない。さすがにこの命題に同意しない人はいないだろうが、哲学的に重要なのは、なぜそうなのかを突き詰めて考えることである。いかなる人間的・社会的制度も、無限回の適用を許す一個の論理的・言語的操作によって創出され存続する。以下、本章と次章を使って、言語が制度的現実にとって構成的であるとか、あらゆる人間的制度が本質的に言語的なものであるというのがどういうことなのかについて説明する。

言語と制度的事実の間にはトップダウンの関係がある。言語なくして制度的事実はありえないが、共通言語が存在しさえすれば後は意のままに制度的事実を生み出すことができる。いまこの場で、本書の内容に関心をもつ人のクラブを結成することだって可能なのだ。他方で、言語と制度的事実の間にはボトムアップの関係も成立する。というのは、言語が存在する限り、そこに言語以外の制度的事実が成立することは不可避だからである。言語さえあれば、制度的事実はいわば意のままに創出できる（＝トッ

原注2　ジョン・ロック『人間知性論』が言語に一章を割いていることは承知の上である。だがその部分におけるロックの議論は言語論としても不適切なものだし、そもそも社会の基礎としての言語という発想とはまったく無縁である。

プダウン)。これに対し、言語がある限り、言語以外の社会的制度がその言語から創出されることは不可避である(=ボトムアップ)。

第1節　音韻論、統語論、意味論としての言語

言語学の標準的な教科書を見てみれば、人間の自然言語は次の三つの成分を含むと書いてある。すなわち、語や文の発音を定める音韻論的成分、文を組み立てる各要素の並び方を定める統語論的成分、語や形態素の意味を定める意味論的成分の三つである。さらに進んで語用論を第四の成分とする解説もあるが、語用論は各言語に固有のものではなく、言語の使い方についての一般的な制約を定めるものである。さて、このうち発音は本書の目的にとってあまり本質的ではないので、音韻論については無視してよい。音声として発せられる必要のない言語的コミュニケーションは——手話をはじめ——実際いくつもあるし、文字で書かれた形でしか存在しない言語というのも、容易に想像することができる。

これに対し統語論は決定的な重要性をもつ。統語論に関わる離散性、合成性、生成性の三つの性質こそが意味論を組織するからである。以下、説明しよう。

離散性(discreteness)

語および形態素(以下、まとめて「語」と略記)を複数組み合わせて文を作るとき、この操作によって語の同一性が失われることはない。これは文に特有の性質である。この点で好対照をなす例として、

様々な材料を組み合わせてケーキを作るときのことを考えてみよう。ケーキになってしまえば、材料ごとの同一性は失われる。だからリンゴ三個を使ったアップルパイも、リンゴ二個を使ったアップルパイも、リンゴ二個半を使ったアップルパイもありうるが、文の場合、八語の文はあっても、八語半の文というのはありえない。リンゴ、小麦粉、バター、砂糖、シナモン等の材料は、ひとたび混ざり合ってアップルパイになってしまえば各々の同一性を失うが、言語に関しては、語と語が結びついて文になった後にも、語の同一性は失われない。文の場合、文を組み立てる各成分は離散性を保つのであり、その点でアップルパイとは異なるのである。

合成性（compositionality）

合成性は文の統語論的な組み立てと、意味の統語論的な配置の両方に関わる性質である。前者は、語の並べ方には文を構成するものとしないものがあるという話である。これに対し、本研究にとって決定的に重要なのは後者の点で、これは要するに、文を組み立てる語の意味に加え、一文の内部での語の統語論的な配置によっても文の意味は変わってくるということである。例えば文「John loves Mary」と文「Mary loves John」を、我々はそれぞれ別の意味に理解するが、これは我々が、語の意味が全部同じであっても配置が異なれば文全体の意味も異なるものとなることを理解しているからにほかならない。

生成性（generativity）

これは自然言語のもつ無限の生成能力のことである。関係節の作り方とか接続詞の挿入の仕方などについて一定の規則が与えられるだけで、文字通り無限個の文を生成することができる。際限なく新しい文を生み出すことができるのである。そして新しい文の可能性が無限に存在するというのは、新しい思想、新しい意味論的内容を表現する可能性が無限に創出されるということにほかならない。

このように離散性、合成性、生成性の三性質は統語論の枠内に留まるものではなく、むしろ統語論が意味論を組織するための原理となっている。すなわち、意味論上の単位は統語論上の変換を経てもなお同一性を保持する。文の意味はその文を組み立てる各成分それぞれの意味と、文の内部における各成分の統語論的配置との合成関数である。無限個の文が生成可能であることで、無限個の新しい文の意味が生成可能となる。

最初に言った通り、以上は標準的な教科書を見れば書いてあるような話である。その内容も特段間違っていないとは思うものの、私が不満に思うのは、意味論とは何か（意味とは何か）という決定的に重要な問題がなおざりにされていることである。実はこの問いに答えるには、言語使用において最も重要なのは義務論的要素であるという知見が不可欠なのであり、教科書的解説に欠けているのはまさにこの点についての議論である。さらにこの知見からは、意味論と語用論の関係について、伝統的な議論の枠を踏み越えるような結論が得られることになる。すなわち、我々は意味（意味論）を用いることで、意味を超える現実を創出しているのである。

第2節　言語と前言語的心性に共通する性質

本章の議論は、言語が進化していく過程について一つの可能性を呈示するものと考えれば構造が捉えやすいと思う。もちろん言語の進化といっても、現実に生じた過程に関して何か言おうというのではなく、あくまでも言語を構成する各要素ごとに概念的な把握を試みる際の要点を示したいだけである。

そこでまず、言語をもたない「ヒト」を考える。言語はもっていないが、知覚と意図的行為に加え、少なくとも短期記憶、信念、願望等、第2章と第3章で論じてきたような前言語的な志向的能力はすべて備えているものとする。「ヒト」という表記にしたのは言語をもたない人間も含めるためである。いずれにせよこの「ヒト」を、生物学的な志向性は——個人的なものであれ集合的なものであれ——各種備えているが言語だけは欠いている、そうした初期人類のこととする。協同で行動することもできるし、知覚、記憶、信念、願望、先行意図、行為内意図を全部備えているこの「ヒト」が、これらに加えて言語をも獲得したとしよう。このとき、かれらはいったい何を獲得したのだろうか。これは決してSF的な空想譚ではない。かつて、言語をもっていないこと以外は現在の我々と特に変わらない初期人類がこの地球上に存在しており、かれらがどこかの時点で言語を獲得したことは周知の事実だからである。もう一度問う。かれらはいったい何を獲得したのか。

この問いに対しては工学的な解釈が可能である。我々によく似てはいるものの言語を有していない種族が見つかったとする。あなたはエンジニアで、かれらのために言語を設計するのが仕事である。このとき、かれらが現在すでに有しているものとはなんだろうか。そして、人間が有しているのと同等の言語をかれらが獲得したと言えるためには、エンジニアとしてかれらに何を与えればいいのだろうか。

この問いが決して思弁的な進化生物学に属するものではないことは、ここで改めて強調しておきたい。人間の言語進化を扱う進化生物学はすでに分野として確立しているからである。[原注3] とはいえ言語進化に直接関係のある化石資料は少なく、研究を進めるのがなかなか大変らしい。いずれにせよ私がやりたいのはそういう仕事ではない。私の問いはあくまで概念的なものである――我々人間から言語を取り去ったとき、残るのは何か。そこに再び言語を加えようというとき、我々はいったい何を加えればいいのか。

考察全体の基礎となるのは、心的状態は本来志向性相対的ではないという前提である。空腹や喉の渇きをはじめとする私の志向的状態は、他の人々が何を考えているかとは無関係に成立するからである。だが言語の志向性、すなわち「意味」と呼ばれる語や文の志向性は、志向性に依存してしか成立しない。言語の志向性は、人間が本来的に有する――あるいは心から独立した――志向性によって創出されるのである。

答えるべき問いは次の四つである。以下、「意識および志向性」を「意識」と略記する。

1　言語の有する性質のうち、前言語的意識においても存在するものは何か
2　言語の有する性質のうち、前言語的意識に欠けているものは何か
3　意識の有する性質のうち、言語に欠けているものは何か

4　前言語的意識を所与とした場合、言語が果たすべき機能とは何か

第一の問いは要するに、前言語的意識と言語の双方に共通する性質は何かということであるが、実は前章までの議論でほぼ答えは出ている。すなわち志向的状態と発話行為はいずれも命題内容、充足条件、適合方向を有するのである。ただ、信念や願望などの心理的様態と、陳述や約束のような発話行為の間の関係については本章で初めて論じることになる。いずれにせよ、我々の概念装置には、「S」を心理的様態、「p」を命題内容として

S(p)

という構造をもつ志向的状態が含まれている。したがってここで必要なのは、この構造から、「F」を発話行為の――すなわち発話内効力の――類型、「p」を命題内容として

F(p)

原注3　コミュニケーションの進化に関する近年の研究については、Hauser, Chomsky and Fitch 2002; Tomasello 2008 を参照のこと。

という相似形の構造をもつ発話行為がいかにして得られるのかを説明することである。

前言語的意識には、この心理的様態と命題内容が結合した構造に加え、さらに二つの本質的要素が備わっている。その二つとは適合方向と充足条件で、いずれも概略については第1章および第2章で紹介済みだが、ここで改めて要約しておく。まず適合方向だが、信念や知覚などの認知的な志向的状態は、主張型の発話行為と同じく下向きの——つまり〈心から世界へ〉——の適合方向↓をもつ。また願望や意図などの意欲的な志向的状態は、指令型および拘束型の発話行為と同じく上向きの——つまり〈世界から心へ〉の——適合方向↑をもつ。次に充足条件に関しては、適合方向を有する状態であれば必ず、命題内容によって定められる充足条件をもつと言える。このように、志向的状態と発話行為は形式的構造がそっくりである。そこで以下では、この類似性を手がかりに議論を進めていくことにする。

前言語的意識と言語が共通にもつ性質として、もう一点指摘することができる。それは、前言語的意識が備わってさえいれば、伝統的な哲学（カント哲学やアリストテレス哲学など）が扱ってきたカテゴリーの大部分を利用することができるということである。環境に対する意識的な対処が可能であれば、自分の周囲にある物同士を互いに区別することもできているはずであり、したがってそこにはすでに客体——あるいは物——というカテゴリーが存在している。また、例えばあいつは向こうの方を歩いているとか、こいつはここに座っているといった観察が可能なのであれば、それは客体を空間の中に位置づけることができているということであるし、自分はさっき餌を探していたがいまは餌を食べているといった把握が可能なのであれば、通時的な変化を経験することもできているということである。要するにそこには空間と時間というカテゴリーが存在しているわけだ。さらに、例えば地面に自分で穴を掘ることと、客体が自分に襲い掛かってくることが区別できるのであれば、それは自分が起こすことと勝手に起きることとの区別がついているということであり、これは行為主体性のカテゴリーがすでに存在することを意味する。加えて、客体のカテゴリーを有していることから、同一性や個体性のカテゴリーも当然有していると言える。というのも、少なくとも一部の客体については、それが以前に見たのと同一の客体であるとか、この客体はあの客体とは異なるといった判断が可能なはずだからである。そして客体が同一性と個体性を備えている以上、性質と関係のカテゴリーも存在していることになる。例えば、向こうにいるあの客体について、色が茶色いとか、ここにいるこの緑色の客体よりも大きいとか、ここにいるこの客体との間にこれこれの空間的関係が成立している、といった判断が可能なはずである。

　さしあたり、ここでは前言語的な志向性に哲学的カテゴリーの大部分が備わっていることだけ理解できればいいので、列挙はこのあたりでやめておこう。なお「概念」ではなく敢えて「カテゴリー」としたのには理由がある。つまり私は別に、前言語的な動物としての「ヒト」が、十全な意味での「概念」をもって環境に対処していると主張したいわけではないからだ。ここではあくまでも、我々自身のものであれ、例の「ヒト」のものであれ、前言語的な意識経験がすでにして、空間、時間、個体性、客体、因果性、行為主体性等の形而上学的カテゴリーによって構造化されているという点に限って主張しておくこととしたい。

第3節　言語の有する性質のうち、前言語的意識には欠けているもの

前述の通り、文とは統語論的要素を配置したものであり、この要素に対して自由な操作が可能であることが言語の特徴であった。ところが非言語的な志向的状態には、これに類した操作可能な成分が存在しない。誰かがドアに近づいてくるという思考なら犬にも可能かもしれないが、ドアが誰かに近づいていくという反実仮想的な思考は犬には不可能である。また、誰かがドアに近づいてくるという思考と、ドアが誰かに近づかれつつあるという思考を識別することも、やはり犬には不可能である。これに対し、語（や文境界、音調曲線等）を要素とする文、という構造をもつ言語を獲得した動物は、意味を担う統語論的要素を自在に操作することができるようになる。この点は人間文明の構築にとって決定的に重要である。

文の要素が操作可能であることと関連するのが、言語は体験を離散的な分節へと構造化する働きをもつという事実である。非言語的意識は一個の連続的な流れである――少なくともそうでありうる。その流れが途切れるのは、夢を見ない睡眠の場合のように、なんらかの無意識状態に陥ったときだけである。これに対し、言語は分節性をその本質とする。文は互いに離散的でなければならない。文の一部であっても、それが完全な発話行為として発話されたのであればやはり離散的であらざるをえない。いま私が「寒くなってきたから暖房をつけなくてはならない」と考えたとしよう。この思考は一個の文として、一定の時間経過を伴って私の脳内を通過したのであり、離散性は失われていない。これは前言語的思考

には見られない特徴である。スキーをしているとき、歩いているとき、踊っているとき、私の意識体験は区切りのない連続的な流れ以外のなにものでもない。

言語にあって前言語的思考にない性質としてはもう一つ、適合方向を二つ有する表象の存在を挙げることができる。これは第1章で触れた通り、宣言型の発話行為に特有の性質である。最も典型的な例は「二人が夫婦となったことを宣言する」とか「あなたに会いに来ると約束する」といった種類の遂行的発話である。いずれも一定の現実について、それが存在すると表象することで、その現実そのものを創出する類いの事例である。そんなことがなぜ可能かといえば、それこそまさに言語のなせるわざだということなのだが、見方によってはこれをもって言語の神秘などと言う向きがあるかもしれない。だがきちんと論を積み重ねていくなら、それを、言語と集合的志向性から社会的・制度的現実を創出することを可能にする装置として理解することは十分に可能である。以下に見るように、人間が制度的事実を創出する際には、必ず遂行的発話と同一の論理構造が成立しているのである。

発話行為の類型、すなわち発話内行為の類型は全部で五つあり、それ以上は存在しない。[原注4] この五類型とは、

（1） 主張型（陳述、記述、主張等）――物事の実際の有り様を表象するもので、下向きの〈言語

原注4　その論拠については特に Searle 1983 を参照のこと。基本的には、言語にできることの可能性は意味そのものによって制限されるという議論だが、繰り返しになるのでここでは詳細を省く。

から世界へ〉の適合方向↓を有する

（2）指令型（命令、指示、要求等）――人になんらかの行為をさせようと試みるもので、上向きの〈世界から言語へ〉の適合方向↑を有する

（3）拘束型（約束、宣誓、誓約等）――話し手自身になんらかの行為へのコミットメントを与えるもので、上向きの〈世界から言語へ〉の適合方向↑を有する

（4）表出型（謝罪、感謝、祝福等）――なんらかの事態に対する話し手自身の感情や態度を表出するもので、ほとんどの場合、当該事態は既成事実として前提される

（5）宣言型――二つの適合方向をともにもつことを特徴とする

（1）～（4）の発話行為の類型には、互いに完全に対応する志向的状態の類型がそれぞれ存在する。主張型であれば信念↓が、指令型なら願望↑、拘束型には意図↑、表出型には情動など前提適合が自明視される志向的状態一般が、それぞれ対応するのである。これに対し、（5）の宣言型には前言語的な志向的状態の類型に対応するものがない。つまり、前言語的な志向的状態に留まっている限り、一定の事実について、それをすでに存在するものと表象することでこの世界にその事実を創出するという働きは得られない。このような形での事実の創出には言語が不可欠なのである。[原注5]

第4節　意識の有する性質のうち、言語に欠けているもの

言語哲学で「命題の統一性」とか、あるいは統語論的に「文の統一性」の問題と呼ばれるものがある。すなわち、文が語や形態素のような離散的要素から組み立てられているのだとすれば、文全体が一個の実体であることはいかにして可能なのか、という問題である。これは、単に複数の語が並んでいることとそれが一個の文であることとの間にいかなる違いがあるのかという問いでもあるし、命題論的に言うなら、離散的な要素を含む命題が常に一個の全体であるというのはどういうことなのかという問いでもある。例えば「左に白い柱が二本ある」という文が与えられれば、誰もがこれを一個の命題を表す文として、また文法的に正しい文として理解することができる。しかし「白い左柱ある二本にが」となると、これは複数の語が並んでいるという点では先の文と同じだが、この文の並びをもって一個の思考を表しているとすることはできない。これは言語哲学では伝統的に注目されてきた問題なのだが、前言語的な意識ではこれが即座に解決されてしまうため、そもそも問題として成立しえない。離散的な語の並びがいかにして一個の文となるのかは問えたとしても、私の経験の各要素を一個の単位へと統一することがいかにして可能かという問いは立てられないのである。なぜかといえば、病理的な場合を除き、意識経験は常に一個の単位としての統一性をあらかじめ有しているからである。何かが見えるとか空腹や喉の渇きを覚えるといった意識経験では、その経験そのものの性格によって充足条件が決まっているのである。

原注5　ただしこの例外となるような事態がアーネスト・ソーサによって指摘されている。デカルトが「我思う」と思うと、デカルトにとっての「我思う」という事実が創出されるのである。

この意識経験の統一性に対していくぶんか折り合いの悪いのが、客体は顕著な、もしくは突出した形で知覚されるという事実である。部屋の中を見回してみる。私の目に見えるのは様々な離散的客体であって、ぼんやりとして輪郭のはっきりしない模様ではない。パソコンの画面に目を移す。眼前の画面が見えているときには必ず眼前に画面があることも見えている。つまりこの知覚においては、充足条件は客体そのものではなく、その客体を含む事態全体に伴う。だが同時に、眼前に画面があることが見えているときには必ず眼前の画面も見えている。見えているのは客体とその客体を含む事態全体の両方であり、どちらか片方だけが見えるということはありえない。その意味で両者は内的な関連を有している。そして「……ことが見える」型の報告は通常、見る者がそれに対応する概念を備えていることを必要とする。うちで飼っている犬でも、そこにいる泥棒の姿を見ることはできる。だが「そこに泥棒がいるのが見える」となると、これは犬には不可能である。そのような見え方に必要な概念を、犬はもっていないからである。せいぜいできて「そこに何かがいるのが見える」くらいだろう。

とにかく、意識経験において様々な客体や性質が互いに分節化されているという事実は、言語における分節化の基礎となる。もちろん、異なる言語の間で経験を分節化するあり方が異なるという面はある。標準的なヨーロッパ言語の色彩語彙に匹敵する数の色彩語彙を、すべての言語がもっているわけではないのは周知の通りである。だが経験を無理なく分節化することのできる言語は、一定の条件を満たすものでなければならない。例えば、物質的客体を指示する語をもたない言語というのも想像可能ではあるかもしれないが、物質的客体が知覚の中では互いに顕著な形で現れるものである以上、その言語は我々の知覚経験には適合しないものとなるだろう。ゲシュタルト心理学の知見にある通り、通常知覚とは地に対して顕著な図の知覚にほかならないのである。

第5節　言語の機能――意味、コミュニケーション、表象、表出

先に挙げた四つの問いの最後は、言語の主たる機能とは何か、というものであった。「主たる機能」とは、その機能を欠くような言語はそもそも言語たりえないような、そういう機能のことである。

その第一は、コミュニケーションを可能にすることである。言語はコミュニケーションのためのメカニズムを提供するのである。しかしそもそも「コミュニケーション」とはなんだろうか。何が、コミュニケーションを通じて伝達されるのだろうか。後者の問いに対する標準的な答えは次のようなものだ。すなわち誰かに対して発話をするとき、我々は相手になんらかの情報を伝達している――だがこの「情報」というのがまた、定義が曖昧でよくわからない言葉である。そのため私としてはこの用語の使用にはできるだけ慎重でありたい。そこで、通常発話行為において伝達されるのは志向的状態である、とだけ言っておくことにしよう。ただ志向的状態とは世界を表象するものであるから、志向的状態が伝達されることで世界についての情報もまた伝達されることになる。私があなたに対し、雨が降っているという私の信念を伝達したとすれば、このコミュニケーションで焦点となっているのはもちろん私自身や私の信念ではなく、あくまでも天候それ自体の現在の様子である。だが相手に天候の様子を意図的に伝達することができるためには、天候についての私の志向的状態、すなわち天候に向けられた信念等の私の心的表象の伝達を経由する以外に道はないのである。

前出の「ヒト」は、いまだ言語はもっていないものの、知覚、意図的行為、前言語的な思考過程はすでに備えているのであった。これらはいずれも完全命題を内容とする志向的状態である。この「ヒト」の一個体が別の個体に対し意図的にコミュニケーションを図るとする。このときこの個体は、自分の志向的状態の内容を、相手の頭の中に複製しようと試みているのである。例えばそのコミュニケーションの内容が「ここは危険だ」というものであったならば、その個体は「ここは危険だ」という信念を有しており、この信念を相手に伝達しようと試みているのである。

最も単純なコミュニケーションとして、ある個体が別の個体に対し、無構造命題を伝達することで世界についての情報を伝達するような場合が挙げられる。無構造命題とは、内容が統語論的な構造をもたず、自然言語でいう単語に相当するものが存在しないような命題である。この種のコミュニケーションは、例えば「叫び声をあげて警告を発する」といった形で、動物の間には頻繁に見られるものである。ピーター・ストローソンはこの種のコミュニケーションに「性質呈示的（feature-placing）」という形容を与えている（Strawson 1959: 202ff, 214ff）。すなわち、一定の性質がいまそこにあることを伝達するだけのコミュニケーションである。実在する言語においては、この性質呈示的な発話は――「危ない！」、「雨！」、「火事！」のように――しばしば一語でなされる。これが拡張されて一個の文となるときも、その文の中のその語以外の部分は意味をもたないことが少なくない。例えば雨が降っていることを表す英文「It is raining」において、主語の「it」は指示対象をもっていないのである。いずれにせよ、ある個体が別の個体に対して一定の志向的内容を伝達する、といった形の単純な意図的コミュニケーションは、言語の十全な獲得という目標地点からすると非常に小さな一歩にすぎない。コミュニケーションに制約が多すぎるからである。この種のコミュニケーションはあらゆる種類の動物に見られるが、人間の自然言語を一つの完成形と見るのであれば、依然これは言語とは言えない。

第6節　表出と表象の区別

このように単語を発するだけの単純なコミュニケーションの限界は、どうすれば突破できるだろうか。この問いに答えるために、まずは以下で若干個の重要な区別および概念を導入する。第一に必要となるのが、表出（expression）と表象（representation）の区別である。つまり単に内部の状態を外に押し出すとか吐き出す（ex-press）といった元来の意味での表出的なコミュニケーション行為と、世界の中で生じている事態を意図的に表象するコミュニケーション行為とを区別する必要がある。もちろん表出に、世界についての情報が含まれている可能性がないわけではない。だがそのことと、現実の有り様をはじめとする各種の充足条件を表象することを、同一視すべきではない。私が「雨！」と発話するとき、もちろんこれは構造化された表象ではないが、それでもやはり私はその時点での天候を表象している。これに対し、私が痛みを感じて思わず「いたっ」と言ってしまったとしても、この表出において私は、情報を伝達してはいるものの、何かを表象しているわけではない。

ここで課題を明確化するために、一般的な水準で議論をまとめておきたい。単純な表出的発話行為は、仮にそれが意図的に遂行されたものであったとしても、やはりここで論じている意味で「言語的」な行為ではない。また実在する言語でこの種の発話行為に対応する語は、ここで論じている意味における

「語」ではない。「いたっ！」、「くそっ！」、「うえっ！」、「うわっ！」――これらはいずれも、なんらかの――志向的な、もしくは非志向的な――心理状態を表出する際に用いられるものではあるが、ここで説明しようとしている種類の言語的現象ではないのである。なぜならこれらの発話行為においては、話し手の――志向的な、もしくは非志向的な――なんらかの状態が表に出されてはいるが、表象がなされているわけではないからである。では例の「ヒト」は、いかなる進化を経てこの言語的表象を獲得することができたのか。この点を理解することが我々の課題である。

表象と表出の違いはどこにあるか。私が天候の状態を記述する意図をもって「雨！」と言ったとしよう。このとき私の発話は現在の天候の状態を表象しているのであり、したがって真と偽のいずれかである。この発話において、例えば嘘をつくことだって可能である。これに対し、思わず「いたっ！」と言ってしまったというような場合、この発話において私は自分自身についての情報を伝達してはいるものの、真偽が問われるようなことは何も言っていない。痛みを感じたわけでもないのになぜか「いたっ！」と言ってしまったとしても、私は誤導的な発話をした、あるいは誤った報告をしたのであって、厳密な意味で嘘をついたわけではない。[原注7] 以下、本研究では表出ではなく表象の方に限定して議論を進めていく。

第7節　充足条件への充足条件の付加としての〈話し手の意味〉

次に説明を要する概念は、〈話し手の意味〉である。従来の議論でも〈文の意味〉と〈話し手の意味〉は区別することになっており、これは私も正しいと思う。〈文の意味〉(sentence meaning)というのはある文が現在規約的にもっている意味のことであり、〈話し手の意味〉(speaker meaning)とは特定の機会になされる特定の発話に話し手が担わせている意味のことである。以下、まず本節で〈話し手の意味〉について説明し、それを承けて次節では規約的な〈文の意味〉について説明する。この順番にしたのは、〈話し手の意味〉は〈文の意味〉に論理的に先行するからである。文が規約的にもつ意味とは、いわば〈話し手の意味〉が標準化したもの、伝達可能となったもの、あるいは代替可能となったものにほかならない。話し手の発話した文は、規約的な意味を利用することで、他人からもその意味を理解してもらえるようになる。文は会話のための手段なのだ。

例の「ヒト」の一個体が、別の個体に対し、ここは危険だ、火事だ、食べ物がある等、なんらかの情報を伝達しようと望み、その意図をもってある発話をしたとしよう。このとき、この発話に関するいかなる事実が、この発話を有意味なものとするのだろうか。ただ意図的に発話しただけの場合と、その発話が何事かを意味する場合の違いは、それぞれの意図内容の違いに求められる。話し手が発話する意図を有している点は両者で共通だが、有意味な発話の場合はこれに加え、その発話それ自体が充足条件を有することをも話し手は意図している。したがって〈話し手の意味〉の本質は、有意味な発話において

原注7　通常は表出的に遂行される発話行為を、敢えて表象的に遂行することは可能である。例えば歯医者に、痛みが強くなったら「いたっ」と言ってくださいと言われたとする。このとき、私の「いたっ」という発話は、痛みが強くなったことを内容とする陳述となっている。

は、話し手が充足条件に充足条件を付加する意図を有している点にあると言える。

この点は既存の言語を例にとるとわかりやすい。例えばいま私が、シャワーを浴びながらフランス語の発音を練習しているとする。例えば「イル・プルー（＝雨が降っている（Il pleut））」というフレーズを何度も繰り返し発音するとして、このとき私の行為内意図の充足条件は、私が正しいフランス語の発音でこのフレーズを口にすることである。もし誰かに「何言ってんだ馬鹿、雨なんか降ってねえよ。シャワーを浴びてんだろ」と罵られたとしたら、その人は私の意図を理解していないのである。私は雨が降っていると意味したわけではないからだ。ところが、シャワーを終えて表に出てみると実際に雨が降っていたので、私はやはり「イル・プルー」と言い、しかし今度はこの発話によって雨が降っていることを意味したとしよう。はたして、先ほどの事例との違いはなんだろうか。私がフランス語の発音をしようと意図しており、正しいフランス語の発音で「イル・プルー」を口にすることが充足条件であることは、両事例の間で変わらない。だが後者の事例では、私はその発音それ自体がまた新たな充足条件——実際に雨が降っていること——を有することを意図している。再度繰り返すが、〈話し手の意味〉とは、充足条件に充足条件を付加することなのである。

これができることは、人間の認知能力にとって不可欠の要素である。これには同時に二つの水準で思考する能力が必要とされるが、それは言語を使用しうるための必要条件でもある。話し手は一方の水準では物理的に音声を発するだけだが、もう一方の水準ではその発話が何事かを表象するのである。この二重性は記号それ自体の性質でもある。一方の水準では、記号もまた他の任意の客体と同じく一個の物理的客体にほかならない。だがもう一方の水準では、記号は意味を有する。つまり特定の事態を表象するのである。

以上の議論を要約すると、まず表出と表象を区別した。そのうえで、意味が関わるのは表象的な言語使用の場合に限られるため、本書では以後、表出ではなく表象の方に議論を限定することとした。表象に意味論的な評価が可能なのは、表象は例えば真偽を問えるからであった。それから〈話し手の意味〉とは充足条件に充足条件を意図的に付与することだとも主張した。さて、ここまでの議論を踏まえて次に説明すべき概念はコミュニケーションである。なんらかの発話がなされ、話し手がそれによって何事かを意味しており、かつその意味を聞き手に伝達しようと意図しているとする。このとき話し手は、自分にその何事かを意味する意図のあることを聞き手が正しく認識すべきことをも意図していなければならない。もっと言うと、なんらかの発話がなされ、話し手が例えば〈雨が降っている〉という事態を表象する意図を有し、さらにその情報を聞き手に伝達する意図を有しているならば、この話し手は自分にその事態を意味する意図のあることを聞き手が認識することをも意図していなくてはならず、かつ聞き手がそのように認識することが話し手の意図であることを聞き手が認識することをも意図していなければならない。これが標準的な発話行為状況である。要するに、有意味な発話をするにあたり、話し手は可能な発話内的様態の一つをとって特定の事態を表象する意図を有する。さらに話し手がその表象を聞き手に伝達しようと意図する場合、このコミュニケーション意図とは、話し手にその事態を意味する意図のあることを聞き手が認識し、かつ聞き手がそのように認識することが話し手の意図であることを聞き手が認識することへの意図にほかならないのである。原注8

第8節　言語的規約と語や文の意味

説明を要する最後の概念は規約（convention）である。有意味な発話がなされ、その意味が話し手から聞き手へと伝達されることがいかにして可能かについては理解できたとして、次に問題となるのはそうしたコミュニケーションが概ね規則的に成功するということがいかにして可能か、である。つまりそれを可能にする装置について論じなくてはならないのだが、この装置には、社会的に承認されたものであること、繰り返し何度も使えること、そして話し手がメッセージを伝達する目的で規則的にその生産を意図しうることが求められる。〈話し手の意味〉を伝達するのに規則的に繰り返し使用できる装置が必要であるということは、すなわち言語的規約が必要であるということであり、言語的規約が必要であるということは、すなわち語や文が定立的な意味をもつ必要があるということである。〈話し手の意味〉を伝達するのに用いられるこの規約的な装置は、それ自体が固定的な〈文の意味〉を有する。この点はタイプとトークンの区別に繋げて論じるとわかりやすい。何かが規約であるということには、その何かを異なる条件下で何度も繰り返すことが可能であるということ、つまり一般性が含意されている。したがって規約的な意味をもつのは語や文のようなタイプだと考えておき、個々のトークンについては、自らが属するタイプが規約的な意味をもっていることを通じて、自らもまたその意味をもつことができると考えればいい。

以上、意味に関わる二つの側面について論じてきた。第一の側面は、〈話し手の意味〉にはその志向性に二つの水準が存在することであった。すなわち、話し手は発話をする意図と、その発話に充足条件——例えば真理条件——をもたせる意図の二つを同時にもつのである。他方、第二の側面として、そのコミュニケーションが規則的に成功しうるものであるためには、繰り返し使用可能で社会的に承認された規約的装置の存在が不可欠なのであった。この装置が生産されるたび、聞き手はそこにそのつどのメッセージの存在を規則的かつ規約的に理解できなくてはならないのである。この二つの議論を通じて、我々は言語にかなり近づいたと言える。というのも、前者は発話行為の本質に関わる議論であり、後者の繰り返し使用可能な装置の典型例は、なんらかの言語に属する語や文にほかならないからである。

したがって前出の「ヒト」が、有意味な発話をなし、その意味を個々の言語に属する規約に訴えることで相手に伝達する能力をもつようになったと考えるならば、我々は既存の人間言語に向かってさらに重要な数歩を進んだことになろう。またここでいう有意味な発話とは、話し手の心の中の志向的状態の表象であり、単なる表出ではなかった。だがここまでの議論では、例の「ヒト」は現実の人間言語にお

原注8　Grice 1957. ここで示したコミュニケーション論はグライスの意味分析に由来するものであるが、重要な違いも含んでいる。グライスは意味とコミュニケーションを混同しているというのが私の年来の主張である。グライスの議論の特徴は自己言及性をもった意図というものを考える点にあり、話し手が何事かを意味する意図とは、聞き手において発話媒介的効果を発生させる意図が話し手にあることを聞き手に認識させることによって、聞き手において発話媒介的効果を発生させる意図のことだ、というのが彼の主張である。この議論に対して私は多くの異論を抱くものであるが、中でも特に、これはコミュニケーションの分析であって意味の分析ではなかろうと思う。コミュニケーションが存在するには、それによって伝達されるべき意味があらかじめ存在していなければならないはずだ。

ける一語文に概ね相当するものをもっているにすぎず、依然として統語論上の複雑性とは無縁である。そこで、かれらの文に内的な統語論的構造を与えてやるのが次のステップとなる。

第9節　統語論的合成性

言語獲得へと向かう次のステップ（といっても前述の通りこの「ステップ」という隠喩に歴史的な含意はない――あくまで論理的な要件の話であって、実際の歴史について私はまったく関知しない）は、統語論的装置の導入である。単純な統語論的装置が複数組み合わさることで複合的な統語論的装置が得られ、これを用いることで一個の志向的状態を丸ごと全部別個体に伝達することが可能になる。別の言い方をすると、例の「ヒト」は、我々人間の言語における語や形態素に相当するなんらかの要素を獲得したうえで、それらを組み合わせ、合成的に――つまり個々の要素の意味と文中における各要素の配置から文全体の意味を把握するような仕方で――文を作れるようにならなければならないということである。我々人間の場合、コミュニケーションの最小単位、発話行為の最小単位は一個の文全体だからだが、ところでどの言語にも文というものがあり、大多数の（もしかするとすべての）言語が名詞句と動詞句をもっているというのは、実は驚くべきことである。なぜどの言語にも文があるのかという点についてはとりあえず、文こそが、発話行為を遂行し、それによって志向的状態を表す際の最小単位だからだ、ということで説明はつく。なぜ一つの文の内部で名詞句と動詞句からなる統語論的装置が選択されるのかについては、それが意味論的機能を遂行することができる装置であるというのが根本的な理由である。

要するに、コミュニケーションの単位として機能することが可能で、かつ繰り返し使用することも可能ななんらかの装置（文）が存在していなければならず、かつこの装置を組み立てている要素（語）は、それら個々の要素と、文の内部における要素間結合の原理とによって全体的な伝達内容が定められるようなものでなければならないのである。

この両者——語と文——を、語が体系的に組み合わさって文ができるという形で導入するにはどうすればよいか。どうすればよいかといっても、使えるのは例の「ヒト」がすでにもっている資源だけなのだが、実際のところこの資源というのがかなり豊富なのである。かれらは一個の客体を同定し、その同じ客体を再同定する能力をもっている。この能力を使えば客体の名前を導入することができる。また彼らは同じタイプに属する個々のトークンについて、それらが同じタイプに属するものであることを認識することもできる。これにより「犬」、「猫」、「人」等の一般名の導入が可能になる。また客体が性質をもつことから、形容詞や動詞に相当するものを導入することもできる。ただし、次の点には注意が必要である。我々は名詞句と動詞句にそれぞれ対応する発話行為——指示と述定——が単純な独立要素だとは考えていない。両者はいずれも、一個の完全な発話行為から抽出される構成素にすぎない。名詞句と動詞句が組み合わさって完全文ができるのではなく、完全文がまずあって、名詞句も動詞句もそこから導出されるのだ、としたフレーゲの立場に我々も従うものである。

はたしてこのことは何を意味するのか。例の「ヒト」はすでに無構造の命題内容をもっている。かつ現実世界でこれに対応するのは構造をもった性質であり、「ヒト」はその構造とその要素を認識することができる。かれらはすでに文構造に対応する充足条件を有しているわけだから、そこに改めて文構造を与えたとしても論理的な問題は生じない。先に意味が導入されている以上、意味論的機能は無償で得られるのである。いずれにせよ、基本的には次のように考えればよい。すなわち、例の「ヒト」は統語論的構造を欠いた知覚内容および信念内容を有している。かれらは、我々なら「それが私に向かってくる」と報告しうる（が、かれらにはそれができない）何かを見て、それを内容とする信念をもつことができる。このとき、かれらが意味論的に有意味な事象――すなわち発話行為――を生み出す能力をもっているとすると、かれらはその内容を前述の二水準の志向性を伴う仕方で表象することができる。ただし、かれらの観点において、その表象が「いま私に向かってくるもの」という形をとることは可能ではあるが、その場合この「　」内は、繰り返して使用可能な要素を含まない一語として扱われていなければならない。

かれらには性質呈示はできても指示や述定を行う能力はない。指示と述定が可能であるためには、命題内容を要素分解するための記号装置が不可欠だからである。とはいえ、前言語的志向性からこの要素を構築するための材料はすでに揃っている。かれらも、いま自分に向かってくるものを見ること、いま何かが自分に向かってきていると信じることはできる。そうである以上、指示機能と述定機能を遂行しうる装置、すなわち名詞句と動詞句に相当する装置を導入することも十分に可能である。この装置（語）を配置して複雑な構造（文）を作るための規則なり手続きなりは後で追加すればいい。とにかく重要なのは、この装置が文を、繰り返し使用可能な成分へと分解し、しかもこの成分が前言語的な志向的内容の成分と合致するという事実であって、それに較べれば文の要素となるこの装置がいかにして構築されるか、またいかにして互いに結び付けられるかなどは大した問題ではないのである。ここまでの議論では、文の要素分解が私の知るヨーロッパ言語と似た形でなされると想定してきたが、これは必ずしもそうでなければならないというものではない。すなわち、私は前統語論的な〈いま私に向かってくるもの（coming-toward-me-thing-now）〉が、文脈によって対象の異なる指示装置——例えば「人（a man）」——と、〈いま私に向かってくる（coming toward me now）〉という述定に分解されて

A man is coming toward me now.（いま人が私に向かってくる。）

になると想定してきたわけだが、これが論理的な必然だというわけではないのである。単に、他に思いつくものよりも我々の前言語的な現象学にしっくりくるというだけのことだ。だから、我々なら客体と考えるものを、客体ではなく繰り返し適用可能な過程として扱う言語というのも、想像しようと思えばできないことはない。すなわち、先の文と同じ事態を、

It is raining now on me heavily.

と同様に

It is manning now towards me comingly.

と表すような言語を考えることもできなくはないのである。ただその場合、我々の知覚現象学に見られる客体の顕著性は、この言語には反映されないことになる。

人間の言語のほぼすべてに、名詞句と動詞句が存在するのはなぜか。また通常一個の文の中に名詞句と動詞句がともに含まれるのはなぜか。我々の経験の構造、特に意識的・知覚的な経験の構造に目を向けるなら、客体とその性質が顕著性を有することが見える。もちろん単に客体が見えるのではなく、「これこれの性質を有する客体があそこにあること」が見えるのには、視覚経験の充足条件に事態の全体が含まれることが必要なのだが、現象学的な水準では、我々は客体を、そしてその客体が一定の性質を有していることを、見ているのである。それゆえ完全文によって表される命題単位は、前言語的志向性によってすでに与えられているのであり、内的な主述の構造は、その命題内容を呈示する我々の現象学のあり方によって与えられるのである。

以上、言語へと向かう途上で、我々は三つのステップを踏んできた。第一のステップは、〈話し手の意味〉の創出、すなわち充足条件に対する充足条件の付加であった。第二のステップは、〈話し手の意味〉の伝達を遂行するための規約的装置の創出であり、これにより〈文の意味〉――〈話し手の意味〉の定立的な可能性――に近いものが得られることとなった。〈文の意味〉は規約性を伴い、発話行為を遂行する際にその規約を使用したものが〈話し手の意味〉の典型的なあり方である。第三のステップは、発話行為に対する内的構造の付与であった。この内的構造は互いに識別可能な統語論的要素であり、この要素は意味――意味論的内容――は有するものの、発話において自立することができない。この要素は語に相当するものであり、したがって文の一部であって文そのものではないからである。以上に加え、これらの装置を組み合わせて一個の文を作るための規則や、文法に適った語連結と文法に適わない語連結を区別するための規則も必要となる。この二つの規則は、言語を主題とする議論に際して決定的な重要性をもつ。というのも、前者はコミュニケーションにおいて機能しうる有意味な最小単位を与えるものであり、後者は合成性を与えるものだからである。文を組み立てる有意味な要素と、要素同士を組み合わせるための結合規則が存在することで、新しい文を生成することや、初めて聞いた文や発話であっても意味を捉えることが可能になるのである。

生成性――話し手が潜在的には無限個の文を新たに生み出し、また理解できること――についてはまだ与えられてはいないが、合成性に生成性を付け加えるには、際限なく繰り返し適用することのできる規則、つまり再帰的規則を追加すればよいだけなので、別段難しいことではない。例えば、「～は可能である（It is possible that）」とか「～をサリーは信じている（Sally believes that）」といった表現はその一例であるし、「サリーは隣に住む男を見た（Sally saw the man who lives next door）」のように関係詞節を文中に組み込むための規則によっても生成性は得られる。また、二つの文を結び合わせて一文にする接続語も同様の働きをするといってよい。というか発話行為において二つの文が連結されている場合、そこには暗に接続語の存在が含意されているのである。「雨が降っている。腹が減った（It is raining. I am hungry）」という発話は、「雨が降っており、かつ、腹が減った（It is raining and I am hungry）」と等価な発話なのだ。そこでこの働きを明示的に担うものとして、英語の「and」、「or」、「if ... then」、「not」に相当する接続語を導入するものとする。

動物的な非言語的志向性に統語論が追加されると、言語をもたない動物には不可能だった様々な表象が新たに可能になる。すなわち話し手は世界内で実際に生じた事態に加え、世界内で可能な事態についても、さらには不可能な事態についても、意図的に表象を構築できるようになる。表象と知覚刺激との一対一対応が解除されたことで、時制や様相性を組み込んだ表象が可能になったのであり、これにより例えば「いまその男が私に向かってくる」に加えて「来週その男は私に向かってくるだろう」とか「その山は私に向かってくるだろう」といった無限個の思考や発話が可能になるわけだ。

以上に論じてきた仕組みを身につけることで、例の「ヒト」は語彙を拡張し、言語なしには文字通り考ええなかった思考を思考し、言語なしには考ええなかった発話行為を遂行できるようになる。例えば数詞であれば――仮にそれが最初は指の本数に合わせて導入されたものであったとしても――「数える」という操作を無限に繰り返すことができるようになり、また数詞なしには不可能な、数詞的成分を含む思考が可能になる。「野原に犬が三匹いる」くらいなら言語なしでも思考可能かもしれないが、言語を身につければそれに加えて「野原に犬が千匹いたらいいのになあ」と考えることまで可能になるのである。

第10節　次のステップ――義務論

我々は意味の規約を獲得し、それに合成性と生成性も加わった。言語獲得への道のりは順調と言ってよかろう。

しかしこの言い方に疑問をもつ向きがあるかもしれない。なぜ「道のりは順調」なのか。「もう到達できた」と言ってはいけないのか。ここまでの議論で、言語の獲得には十分ではないのか。この疑問に対しては、以上の議論を、ここまで明示的には指摘してこなかった次の含意まで含めて正しく理解してもらえるのであれば、「もう到達できた」と言ってもかまわないと答えたい。すなわち、一定の社会的状況において話し手が聞き手に、例えば世界の真実を伝える目的でそれに適した規約的装置を採用した場合、話し手の側にはその真実へのコミットメントが存在しているのである。この社会的なコミットメントの存在が必然であること、そしてその必然性がコミュニケーション状況の社会性、用いられる装置の規約性、〈話し手の意味〉の志向性に由来するものであることは、言語の本質を理解するのに不可欠の要素である。この点があるからこそ、言語が人間社会一般の基礎をなしうるのである。話し手が、社会的に受容された規約を用い、世界内の事態についての信念を聞き手の中に生み出そうとして一定の情報を意図的に聞き手に伝達するとき、話し手は自分の発話の真理性に対するコミットメントを有している。以下、この点を説明する。

前述の通り、志向的状態の形式的構造S(p)は、これに対応する発話行為F(p)の形式的構造と実によく似ている。だがこの「F(p)」は一個の意図的行為を——本書の考察においては社会的に受容された言語の規約に合致するよう意図的に遂行された行為を——表すものである。他方〈話し手の意味〉の本質は、その発話に充足条件を——その発話が表す志向的状態の充足条件と同じ充足条件を——付加することにあった。例えば私が「雨が降っている」という信念をもっているとしよう。私の発話をこの信念を表すものとするために、私は自分の発話にこの信念の充足条件と同じ充足条件を意図的に付加しなければならない。それによりこの発話は元の信念から適合方向を引き継ぐことになり、したがって信念が真偽のいずれかであったのと同様に、発話もまた真偽のいずれかであることになる。すなわち私の発話「雨が降っている」は〈言語から世界へ〉の適合方向を有し、命題内容が充足されるか否かに応じて真偽のいずれかとなるのである。他の事例においても事情は同じである。

だがここで、発話行為と志向的状態の関係について一つ興味深い問題が生じる。すなわち発話行為に伴うコミットメントは、それが表す志向的状態のコミットメントを大きく超えるものとなるのである。命令や謝罪など、他の種類の発話行為についても同じことが言えるが、この点が最も顕著に現れるのはやはり陳述と約束の場合である。なんらかの陳述をするとき、私はただそれに対応する信念を表に出しているのではなく、その真理性へのコミットメントを有してもいるのである。なんらかの約束をするとき、私はただそれに対応する意図を表に出しているのではなく、その実現へのコミットメントを有してもいるのである。だが、コミットメントとはそもそもなんであり、どこから出てきたものなのか。陳述や約束に伴うコミットメントに対応するものが、信念と意図には存在しない。したがって、陳述と約束を有する言語の論理的・概念的な進化の説明を課題とする我々にとっては、話し手がいかにして自分の信念や意図を聞き手に伝達しているかの説明に終始していたのではやはり不十分なのであって、話し手がいかにして発話行為にこの種の義務論を付与しているのかをぜひとも知る必要があるのである。そこでまず思いつくのが、陳述に真理性へのコミットメントを与え、約束に一定の行為への義務を与えるのは、これら陳述や約束といった制度の構成的規則である、という説明である。構成的規則とは通常「XはCにおいてYとみなされる」（例えば、文脈CにおいてなされたこれこれのX発話は約束Yとみなされる）という形をとる規則であり、この構成的規則に訴える説明は方向性として間違っていない。そのうえで問題は、そもそもコミットメントとはなんなのか、そして、そのコミットメントを与える規則はどうすれば獲得できるのかである。

コミットメントには大きく分けて二つの側面がある。[原注9] 第一に、いったん引き受けたらそう簡単に反故にはできないこと、第二に、義務を伴うことである。典型例は約束の場合で、いったんしてしまった約束をなかったことにするのは容易ではなく、何かを約束すれば約束したことへの義務が生まれている。この不可逆性と義務という二つの性質が、規則に従って遂行される一個の発話行為の中で結合しているのである。例の「ヒト」が、充足条件に充足条件を付加する（ことで意味を創出する）ことを意図し、またその充足条件を（したがってその意味を）他の個体に伝達しようと意図するとき、これは一定の規約的手続きに則ってなされる。集合的に受容された規約的手続きに則ることで、この規約的手続きに内属し、この手続きがとられない限り現れることのない、一定のコミットメントを創出することが可能になる。発話「一頭の動物がこっちに向かってくる」を誰かに対して公的、意図的、明示的に遂行するときには、必ず命題「一頭の動物がこっちに向かってくる」の真理性への公的なコミットメントが伴うのであり、しかもこのコミットメントは、この発話に対応する信念に伴うコミットメントよりも格段に強力なのである。コミットメントは信念にも陳述にも伴うのだが、後者のコミットメントは前者のそれをはるかに凌駕するのである。ある信念を私的に抱いているだけなら、偽だとわかった時点で修正すればいい。だが陳述に伴うコミットメントには、偽だった場合に修正されることに加えて、当の陳述をした

原注9　コミットメント論の優れた文献として Miller 2007 を参照のこと。

理由を述べうることや、嘘をついていないことも含まれ、したがって仮に陳述が偽だった場合には、当人に対し公的な責任が問われる可能性もあるのである。

このように、その言語の規約に従えば明示的な発話行為が遂行可能であるような言語、すなわち明示的な言語が存在する場合、我々はすでに一個の義務論を有している。すなわち、不可逆性と義務の結合という完全に公的な意味で、ここにはすでにコミットメントが存在しているのである。言語は公的な義務論の基本形態なのである。そして不可逆的義務が公的に引き受けられるという十全な意味での義務論は言語なしには存在しえないというのが私の主張である一方、ここで論じているのは、ひとたび言語を獲得したならば、義務論も不可避的に獲得されることになるということである。なぜなら、言語の規約に従って明示的な発話行為が遂行された場合、コミットメントの創出は不可避だからである。これは陳述に限らず、すべての発話行為について言えることである。命令を発話する者には、聞き手がその命令に従うよう望む願望へのコミットメント、聞き手がその命令に従うことは可能であるという見解へのコミットメント、その命令の中で言及されている客体が存在するという見解へのコミットメントが与えられる。私があなたに、部屋を出て行くよう命令したとする。このとき私は、あなたが部屋を出て行くことは可能であるという命題、私はあなたが部屋を出て行くことを望んでいるという命題、あなたや部屋といった客体が存在するという命題、あなたと部屋の間にはあなたが部屋を出て行くことを可能とするような関係が成立しているという命題のそれぞれについて、その真理性へのコミットメントを必然的に有している。この種のコミットメントは、どんな発話行為にも要素として含まれている。もちろん、不可逆性と義務を伴う点でコミットメントの範例は約束である一方、ほとんどの発話は厳密な意味での約束ではない。しかし、命令、感謝、謝罪等どんな種類の発話行為にも、必ずコミットメントが伴うのである。

発話行為の遂行には必ずコミットメントという形で義務論が付随するというこの内在説は、哲学で広く共有されている見解と真っ向から対立するものである。というのも従来多くの哲学者が、陳述することと、陳述は真でなければならないとする規則をもつことは同じではないとか、約束することと、約束を守ることを義務づける規則をもつことは同じではないとして、義務論的な要求は発話行為の類型にとって外在的であるとする見解をとってきたからである。陳述と真理性の関係についてのこの外在説は、バーナード・ウィリアムズ（Williams 2002）、ポール・グライス（Grice 1975）、デイヴィッド・ルイス（Lewis 1972）ら多くの支持者をもつが、それでも外在説は誤りである。陳述が陳述した者に与える真理性へのコミットメントや、約束が約束した者に与える履行へのコミットメントについて説明しない限り、陳述とは何か、約束とは何かを説明したことにはならない。陳述の場合も約束の場合も、そこで遂行される発話行為にとって、コミットメントの存在は内在的である。「内在的」というのは、その発話行為が成立するにあたり、なんらかの種類のコミットメントの存在が不可欠だということである。

以上を踏まえて、改めてここで考えるべき問題を示しておこう。はたして、発話によって何事かを意味するという行為から、いかにして義務論的権力が進化してくるのか。信念それ自体の充足条件と、発話行為が表象する充足条件が同一であるにもかかわらず、発話行為に内在するコミットメントが信念のそれを凌駕するということはありうるのか。意図それ自体の充足条件と、発話行為が表象する充足条件が同一であるにもかかわらず、発話行為に内在するコミットメントが意図のそれを凌駕するということはありうるのか。それとも、発話行為に伴うコミットメントは拡張機能《アドオン》であって、言語制度が歴史的に発達する中で追加されたものにすぎないのだろうか。私の答えはあくまで内在説が正しい、というものである。

この点を納得してもらうには、発話行為が単なる意図や信念の表出ではないこと、すなわち発話行為が公的な遂行にほかならぬことを理解していただく必要がある。発話行為は誰かに何かを伝達する行為だが、そこで伝達される内容は、私が一定の信念もしくは意図をもっているということに留まらない。発話行為に際し相手に伝達されるのは、その信念や意図が表象する世界についての何事かなのである。陳述の場合であれば、私は信念の充足条件へのコミットメントを有し、それによって相手に、これこれが世界の有り様であると伝えているのであり、約束の場合であれば、私は自分の意図の充足条件について相手に伝えることで、自分がこれから実際に何をするつもりであるかを相手に伝えているのである。（ここには約束の自己言及性がみてとれる。私は単にこれこれのことをしますと約束しているのではなく、これこれのことをしますと約束したのだからこれこれのことをしますと約束しているのである。要は「言質を与えている」のである。）

以上の議論は次のように要約できる。我々は言語を創出するのに〈話し手の意味〉、規約、内的な統語論的構造が必要であることを確認した。だが、これらの要素が人間の志向性と一定の関係を取り結ぶものであることにまで理解が及ぶと、様々なタイプの発話内行為が、そのタイプごとに固有のコミットメントを有するものとして現れてくるのである。発話行為が話し手にコミットメントを与えることについてはこれで十分に証明できたと言っていい。我々は、前言語的志向性から出発して言語を進化的に獲得することは可能であり、実際の進化の過程でもそういうことが起こった可能性があるという常識的な見解に従い、進化の結果獲得された言語は、前言語的志向性には見られなかった何かを提供するものであることを確認した。そしてその何かとは、規約的にコード化されたコミットメントの公的な引き受けであった。

こうして例の「ヒト」は言語を獲得し、コミットメントを引き受ける能力を得ることができた。そこで次のステップとして、かれらが単なる発話行為に加え、その他の種類の制度的事実をも進化させざるをえなくなる様子を確認していく。

第11節　社会的現実への義務論の拡張——言語が可能にする社会的制度の創出

以上、意味を用いる意図的行為——受容された規約に従って充足条件に充足条件を意図的に付加すること——が必然的に義務論を伴うものであることを示してきた。この義務論の集合的創出の議論は、社会的現実一般を扱うものへと容易に拡張することができる。私としてはそのように拡張することは不可避だと思うのだが、もちろん不可避といってもこれは論理的必然ということではなく、経験的に不可避という意味である。

何かを表象する能力をもつ者は、その表象によって一個の現実を——表象を一部に含む現実を——創出する能力をも有する。例えば「彼は我々の指導者だ」、「彼は私の男だ」、「彼女は私の女だ」、「これは私の家だ」等と発話する者は、単にあらかじめ存在する事態を表象しているのではない。これらの発話によって義務論を含む事態が新たに創出されているからだ。話し手がなんらかの発話行為を遂行し、聞き手がそれを受容した場合、そこにはなんらかの権利や義務が創出されている。話し手と聞き手がある人物を指導者として承認し、ある客体を話し手の所有物として承認し、ある男性ないし女性を話し手と特別な関係にある人物として承認するとき、そこではすでに話し手によって、公的な性格をもつ義務論が創出され、願望から独立した公的な行為理由が創出されているのである。

だがこれらの例で重要なのは、事態を記述するのに用いられる言語それ自体が、そもそも当の事態を創出している――言語が事態を構成している――点である。なぜそのようなことになるかといえば、これらの事態はどれも、ある仕方で表象されているがゆえに現にその仕方で存在するような種類のものだからである。政府、私有物、結婚、貨幣、大学、カクテルパーティ等の制度的現実にとって、各々に対応する表象は部分的とはいえ常に構成的であり、この働きを担う表象は必ず言語的表象である。言語が何かを記述するとき、それはただの記述には留まらない。言語は記述対象そのものを創出し、創出した記述対象に対して部分的に構成的な関係に立つのである。この操作が宣言型の論理形式をもつことは第1章で述べた通りである。すなわち対象に一定の表象を与えることで、その対象を現にそのように表象されるべきものにする、という形式である。発話において「あの女性は私の妻だ」、「彼は我々の指導者だ」、「あれは私の小屋だ」等と客体を一定のカテゴリーに当てはめるとき、ここには二つの意味水準が成立している。一方の水準では、単純に既存の関係が存在しているだけである。だがその関係性に対し、客体たる人や物が単なる物理的事実を超えた何ものか「とみなされる」と言われる場合、その人や物には一定の義務論が付与されている――しかもこの義務論はその後もその客体のもつ性質として保持される――のである。この義務論は地位機能宣言によって創出されたものなのだ。

社会的・制度的な現実を創出するのに合成性は不可欠である。合成性を獲得した者は、既存の事態の単なる表象をはるかに超える能力をもつことになる。すなわち一定の発話行為が共同体に受容されることではじめて存在するようになる事態、これを表象することができるようになるのである。例えば「これは私の所有物だ」とか「この人は私の夫だ」といった発言がなされるときには、単に既存の事態について報告がなされているのではなく、そう宣言することで新たな事態が創出されている可能性がある。もしこれらの宣言が他の人々にも受容されたならば、その場合新たな制度的現実がその宣言によって創出されているのである。

この段階ではまだ遂行文は登場していない。遂行文を用いるには遂行動詞等、なんらかの遂行表現を導入する必要があるからである。それに対し、ここで働いているのは二重の適合方向を有する宣言である。「これは私の家だ」という宣言において、一方で発言者は自分こそがその家に対する権利を有する旨を表象している（〈言語から世界へ〉の適合方向）。他方、この表象が他の人々に受容されたならば、ここで新たに一個、集合的受容によってはじめて存在するようになる権利が創出されている（〈世界から言語へ〉の適合方向）。そしてこの両者は相互依存の関係にある。すなわち、この権利は、発言者が自分こそはその権利を有する者であると表象したことによってはじめて創出されたのである。

あらゆる制度的現実の基礎には常にこの操作がある。このことを確認するのは必ずしも容易ではないが、社会を理解したいならこの点は絶対に押さえておかなければならない。ある発話が創出しようとする地位機能が共同体の他の成員に承認されるとき、その発話は願望独立的な行為理由を創出することになる。ここで、個人的な発話行為の場合に願望独立的な行為理由を創出するのに用いられていた〈XはCにおいてYとみなされる〉の一般化が可能となる。例えば「私有物」は、なんらかの定立的な発話行為がなされたこと、すなわちなんらかの客体に対し、永続的な効果を有する――その所有者は一定の権利義務をもつが、所有者でない人々はその権利義務をもたないことを述べた――発話行為が付け加えられたことを含意している。永続的な効果を有する定立的発話行為の例としては、他に貨幣も挙げられよう（この発話行為は文字で書かれることもある。米国の紙幣には「本紙幣は公的及び私的なすべての債務に対する法定通貨である」と記されている）。

以上、本章を通じて、人間の言語が有する最も顕著な性質のうち、本書の議論に必要なものを網羅的に説明してきた。言語は、現実がどうであるかを表象したり、現実をどうしたいかを表象したりするだけでなく、いまだ存在していない現実を、それが存在すると表象することによって新たに創出する力をも与えるのである。私有物、貨幣、政府、結婚等の無数の現象は、それが存在するという表象によって創出されるのである。

本章の議論は次の三点に要約できる。第一に、言語は不可避的に義務論的である。なぜなら、規約として定められた規則に従う発話行為は、コミットメントなしには不可能だからである。第二に、言語的なコミットメントは、家族、結婚、所有、地位ヒエラルキー等の、生物学的に原始的な形態の延長上に位置づけられる制度的現実へと、不可避的に拡張される。そして第三に、制度的事実の創出が有する論理構造は宣言型の論理構造とまったく同じである。すなわち、ある事柄が事実として表象されることで事実となるという形で、二重の適合方向を有するのである。この最後の点については次章でさらに詳細に説明する予定である。

第12節　ここまでの議論の要約

本章はその大半を言語的構造と前言語的志向性の概念的関係の説明に費やし、それをもとに、言語が社会的関係に義務論を導入し、義務論的構造をもった制度的現実を創出するその仕組みを解明しようと試みてきた。なお、この後半の議論は、統語論、意味論、音韻論に語用論を加えて成り立つ教科書的な標準的言語論には、充足条件への充足条件の付加をコード化する規約的装置に必ず伴うコミットメントの要素が根本的に抜け落ちている、という現状に対する問題意識を動機としたものであった。最後に、社会的・制度的存在論の創出は、特定の事実の存在を言語的に表象することでその事実そのものが創出される、という形で生じるものであることを述べた。この点が理解できれば、社会や社会的制度の構築において言語が担う構成的な役割についても、より深い洞察が得られるはずだ。以上の議論を、段階を追いながらできるだけ明確に要約しておこう。

ステップ1――意識と前言語的志向性をもち、自由な行為と集合的志向性の可能性を有する原始人類「ヒト」を想像する。かれらには協同行為が可能であり、また自由意志をもっている。

ステップ2――この「ヒト」が、事態を表象するための手続きを進化的に獲得したとする。この表象は、本章で定義した意味での〈話し手の意味〉を有する。これにより、存在すると信じる事態を表象すること、存在してほしいと望む事態を表象すること、実現を意図する事態を表象することが可能になった。

ステップ3――この表象のための手続きの少なくとも一部が規約化し、一般に受容される。すなわち、集合的志向性の存在を所与とした場合、ある個体が意図的にこの手続きを始めたならば、同じ集団に属する他の任意の個体は、その手続きが正しく従われるものと期待する権利を有する。規約化するとはそういうことだ、というのが私の考えである。規約それ自体は恣意的なものだが、ひとたびそれが規約として確立すると、一定の期待をもつ権利を関与者に与えることになる。規約は規範的なのである。

ステップ4――かれらは表象を、指示機能または述定機能を担う反復操作可能な成分に、それぞれ分解する。

ステップ5――信念、願望、意図をもっているだけでは公的なコミットメントは成立しない、というのがここでのポイントである。もちろん信念は真理へのコミットメントであり、願望は充足へのコミットメントであり、意図は行為へのコミットメントであるが、これらはどれも社会的な義務論――公的に承認された義務――を欠いているため、それ自体として公的なわけではない。だが、特定の志向的状態の充足条件へのコミットメントを有し、充足条件に充足条件を付加することでそのコミットメントを公的なものとし、しかもその際規範的な言語規約に従う者は、そのことによって義務をはじめとする義務論的コミットメントを創出しているのである。ここで注意を要するのは、コミットメントの宛先は世界内に生じる事態であって、その事態についての志向的状態ではないということである。陳述に伴うコミットメントはそれに対応する事実の存在を、約束に伴うコミットメントは約束した者の将来の行為遂行を、それぞれ宛先としているのである。他の事例についても同様のことが言える。

ステップ6――発話行為が権利、義務、コミットメント等の義務論を担うことを可能にするのと同じ基本的な言語操作は、貨幣、政府、結婚、私有物等の社会的・制度的現実の創出にも拡張適用できる。これらの制度はいずれも義務論の体系だからである。合成性と生成性の要素が言語に導入されると、いかなる制度的現実についても――大学であれ、カクテルパーティであれ、夏休みであれ――我々は自分たちがその現実を創出していると言語において合意するだけで、その現実を創出することができる。制度的効力の限界は義務論それ自体の限界である。義務論的権力が存在するのに必要なのは、そのような効力が存在すると承認・受容されていることだけである。物理的な実力が補助として用いられることも――刑法の場合のように――あることはあるが、その行使を担う警察や軍隊も、それ自体としてはやはり義務論の体系にほかならない。

ステップ7――制度的現実創出の論理形式は、遂行的発話の論理形式と同じく宣言型――ある事態が成立していると表象することでその事態を成立させる――である。制度的現実を創出するのは常に地位機能宣言である。すなわち、ある地位機能が存在すると宣言することによってその地位機能を創出する宣言である。

第13節　地位機能宣言の脱神秘化

本章を締めくくるにあたり、地位機能に脱神秘化を施しておきたい。本書の議論では、地位機能宣言にとてつもない力を認めることになっているのだが、その力が、ただ口で何事か言うだけで生まれるというのだから、それをまるで呪文のごときものと思って神秘的な解釈に向かう人がいてもおかしくはない。そのため、私としては議論をもっと慎ましく現実的な水準にまで下ろしてくることにしたい。例えば、パブで次のような場面があったとしよう。私は陣取った席からおもむろに立ち上がると、カウンターに行ってビールを三杯注文する。それから私はジョッキを手に席に戻り、「これがサリーので、これがマリアンので、これが私の」と言いながらテーブルの上に並べていくのである。

形而上学的と言えるような部分の一切ない実に卑近な例である。しかしこの例において私がしていることは大きな注目に値する。私は先の発話によって新たな権利を創出したのである。この発話は単なる陳述ではなく、非常に特殊な種類の義務論的コミットメントなのだ。マリアンにはない権利をサリーがもち、サリーにはない権利をマリアンがもつ等々、といった現実を、ほかならぬ私の発話が創出したのである。実際、もしマリアンがサリーのビールを飲もうとしたら、サリーは文句を言う正当な権利をもっている。また、この例であれば発話それ自体はなくてもかまわない。ただジョッキを、新たにその所有者となるべき人間の方へ押しやるだけでも、一個の発話行為が成立するのである。いずれにせよ、こんな場面であっても地位機能宣言の形而上学は有効に機能しうるのであり、この点に納得していただけるなら、地位機能宣言がことさらに神秘的なものでない点についても理解してもらえると思う。

そこで次に重要なのが、これによって何が得られるかである。我々は、ある現実が存在すると表象することでその現実を創出することができる。そうやって創出される現実は常に義務論の現実——権利、責任等を与える現実——であり、これはまさしく端倪すべからざる能力である。なぜならそうやって創出される義務論こそは、人間社会を繋ぎ止める接着剤の役割を果たすものにほかならないからである。

第5章　制度と制度的事実の一般理論——言語と社会的現実

第1節　制度的現実の海

我々は人間の制度的事実の海の中で暮らしている。だがその大半に、我々は気づくことがない。海中を泳ぐ魚が周りの水の存在を忘れてしまうのと同じで、制度の中で暮らしている我々はついその存在を忘れてしまう。制度的事実は例外なく言語によって構成されるが、この言語の働きというのが我々にとっては、とりわけ捉えることの困難な代物なのである。だがこういう言い方をすると、いや人と会話するとき、電話を受けたとき、請求書の支払いをするとき、電子メールに返信するとき等、我々はしばしば言語を意識しているのであって、捉えるのが困難だなどというのはおかしいのではないかと思われるかもしれない。そこでもっと明確に述べるならば、要するに私が言いたいのは、社会的現実の構成において言語が果たす役割について我々は意識していないという点に限られる。自分がなんらかの発話行為を意識的に遂行する際にはもちろん自分でそのことを意識しているだろうし、他の人と話していてアクセントの特徴のような些細なことが気になるということもあるだろう。これに対し、自分がなんらかの権力関係にずっぷりと浸っているとき、そこで言語が果たしている構成的役割に自力で気づくのはほぼ不可能である。

外国で暮らし始める場合のように、それまで自明視してきたのとは異なる制度的構造に放り込まれたりすれば、その構造の存在を違和感とともに強く意識することにもなろうが、自分が生まれ育った国から出たことがない人には、我が身を取り巻く制度の海の存在にはなかなか気づけるものではない。朝、妻と共同所有している自宅で目を覚ます。妻との共同名義になっている自家用車でキャンパスに出勤する。私はカリフォルニア州の運転免許証を取得しており、有効期限はまだ切れていないので、私が運転することは合法である。車中、古い友人から携帯電話に着信があり、違法だが電話に出てしまう。自分の研究室に到着。ここから制度的現実の重みはさらに増大する。私の所属はカリフォルニア大学バークリー校の哲学科である。ここには私の他にも大勢の学生、教員、職員がいる。私はここで授業を担当し、学生に様々な課題を出す。私は大学から給与をもらう身であるが、現金を目にしたことはない。給与は銀行口座に自動で振り込まれるからだ。講義を終えてレストランに行き、代金はクレジットカードで支払う。キャンパスに戻り、まず保険代理店の担当者に電話して住宅所有者保険の相談をし、それが終わると旅行代理店に電話をかけ、とある職能団体の依頼による招待講演に赴くため飛行機の搭乗券の手配を頼む。夕食会への招待状には出席の返事をする。どの段階でも休むことなく私はなんらかの発話行為をしている。傍点を振った箇所はすべて、私の発話行為に基づく社会的現実である。読者においても、自分を取り巻く制度的現実について意識をめぐらしてみれば、ここで私が書いたものに類するリストが作れるはずだ。

前段落で傍点を振った箇所は、それぞれ制度的現実の一部をなすものばかりである。つまり制度的事実には、友人関係のような非公式のものから、多国籍企業のようにすぐれて法的な複合体に至るまで、ありとあらゆる種類があるわけだ。ある現象なり事実なりに対し、制度的という形容詞をつけるのが妥当かどうかを判断するための最も簡便な決め手は、その現象なり事実なりの存在に権利、責務、義務、要求、認可等の義務論的権力が含意されているかどうかである。市民権や雇用に（成文の）権利義務が伴うのとまったく同様に、友人関係や夕食会にも（不成文の）権利義務が伴う。制度的事実を欠いた義務論は（例えば、いますぐ助けを必要とする人がいて、その人を助ける力が私にある場合、私にはその人を助ける道徳的義務がある、といった形で）存在するが、いかなる形の義務論も伴わないような制度的事実は存在しない。いずれにせよ制度的な義務論的権力には実に様々なものが含まれる。本章の目的は、そのすべてに共通する論理構造を明らかにすることである。

まずは、制度と（非言語的な）制度的現実の典型例を列挙しておく。

統治制度——立法府、行政府、司法府、軍隊、警察。
スポーツ制度——NFL、草野球チーム、地域のスポーツクラブ。
特定目的の制度——病院、学校、大学、労働組合、レストラン、劇場、教会。
経済的制度——事業会社、証券会社、不動産代理店、ビジネス、パートナーシップ。
一般目的の構造的制度——貨幣、私有財産、結婚、政府。
構造をもたず非公式で（ほとんどの場合）不成文の制度——友人関係、家族、恋愛関係、パーティ。

制度を含むもののそれ自体は制度ではない人間の一般的な活動――科学、宗教、娯楽、文学、セックス、食事。

制度を含むもののそれ自体は制度ではない専門的な活動――法、医療、学術、演劇、大工、小売。

前述の通り、ある名辞が与えられたとき、その指示対象が制度であるかどうかは、その対象がその名辞による記述のもとで義務論的権力を有するかどうかを調べてみればわかる。この基準でいくと、カトリック教会は制度だが宗教は制度ではなく、国立科学財団は制度だが科学は制度ではなく、私有物は制度だが自動車は制度ではない。

制度はそれに対応する制度的事実を生み出す。立法府が法案を可決する、野球選手がヒットを打つ、ビルが五ドル払ってバスの乗車券を買う、といったようにである。両者の対応関係はその制度に親しんでいる人にとっては自明である。制度には、制度内制度として存在するものもある。例えば米国政府は一個の制度だが、その一部である連邦議会もまた一個の制度であり、さらに連邦議会が設立する各種政府機関もそれぞれが一個の制度である。企業が設立する子会社もこの例に連なる。

なおここで用いている「制度」は私の特殊な定義によるもので、日常語で制度と呼ばれていてもここで言う「制度」に該当しない事例はいくつも考えられる。例えば西暦は、日常語では一個の制度とされるが、私の定義では制度ではない。なぜなら、西暦にはそれに伴って創出される固有の義務論が存在しないからである。色を表す語についても同じことが言えるが、暦にも原事実と制度的事実の間に一定の対応関係をしつらえるための語彙を提供する働きはある。だが対応関係ができたからといってそれで固有の義務論が創出されるわけではない。例えば米国では「一月十七日であること」それ自体は、それで何か特別な力を生み出すわけではないため、これは制度的事実ではない。一方、「クリスマスであること」は、人々に休暇を取る権利を与えるなど様々な義務論を伴うため、これは一個の制度的事実だと言ってよい。

米国の文化では「退屈な人間であること」、「アルコール依存症であること」、「知識人であること」は、どれも制度的事実ではない。これらの記述には、集合的に承認された特別な義務論が含意されていないからである。もちろん個人的に知識人としての特別な義務感をもっているということはあるだろうが、米国社会全般で見るなら、「知識人」という記述で括られる人々に特有の義務論というのは存在しないのである。したがって「知識人であること」は、「大学教授であること」や「自動車の所有者であること」、「有罪判決を受けた犯罪者であること」とは異なり、固有の義務論を伴う制度的事実ではない。ただし米国では現在「公共知識人（public intellectuals）」なる制度が生まれつつある。今後一般に受容されるようになれば、これもまた一個の地位機能となることだろう。

第2節　制度と制度的事実の一般理論

本章では、前章までに用意した素材を使って、人間の非言語的な社会的制度と、この制度の内部で生じる制度的事実についての一般理論を組み立てていく。特に貨幣、所有、政府、結婚といった非言語的な制度的事実を、第4章の言語論を用いて説明することが課題となる。

最初に、用語上の混乱の余地をあらかじめ取り除いておきたい。私は、「ある人が「雨が降っている」と言った」のような事実を「言語的」な制度的事実と呼び、「オバマは大統領である」のような事実を「非言語的」な制度的事実と呼んで両者を区別する一方で、議論の内実としては、すべての制度的事実は言語的に創出され、言語的に構成・維持されると考えている。そのため「非言語的」な制度的事実という形容に矛盾めいたものを感じる向きがあるかもしれない。しかしここでいう「非言語的」は、その事実が意味についての事実を超えたものだということでしかない。例えば大統領の権力は、意味論によって創出されるものである一方、意味論的な効力に留まらないものを有している。「誰それがある陳述をした」とか「誰それがある質問をした」といった事実と、「誰それが大統領である」とか「誰それは銀行口座に千ドルもっている」といった事実は、直観的に言って明らかに種類が異なるわけで、そのため私は前者に「言語的」、後者に「非言語的」という形容を与えるのだが、この「非言語的」に「言語的に創出・維持されるものではない」という含みはない。非言語的な制度的事実もまた言語的に創出・維持されるのであり、その仕組みを詳しく説明するのが本章の基本的な目的である。

以下では、特に断らない限り「制度的事実」という語を「非言語的な制度的事実」の意味で用いる。そのうえで次の問いを立てる。すなわち、我々はいかなる手続きによって制度的現実を創出しているのか。制度と、その制度の内部で生じる制度的事実の間にはいかなる違いがあるのか。ある制度的事実を創出することと、いったん創出された制度的事実の存在を維持していくこととの間にはいかなる違いがあるのか。いかなる制度も存在しないところに制度的事実を創出することはいかにして可能か。

制度的事実の創出

第1章で、いかなる制度的事実も同一の論理操作によって創出されると述べた。その論理操作とは、ある現実が存在すると表象することでその現実を創出する、というものであった。地位機能の創出を一般的に定式化すると次のようになる。

我々は（私は）「地位機能Yが存在する」という事態を、そう宣言することで成立させる。

この一般定式は、実際に用いられる際には様々な形をとるので、これからそのそれぞれについて順番に説明していくが、その際、言語について論じたのと同じ戦略——単純なものから複雑なものへと進んでいく概念進化論的な説明——を採用する。言語のときと同様、人間の制度が実際に辿ってきた進化の歴史を追跡したいわけではない。説明すべきポイントは、義務論的権力の顕れ方を最も単純なケースから徐々に複雑なケースへと辿り、それに伴って概念上の複雑性が増大していく様子を説明することである。

タイプ1　制度が存在しない場合における制度的事実の創出——石列から境界へ

前著（Searle 1995）で私は、非制度的な物理的事実から制度的事実が進化する可能性について、一個の事例を挙げて指摘しておいた。ある土地にある部族が集住しているものとする。かれらがその土地の周囲に高い壁を作ったところ、壁はその物理構造のゆえに——つまり高くて越えられないがゆえに——その土地への出入りを制限する機能を果たすこととなった。その後、壁は崩れ落ち、かつて壁があった場所には石が一列に並んでいるだけとなったが、住人も外部の者も引き続きその石列に一定の――「境界」としての――地位を認め、許可なくその石列を越えてはならないとの認識を維持し続けたのであった。

一見とるにたらない事例だが、実はここには重大な含意がある。この事例では、当初はある客体がその物理構造のゆえに一定の機能を遂行していた。ところが後にはその同じ機能が、物理構造ではなく当事者――石列の内外の人々――による集合的な承認または受容が存在するという事実のゆえに遂行されるように進化したのである。この石列は、一定の地位を有することを集合的に承認または受容されているがゆえにその地位を有し、その機能を遂行しえているのであって、これはまさに「地位機能」の一例である。地位機能とは、私の定義によるなら、ある客体、ある人物、もしくはその他の種類の実体によって遂行される機能であって、かつその機能遂行が、その遂行の場となる共同体から当該の客体、人物、その他の実体に一定の地位が付与されており、その客体、人物、その他の実体がその地位を有することが集合的に承認または受容されている、という事実のみに基づいてなされるもののことである。客体と人物に加え「その他の実体」としたのは、後々有限責任会社の場合のように、抽象的な実体にも地位機能の付与を認めるべき必要が出てくるからである。[原注2]

この、石列が「境界」としての地位機能を有する事例において、人々は文字言語も一般規則も必要とすることなく、文脈Cにおける客体Xに地位機能Yを付与している。

とはいえこの事例においても制度的事実の例に漏れず、言語の作用――少なくともなんらかの形での記号の作用――は不可欠である。この点を理解するにはまず、単に傾向として石列を越えないだけの場合と、この石列を越えてはならないことを義務として承認したうえで越えない場合とを区別しておく必要がある。飼い犬が敷地の外に出て行かないよう訓練するだけなら、外に出たら罰を与え、出なかったら報酬を与えるというやり方で、犬の行動傾向を、敷地の外へ出ないようなものへと変えてやればそれで十分であり、ここには義務なり責務なりといったものが登場する余地はない。人間の場合も、もちろん単なる行動傾向と義務の承認の間に明確な分割線が引けるわけではないが、私としては、石列を境界として承認する人々はその石列から一個の義務を与えられているのであり、その義務はかれらが集合的に承認された地位を石列に付与しているという事実に出来するものだと考えたいのである。

さて石列Xが境界としての地位Yを有するとして、この地位が存在しうるためには、当該制度への参与者において、この地位を表象できるだけの豊かさをもった言語が存在している必要がある。つまり単に一定の行動傾向があるだけの場合と、制度的義務論が存在する場合との違いは、言語を必要とするかどうかにある。なぜなら後者の義務論が存在するためには、その義務論が存在するとの表象が不可欠だからである。このように義務論と行動傾向が別物であることは、例えば部族民からの承認に基づいて指導者を有する人間の部族と、アルファ雄を有するオオカミの群れの違いを考えてみるとわかりやすい。部族の指導者がもつ義務論的地位は言語によって表象され創出された権威であるのに対し、オオカミの

原注2　地位機能というときの「機能」は日常語の「機能」よりも広い意味で用いており、日常語では機能と呼ばれないものでも地位機能に含まれることがある。例えば後で述べるように人権もまた地位機能の一種となるのだが、普通は言論の自由の行使を「機能」とは言わない。だが、地位によって付与される機能であるという点に注目するならば、それを地位機能という一般範疇に含めることに特段問題はないというのが私の判断である。

アルファ雄の場合、その身体的な強さのゆえに畏敬の対象とはなるものの、そこに公的に承認された義務論は存在しない。義務論には言語が不可欠なのである。なぜなら言語がないと、せいぜい行動傾向に願望や信念などの前言語的な志向的状態が加わるところまでしか行けないからである。義務を義務として承認できるところまで達するには義務の概念が必要となる。義務を承認することができるためには、それに先立って、何かを義務として——傾向や願望から独立した行為理由を与えてくれるものとして——表象することができなければならないからである。もちろんこれは「義務」という単語が不可欠だということではないが、義務論を表象するのに十分豊かな概念装置はどうしても必要である。

「石列であること」から「境界であること」への移行に見られる論理形式が、地位機能宣言の論理形式となっていることに注意してほしい。どこか特定の時点で具体的な発話行為として宣言がなされる必要はないが、石列が境界と化すのに必要な表象を構成する発話行為——もしくは発話行為とその他の表象のセット——は存在していなければならない。その表象が集合的に承認または受容されることで、この石列は新たな地位を獲得する——境界となる——のであり、この表象はまさに地位機能宣言の論理形式に合致しているのである。

タイプ2　構成的規則「XはCにおいてYとみなされる」

指導者としての地位機能の創出も、境界としての地位機能を創出したのと同じやり方でできる。そのつど特定の人物に、部族全体で指導者としての地位を付与してやれば、その人物は指導者としての地位機能を得ることになる。その後、年月が流れて世代が下り、かれらの間に王を選出するための標準的な手続きが生まれたとしよう。ただしまだ無文字に近い社会で、王位継承は男系世襲とする。実際ヨーロッパでは何世紀にもわたってこの方式が採用されていた。つまり、国王が死去した場合、前王の存命中の男子のうち最年長の者が国王としての地位機能を得るわけだ。さて今回は境界の事例とは異なり、一個の規則が存在している。「すべてのxについて、xが死去した前王の存命中の男子のうち最年長の者であるならば、xは王とみなされる」という規則である。[原注3] それほど大層なものではないが、まぎれもなく成文化可能な規則である。この種の地位機能の場合、その創出と維持にとって文書の存在は不可欠ではないが、多くの社会では特別な頭飾りや王冠、王だけが身につけることを許された装束などが、王としての地位を表す指標として用いられてきた。これらの服飾品は、前文字社会でも記号として機能しうるからだ。この種の記号は、地位機能の創出に不可欠なわけではないが、地位機能の維持には非常に有用である。というのも、これなら当該の地位機能の担い手が誰であるか一目瞭然であり、またその王位の象徴ともなっているからである。我々の暮らす文字社会でも、制服や結婚指輪など、非言語的な地位指標は依然多く使われている。

　構成的規則「XはCにおいてYとみなされる」──いまの例では、「王が死去した場合、死去した王の存命中の男子のうち最年長の者Xが次の王Yとみなされる」という規則──の意味（論理形式、意味論的内容）はなんだろうか。構成的規則を理解するのに最も早道なのは統制的規則と対比してみることで

原注3　すでに注記したように、小文字の「x」「y」は量化の変項として用い、大文字の「X」「Y」は隣接する名詞句によって束縛される自由変項として用いる。

ある。例えば統制的規則「自動車は道路の右側を走れ」は定立的な指令型であり、一定の形式をもった行動を引き起こすことがその機能である。規則の内容に合致した行動が引き起こされた場合に機能が充足されたと言える。この規則は上向きの〈世界から言語へ〉の適合方向↑をもつ。これに対し、構成的規則「存命中の男子のうち最年長の者が次の王とみなされる」は定立的な宣言型であり、前王の死に際してある特定の人物が次の王になるという事態を成立させることがその機能である。この機能を充足するには、その帰結を受容するだけでいい。つまり、存命中の男子のうち最年長の者を次の王とみなせばそれでいい。この規則は〈言語から世界へ〉と〈世界から言語へ〉の両方の適合方向↕を併せもつ。つまり、ある事態が成立していると表象することでその事態を成立させるのである。これを定立的な地位機能宣言と呼ぶことにする。なぜならこれにより、死去した前王の存命中の男子のうち最年長の者であるという条件を満たす任意の人物が次の王となるという事態が、今後将来にわたって成立し続けるからである。構成的規則はある事柄を成立させるための規則だが、その適用対象はその「ある事柄」に該当する不特定多数の事態に及ぶのである。

タイプ3　複雑な事例――会社の創出

以上の比較的単純な二つの事例に対し、次に挙げるのは明示的な規則、複雑な法構造、それに文字言語を要する事例、すなわち有限責任会社の創出である。米国内の多くの司法区では明文の法律によって、宣言型の発話行為による会社の創出が可能になっている。

例えばカリフォルニア州会社法における次の規定を見てみよう。

第二〇〇条A　州内または州外の一名以上の自然人、パートナーシップ、社団、または会社は、この章の定めるところにより、設立定款を作成し、これを提出することによって会社を設立することができる。

第二〇〇条C　会社は、法または定款に別段の明示的な定めのない限り、定款の提出によって存在を開始し、以後永久に存続する。

この二つの条文を合わせると非常に強力な一個の構成的規則ができあがる。加えて、そもそも法律の条文というのはそれ自体が定立的な宣言型である。すなわちこの法律は、一定の条件を満たす任意の実体はある宣言を遂行することで会社を設立することができ、そうして設立された会社はまた別の一定の条件が生じない限り「永久に」存続するという事態を、宣言によって成立させているのである。したがって会社の創出においては宣言が二重になっている。つまり会社の設立を規定する法律は、「一定の宣言を行う者は会社を形成したことになる」という内容をもつ宣言になっているのである。

　構成的規則は、一定の制度的事実が創出されるための条件を定める宣言である。この事例のように、その条件中にまた別の宣言を行うべきことが含まれている場合もあるが、野球でヒットを打つとか第一級殺人罪を犯すといった事例のように、制度的事実を構成する行為それ自体は発話行為でない場合もある。そこで問題となるのは、どんな制度的事実も宣言によって創出されるというのと、ヒットを打つとか第一級殺人罪を犯すといった事象は発話行為ではないということが、一見矛盾をきたすように見えることである。これについては次のように考えればいい。すなわち、その物理的事象がヒットを打つとか第一級殺人罪を犯すといった制度的事実を構成するためには、それに先行して、当の事象に地位機能を付与する定立的な宣言が――いかなる条件を満たせば当該の制度的事実とみなされるのかを宣言する規則が――存在していなければならないのである。

他方、会社設立の事例では、あらかじめなんらかの客体が存在していてそれが会社になるという形にはなっていない。この点で会社設立の事例は、石列が境界として承認されるとか男子のうち最年長の者が次の王になるといった事例とは異なる。会社法は、あらかじめなんらかのXがあってそれが会社になると言っているのではない。会社は設立することができると言われているだけである。すなわち会社法は、一定の文書による発話行為の遂行――「設立定款を作成し、これを提出すること」――が、会社の創出とみなされる――「会社は（中略）定款の提出によって存在を開始し、以後永久に存続する」――ということにほかならない。

言ってみれば、有限責任会社という非常に強固な客体が、何もないところからいきなり創出されるのである。もともと何か既存の客体があって、なんらかの操作をするとそれが会社になったというのではなく、いわば「会社が存在する」という宣言によって、そこで宣言された通りの事態が成立したのである。さらにそうやって会社が創出されることで、現実に存在する人々の間にきわめて複雑な権力関係の網が張りめぐらされることにもなる。会社とはそうした関係の集合体だと言ってもよい。会社が創出されたということは、社長、取締役、株主等の立場を含み、なんらかの事業の主体となることのできる一個の実体が創出されたということにほかならない。もちろん会社の創出に伴って生じる一定の地位機能は、現実に存在する人々にそれぞれ与えられるのだが、会社の内部で各地位機能を担う人に入れ替わりがあったとしても、それによって会社の同一性が失われることはない。

石列から境界が創出される事例では、それに伴って生じる義務論はごく単純なものであった。それに対し、会社の創出に伴って生じる義務論は、多人数の間の相互関係に関わる非常に複雑なものとなる。これは純粋に論理的な可能性としては文字なしでも不可能ではないが、我々人間の場合、会社を創出・維持し、会社に関わる諸々の活動に参与することは、先に二つ例示したような精緻に整えられた成文の構成的規則と、文書の形をとった会社の活動記録がなければ不可能である。

以上、制度的事実の創出について三つのタイプを見てきたわけだが、一見するとそれぞれ論理形式が異なるようにも見える。はたして、この三つすべてに共通する構造というのはあるのだろうか。まず、地位機能を創出するオペレータの基本形式は次の通りである。

我々は「文脈Cにおいて地位機能Yが存在する」という事態を、そう宣言することで成立させる。

先の三つのタイプは、この同一の原理が異なる仕方で適用されたものだと言える。最も単純な適用例は、石列を境界とするタイプ1の事例のように、ある人物やある物体に一個の地位機能を付与する場合である。これはさしあたり次のように定式化できる。

我々は「客体XがCにおいて地位機能Yを有する」という事態を、そう宣言することで成立させる。

これをもっと詳しく書くなら次のようになる。

我々は「XがCにおいて地位Yを有し、そのことによって機能Fを遂行しうる」という事態を、そう宣言することで成立させる。

ただし前述の通り、ここで言う機能とは義務論的権力の集合のことである。

次にタイプ2の事例だが、これについては構成的規則の形をとる。すなわち、

我々は「条件pを満たす任意のxがCにおいて地位Yを有し、機能Fを遂行する」という事態を、そう宣言することで成立させる。

であるる。米国大統領から、有罪判決を受けた犯罪者、野球のヒットに至るまで、様々な制度的事実の事例がこのタイプに属する。

最も厄介なのが、会社の創出をはじめとするタイプ3の事例で、この段階では自立的なY項が登場する。会社は会社法によって可能とされるが、この法律はそれ自体が宣言である。つまり他の宣言の遂行を可能にする宣言なのである。順を追って検討していくことにすると、まずこの法律は次のような形式

をしている。

我々は「一定の条件pを満たす任意のxは、Cにおいて、地位機能Yを有する実体を宣言によって創出することができる」という事態を、そう宣言することで成立させる。

先に引用した会社法の条文に照らすと、自然人、会社等々であることが条件pにあたり、この条件に該当する任意の実体は、宣言によって会社を創出することができる旨が定められている。つまりこの法律は、他の宣言に認可を与える宣言になっているわけだ。そしてこの法律のもとで実際に会社を創出する際には、次のような論理形式がとられることになる。

我々は「Cにおいて地位機能Fを有する実体Yが存在する」という事態を、そう宣言することで成立させる。

こういう書き方が必要になるのは、当該の機能の存在だけでなく、その機能を担う実体Y、すなわち「会社」の存在をも――それがいわゆる「擬制的」実体だとしても――宣言に含める必要があるからである。この種の事例には、独立して存在する実体としてのXは登場しない。地位機能Yとそれを有する実体は同時に創出されるのであり、「会社」という名辞は、ある実体と、その実体が担う地位機能の存在をともに指示しているのである。とはいえ、自立的なY項を含む宣言であれば常にこれと同じ形式をとるというわけでもない。例えば銀行は、手もとにない貨幣を貸し出すことで貨幣を創出するが、その際の宣言は次のような形式をとる。

我々は「機能Fを有する地位実体Yが存在する」という事態を、そう宣言することで成立させる。

例えば銀行がジョーンズに一定金額を貸し付けるとき、銀行はその貸付により、以前は存在しなかったその金額分の貨幣がいまは存在するという事態を、そう宣言することで成立させているのである（貨幣の創出については後の章で詳論する）。

以上、石列、国王、会社、貨幣を例として述べてきたのと同じことが、私有物、政府指導者、大学、祝日、カクテルパーティ、運転免許、民族国家についても、また米軍、マフィア、アルカイダ、スクワー・ヴァリー・スキーチームについても言える。すなわちいずれの場合も、宣言によって地位機能が創出されるのである。神が「光あれ」と言ったら光があったという。光そのものの創出は手に負えないとしても、我々もまたそれに匹敵する力をもっている。我々が「これを境界とせよ」と言えばそれは境界となるのだし、「男子のうち最年長の者を王とせよ」と言えばその者は王となる。そして我々が「会社あれ」と言えば、それまで存在しなかった会社がそこに生まれるのである。

第3節　発話行為と義務論的権力

以上の例を踏まえ、制度的現実の創出・維持について、その一般原理を述べることにしよう。必要な基本概念は第一に集合的志向性、第二に機能の付与、第三に構成的規則を含む地位機能宣言を創出しうるだけの豊かさを備えた言語、この三点である。集合的志向性については第3章で説明したし、機能の付与についてもある程度述べた。義務論および宣言型発話行為を獲得することによる言語の進化についても、第4章で説明を試みてある。

『社会的現実の構築』の執筆時点では、この三点だけで構成的規則、すなわち地位機能を付与するための手続きの存在についての説明は十分であり、この手続きは常に「XはCにおいてYとみなされる」という形式をとるものと考えていた。しかし現在では、第一にこの手続きを発話行為論の観点から捉え返してみたらどうなるかについても考えてみる必要があるだろうと思っている。というのも、次の二つの事例の間には根本的な違いがあるからだ。一方で、「雪は白い」という文をそのまま発話した場合、この発話は端的にその文の意味によって「雪は白い」という陳述だとみなされるのであり、その他に特段の発話行為を必要としない。他方で、ある種の紙片が二十ドル紙幣とみなされる場合、その紙片を二十ドル紙幣にしているのは我々の宣言である。宣言は、ある事態を成立しているとみなすことで——つまりその事態の成立を宣言することで——その事態を成立させるわけだ。この二つの事例の違いを正しく理解するには、言語と制度的現実の双方について本質的な理解が必要であり、この点については後でもう少し述べる。

第二に、地位機能の付与が常に「XはCにおいてYとみなされる」の形をとるわけではないことも判明した。会社や電子マネーのように、義務論的権力を伴う地位機能が創出される際、それが既存の人や物に付与されるわけではない場合――バリー・スミスの言う「自立的なY項」(Smith 2003)の事例――があるからだ。制度的現実の創出がとる最も一般的な論理形式は、

我々は(私は)「Cにおいて地位機能Yが存在する」という事態を、そう宣言することで成立させる。

であって、「XはCにおいてYとみなされる」はその一適用形態にすぎないのである。また制度的現実の創出の核心は義務論的権力の創出にあるわけだから、宣言の有効圏内において義務論的権力が創出される旨も含める必要がある。この点を含めた定式化は次のようになる。

我々は(私は)「Cにおいて地位機能Yが存在する」という事態を、そう宣言することで成立させ、その際我々は(私は)Yと一人以上の人物Sの間に関係Rを創出し、その関係SRYのゆえにSは行為(類型)Aを遂行する権力を有する。

追加された部分により、地位機能の創出が必ずしもその創出に携わる人々自身のためになされるわけではなく、むしろ創出された地位機能Yを既存の人物と関係づけることでその人物に権力を――正の権力、負の権力、条件付きの権力――を付与することにこそ眼目があるという点が明確化されたものと思う。関係Rがどのようなものとなるかは、創出される地位機能Yの如何によって異なる。大統領の場合は、

地位機能Yの担い手と、Yと関係づけられる人物は同一である。貨幣の場合、Yと関係づけられる人物はその貨幣を占有する人であり、私有物の場合は、Yと関係づけられるのはその物を所有する人である。会社の場合では、一定数の人々が一定の権力と義務を担うことになる。

以上、地位機能創出のオペレータに加えて、その有効圏内で当該地位機能と関係づけられる権力を導入した。次に、その最も基礎の水準に地位機能の承認が位置づけられることを示すため、次のような定式化を与える。

我々は（CにおいてYが存在する）および（SRYのゆえにSが権力（SがAする）を有する）を集合的に承認する。

この定式は、義務論的権力の機能が集合的承認によって可能になっていることを示すため、集合的承認の射程内に、地位機能の存在と、その地位機能と人物Sの関係の両方が含まれるような書き方になっている。

第4節　制度的現実の維持——地位機能宣言の承認

現実の社会で地位機能が有効に創出されるためには集合的志向性と機能付与の両方が必要である。制度的事実が集合的に承認または受容され、参与者たちが地位機能に伴う義務論を理解しているのでない限り、その制度的事実が人間の合理性に組み込まれることも、行為に理由を提供することもありえない。例えば所有権というものがなんらかの形で集合的に承認または受容されていなかったり、そもそも参与者たちの間に「権利」という概念が存在していなかったならば、私有という仕組みは有効に働かないばかりか、理解することすらできなかったはずだ。

ただし実際上は話がもう少し複雑になる。例えば、既存の制度的構造の内部に留まっている限り、個々の制度的事実について承認または受容が個別に求められることはない。野球という制度があらかじめ受容されているのであれば、ホームランやヒットについていちいち個別に受容する必要はない。野球制度それ自体の受容の中に、ホームランやヒットの受容に対するコミットメントも含まれているからだ。問われるとすれば「いまのは本当にヒットか」とか「彼は本当に罪を犯したのか」といった認識論的問題のみであり、これについては野球なら審判が、犯罪なら刑事裁判が存在し、一定の構成的規則の体系を所与として、当該の行為が本当にその規則の適用を受けるべきものであるかどうかが検討される。構成的規則の体系を受容した参与者たちがその内部で生じる事実の受容へのコミットメントを有するのは、その体系が定立的な宣言の集合にほかならないからである。定立的な宣言によって定められた条件を満たすものは、すべからく当該の制度的事実を構成するとみなされるのである。

そこで権力の創出に関するオペレータに加え、地位機能の維持に必要とされる集合的な承認または受容のオペレータが必要になる。

我々は（Sが権力（SがAする）を有する）を集合的に承認または受容する。

地位機能宣言の定式化において、集合的承認の有効圏内に地位機能の創出と権力関係の双方を含めなければならなかったのと同様、ここでも地位機能の維持と権力関係の双方を含める必要がある。すると定式化は次のようになる。

我々は（（CにおいてYが存在する）および（SRYのゆえにSが権力（SがAする）を有する））を集合的に承認する。

すなわち我々は、文脈Cにおいて地位機能Yが存在すること、そしてそのCにおける地位機能Yとある人物Sの間に一定の関係Rが成り立つがゆえにそのSは地位機能Yによって定められた行為Aを遂行する権力をもつこと、この二点をともに承認するのである。いずれにせよこの定式化の基礎には、制度的事実の創出・維持の要点は権力にこそあるが、この装置全体——創出、維持、それらに伴う権力——の作動を支えるのは集合的な受容ないし承認であるとの直観が働いている。

地位機能が地位機能宣言によって創出されるという点についてはすでに理解されたものと思うが、地位機能の維持においても地位機能宣言と同様の働きをする表象が必要であるという点については少々わかりにくいかもしれないので、そう考えるべき理由を説明しておく。制度やその内部で生じる制度的事実は、その存在が承認または受容されている限りで存在するものであるから、存続を維持するために継続的な承認または受容を必要とする。承認または受容がなされていることの一つの現れは当該の制度および制度的事実が継続的に使用されることであり、そのためには対応する語彙が使用される必要がある。なお、受容といっても明示的な発話行為においてなされる必要はなく、またここで言う受容には熱狂的な賛同から渋々の黙認まで相当程度の幅があるのであって、私がしばしば「承認または受容」という表現を用いているのは、このように制度および制度的事実が存続するのに参与者の賛同は必要ないという事実を強調するためである。承認が発話行為の形でなされる際には、その発話行為自体が宣言型ではない場合でも、宣言と同様に機能する。地位機能はそれに関連する語彙を使用し続けることで強化される。シャツとか靴とかは使い続けていると次第に傷んでくるが、結婚、私有、貨幣といった制度の場合はむしろ使えば使うほど強化されるのだ。ただしここで言う「使用」は常に語彙の使用を伴う。逆に、語彙の使用は制度とその内部で生じる制度的事実の両方を維持・強化する機能を有する。

革命や改革といった運動において語彙が果たす役割について考えてみよう。運動に参与する人々は、既存の地位機能の体系を変革するために語彙の掌握を試みるものである。フェミニズムは「淑女」とか「紳士」といった語彙こそが女性差別的な義務論を支えているのだと喝破した。またロシア共産党は古い地位機能を打破し新たな地位機能を創出するための一方法として、互いを「同志」と呼び合うことを求めた。語彙の継続使用が既存の地位機能を維持・強化するというこの関係は、逆に地位機能それ自体の衰退に伴ってその地位機能を指示する語彙が次第に使われなくなっていくという事実にも見てとれる。例えば旧来の米国法では、未婚女性を指示する単語として「スピンスター（spinster）」が条文に頻出していたものだが、いまどきの日常会話ではほぼ死語である。一度授業中に「この中にスピンスターは何人いますか」と質問してみたことがあるが、中年女性が一人憮然として手を挙げただけだった。もしかすると未婚男性を指示する「バチェラー（bachelor）」もそろそろ死語化しつつあって、対応する地位機能も衰退しているのかもしれない。要は、下向きの適合方向を有する語彙を繰り返し使用していると、その語彙が表す地位機能が維持され、それによって累積的に上向きの適合方向が充足されるのである。

以上の指摘が正しいとするなら、地位機能の存在が言語を通じて徐々に認められ創出されることと、その地位機能が維持されることの間に明確な分割線は引けないということになろう。「我々はこの石列を境界として承認し続ける」とか「我々はビルを指導者として承認し続ける」といった発言とは質的に異なるものとして、「たったいまこの石列は境界となった」とか「ビルはいまここで我々の指導者となった」と言えるような特異点が時間軸上のどこかに存在するわけではないのである。

第5節　問いの展開

前節までの議論で一般理論については一通り説明できたものとしよう。そこで次に扱うべき問題をまず列挙しておく。

1　制度および制度的事実が創出・維持されることで、我々にはどんな利益があるのか。

2　どうしてこんな無から現実を生み出すようなことが可能なのか。

3　制度的事実について呈示してきた我々の議論は、最初に決めた基礎的要件——制度および制度的事実という現実は、世界の基礎構造と矛盾しないのはもちろん、その自然な延長となっていなければならないという要件——をどのように満たしているのか。

4　なぜ言語だけはその他の制度と違って特別なのか。

5　文字言語に固有の役割とは何か。

6　制度的事実はその存在が信じられている限りでのみ存在しうるのだとしたら、制度的事実について驚くべき新情報を獲得することはいかにして可能か。社会科学において驚くべき発見はいかにして可能か。

7　制度的事実に関してなされる陳述はいかなる論理形式をもつか。そこに見出される外延性の欠如についてはいかなる説明が可能か。

8　制度的現実の創出に際して想像力が果たす役割とはいかなるものか。

実質的にはここまでの議論で解決済みのものも含まれてはいるが、以下、改めて各論点について明示的な回答を与えておきたい。

問題1　地位機能と義務論的権力

なぜ我々は貨幣、政府、所有、大学等の精緻な制度的構造を創出するのだろうか。あらゆる制度に共通する目的が何か一つ存在するわけではなく、制度的現実は人間の現実一般とほぼ同程度に多様である。とはいえ前述の通り、（ほぼ）すべての制度に共通する要素を見出すことはできる。すなわち制度的構造は人間のもつ権力を増大させるのである。貨幣、学校、所有権がなかったとしたら、我々の生活はどんなものになっていただろうか。もし言語がなかったとしたら……と考えてみてほしい。ある種の社会理論は制度的事実の本質をその制約性に見出すが（Durkheim 1938）、これは大きな間違いである。もちろん社会的制度には事実として制約的な側面がある。選挙で勝たないと大統領にはなれないし、自分のものではないお金を使うことはできないし、野球の試合でストライクカウントが4になることはありえない。だが貨幣や野球といった制度それ自体は、我々の権力を増大させてくれるものなのである。前述の通り、権力オペレータの一般形式は次のようになる。

我々は（Sが権力（SがAする）を有する）を承認する。

例えば大統領には議会が可決した法案を拒否する権力がある。他方、議会にも大統領の拒否権行使を覆す権力がある。そして制度的構造によって創出される義務論的権力は常にこの構造を示すものとして扱うことができる、つまりこの基本的な権力創出オペレータの上でのブール演算の結果として扱うことができる、というのが私の主張である。仮に私が駐車違反で切符を切られ、罰金五十ドルを課せられたとすれば、そのとき私は次のような形式で表される負の義務論的権力――すなわち義務――を有するのである。

我々は（否定（Sが権力（否定（Sが当局に五十ドル支払う））を有する））を承認する。

要するに、私は自分に課せられた罰金を支払わない権力を有していないということである。また野球の試合ですでにストライクを二つ取られているとすると、このときバッターの義務論的地位の少なくとも一部は条件依存的である。つまりもう一個ストライクを取られるとアウトになるわけで、この場合バッターは条件依存的な負の義務論的権力を有すると言える。

制度的現実が創出されることで物や人に特別な地位が付与されるといっても、その地位それ自体に本質的な価値があるわけではない。最も重要なのは、制度的現実は人と人の間に権力関係を創出し、その関係を統制するものだという点である。人間の社会的現実は単に人や物についての現実ではない。それは人々の活動についての現実であり、その活動を統御し、かつ構成する権力関係についての現実なのである。

問題2　どうしてこんなことが可能なのか

本書では基本的に、普段あたりまえに感じている事柄に違った角度から光を当て、それが実は奇妙きわまりない代物であることを感得してもらうという戦略をとっている。では制度的事実に関して何が一番奇妙かと言えば、それは制度的事実は創出されてはじめて「制度的」になるという点であろう。しかも制度的事実の創出にあたって作用するのはとにかく言語なのである。いったい何が、そのつど創出される事実にほかならぬ「制度的」な性格を保証しているのか。怪しいいかさまの類いでないとすれば、はたして何が制度的事実の創出を可能にしているのか。

この問いに一言で答えるなら、それは他の人々による受容である、となる。集合的に承認または受容されているからこそ制度的事実は存在しうるのだ。というのも制度的事実の本質は義務論的権力にあり、義務論的権力を可能にするのは受容だからである。もちろん警察や軍隊の支えが必要になる局面もあるだろうが、その警察や軍隊それ自体がやはり地位機能の体系なのである。

とはいえこの答えではさすがに不十分である。みんなが受容してくれればいいというのはそうだとしても、今度はなぜ人々は制度および制度的事実を受容するのかが問題となる。この問いに対しても、最も一般的な水準では次のように答えることができる。すなわち、思いつく限りほぼすべての制度について、制度の存在は我々の権力を増大させ、我々の利益になると言える。言語や貨幣をはじめ、多くの制度は万人に多大な利益を与えてきた。だとすれば制度を拒否すべき合理的な根拠は存在しない。だが万人の利益になるから受容されるというのは答えとしていかにも曖昧だし、例外を指摘することも可能である。階級構造、女性差別、富や権力の不平等等、見方によっては不正であるにもかかわらず人々が嬉々として受容している制度はいくらでもある。結局、人々が制度を受容する理由に関して一般的に言えることなどないのである。

とはいえ大半の事例に共通して見られる特徴がないわけではない。それは、制度的事実を受容するにあたり人々はその事実の来歴を理解してはいないという点である。私有財産制度や財産の分配を司る制度、各種の人権や政府といったものについて、人々はそれらが人為的に創出されたものだとは考えず、あたかも自然の秩序の一部であるかのように扱う。天気や重力に対するのと同様にその存在を自明視するのである。場合によっては制度が神の意志の賜物として扱われることすらある。独立宣言に「創造主によって不可譲の諸権利を与えられ」とあるのはその一例である。このため、制度の創出や機能について一般的な理解を得ることがその制度の機能を促進する方向に作用するかについては、そう確言するのは無理だと言わざるをえない。制度の多くは、超自然的なものへの、偽であることがほぼ確実と考えられる信念を、その存在の基礎としているからである。しかし貨幣や政府等、それ自体は怪しい信念に基づいているわけではないような制度についても、人々によって自明視されていて、批判的分析の俎上に載らないときほど有効に働く傾向が見られる。カール・マルクスが指摘するように、「ある人が王であるのは、他の人たちが彼に対して臣下としてふるまうからにすぎない。ところが逆に彼らは、彼が王であるがゆえに、自分が臣下なのだと信じるのである」(Marx 1904: 26n = 2005: 89)。

またこれに関連して、ある制度ないし制度的事実について、誰しもそれが恣意的なものであったり正義に反するものであったりすることには気づいているにもかかわらず、変更するのは無理だと諦めてしまっているがゆえに、その制度的現象を受容しているという場合もある。貧富の格差が正義に反する水準にまで達していて、私有財産制度そのものに何か欠陥があるとわかっていたとしても、それに対して一個人としてできることなどたかが知れているため無力感に苛まれる以外にしようがないという事態は珍しいものではない。この現象については後で政治権力を取り上げる際に詳論する。

また、そもそも人間には何かに従っていたい、他の人と同じでいたい、同じ集団の一員であり同じ集合的志向性を共有する者としてみんなに受容されたいと望む気持ちがあるもので、これもまた制度および制度的事実を受容する際の強力な動機として作用することになる。

以上、制度および制度的事実の受容を動機づける要因——自己利益、権力の増大、無知、無関心、無力感、順応を望む気持ち——を列挙してきたが、これよりさらに一般的な水準でこの動機づけ問題に回答を与えるのは不可能だと思う。むしろ人を受容に向かわせる動機は制度ごとに異なると言うべきだろう。その中でも特に、政府もしくは政治権力一般のように、権力関係が受容する側にとって脅威となりうるような制度の場合は、正統性の問題が決定的な重要性を帯びて現れてくる。この点は権力を主題とする第7章で詳論する。

問題3　基礎的要件との整合性

制度的事実は物理的に存在するわけではない。他方、現実世界で生じる事柄はすべて最終的には物理学と化学によって基礎づけられなければならないというのが我々の基礎的要件であった。はたしてこの両者はいかにして整合しうるのか。すべての制度的事実が原事実を基礎としなければならないとして、そうした基礎を欠くように見える抽象的な存在論を伴う事例についてはどう扱えばいいのか。本書が採用する基礎的存在論では、基礎的事実に基づかないという意味で自立的な存在者というのは、現実世界には存在しない。貨幣も、会社も、目隠しチェスも、必ずなんらかの形で基礎的事実に基づいていなければならない。

実質的には、この問題についても前節までの議論で回答が与えられている。ここではそれをはっきり明示しておく。地位機能の創出を表す定式は次のようなものであった。

我々は、「Cにおいて地位機能Yが存在する」という事態を、そう宣言することで成立させ、その際、一人以上の人物SとYの間に関係Rを創出し、「SRYのゆえに（Sは権力（SがAをする）

を有する）」という事態を成立させる。

この定式を見れば、Y項が自立的な場合でも、それと関係づけられる実在の人物の存在は常に必要とされることが理解できるはずだ。この人物が、一定の権力を有するものとして表象されることで実際にその権力を獲得するのである。貨幣、会社、目隠しチェスにおけるチェス駒それ自体は必ずしも物理的に存在するわけではないが、貨幣であれば所有者が、会社であれば従業員や株主が、チェスの試合であればプレイヤーが存在していなければならない。権力創出オペレータはこの人々の存在を前提に作用するのである。これらの事例では、原事実となるのが実在する人間であったり言語的表象を構成する音声やインクの染みであったりするだけで、制度的事実は常に原事実を基礎としていなくてはならないという点に変わりはないのである。

要点を簡潔に述べよう。制度的現実の創出には、存在論的に言って最低限、（1）人間（もしくは人間と同等の認知能力を有する存在）、（2）志向性（物や人に機能を付与する能力を伴う集合的志向性を含む）、（3）宣言型の発話行為――二重の適合方向を有する発話行為――が可能な言語の三つが必要である。これらに加え、自立的な地位機能Yの複雑性が大きく、また通時的な存続可能性を保障したい場合には、（4）文字が必要となる。いずれにせよ、自立的なY項の事例なら人間と言語さえあれば制度的現実が成立するが、私有地、運転免許保有者、既婚者等の事例では、機能を付与する対象として、一定の物理的性質を有する物や人の存在が不可欠である。

問題4　なぜ言語だけはその他の制度と違って特別なのか

言語が基底的な社会的制度であることは、特に考えてみずとも直観的に明らかだろう。言語を有していて政府、所有、結婚、貨幣を有していない社会は想像可能だが、政府、所有、結婚、貨幣を有していて言語を有していない社会というのはちょっと想像できない。つまり誰でも、制度的現実にとって言語が構成的であることについては、直観的に――前理論的な仕方で――わかっている。私から見れば間違った説を唱えている論者らも、「社会的現実にとって言語は構成的である」という文であれば認めるだろう。むしろアリストテレス以降、この点を認めない論者は一人もいないのではないか。立場が分かれるのは、言語が構成的であるとはどういうことかについてである。制度的現実の創出に用いられる発話行為の形式はいかなるものか。発話行為によって創出された現実はいかなる存在論的地位を有するのか。その現実を維持するのに用いられる発話行為はいかなる種類のものか。これらはいずれも、まさに本書を通じて答えようと試みている問いにほかならない。

すべての制度的現実は宣言によって創出され、宣言と同等の機能を有する表象（思考、発話行為）によって維持される。これが本書における私の主張であるが、言語だけは例外である。言語は宣言によって創出されるものではないからだ。なぜ、言語と他の社会的制度の間にはこのような非対称性が存在するのだろうか。本節ではこの問いに対し、言語が他のすべての制度の基礎であることを示し、それをもって回答とする予定である。

とはいえまずは言語的事実と制度的事実の類似点を二点指摘しておきたい。これにより読者は両者の間にそれほどの違いはないという印象をもつだろう。第一点は、構成的規則「XはYとみなされる」が言語と非言語的な制度的事実の双方に対して、見かけ上同様の働き方をすることである。例えば文「Snow is white（雪は白い）」が英語の文とみなされ、この文の発話が「雪は白い」を内容とする陳述とみなされるのと同様に、バラク・オバマは米国大統領とみなされる。かつ、どちらの事例でもこの「みなされる」によって一定の地位機能が創出されている、と言えそうに見える。

続いて第二の類似点は、遂行的発話（performatives）が、発話行為の創出と宣言による非言語的な制度的事実の創出の双方に対して、見かけ上同様の働き方をすることである。例えば「また会いに来ると約束する」とか「あなたに部屋を出て行くよう求める」といった発話は、それぞれ「約束」あるいは「要求」という発話行為を遂行的に創出するものである。同様に、「ここに宣戦を布告する」とか「これにて散会とする」といった発話もまた、それぞれ「開戦」あるいは「散会」という制度的事実を遂行的に創出している。イスラム諸国には、夫から妻への遂行的発話によって離婚が成立するところがあるらしく、夫は白い小石を三つ投げる間に妻に「おまえと離婚する」と三度言えばそれで離婚成立なのだそうだ。いま挙げた二種類の事例は、いずれも遂行的発話であるという点は共通だが、前者が言語的な行為――約束や要求等の発話行為――を創出するのに対し、後者はそれ自体としては言語的なものでありつつ――つまりそれ自体は発話行為でありながら――離婚や散会などの、言語的ではない種類の制度的事実を創出するという違いがある。そこで前者を「言語的な遂行的発話」（linguistic performatives）、後者を「言語外的または非言語的な遂行的発話」（extralinguistic or nonlinguistic performatives）と呼ぶことにする。

制度的事実が言語的か非言語的かで大きく違ってくるのが、言語的表象の要不要である。つまり非言語的な制度的事実の場合、その存在には言語的表象が不可欠である。オバマが大統領であったり、私が大学教授であったり、この車が私の所有物であったりするには、オバマを大統領とし、私を大学教授とし、この車を私の所有物とする表象が存在し、その表象が集合的な承認または受容を得ている必要がある。これに対し英語の文は、英語の文であるために別段の言語的表象を要しない。もし言語的な制度的事実の場合にも言語的表象が必要だということになれば、ただちに無限後退が導かれてしまう。

だがこの点については次の反論がありうる。「無限後退が導かれるというのはその通りかもしれないが、ある見解に立つと無限後退が導かれるというのはその見解が間違っていることの証拠ではあっても、言語と言語外的な制度的事実が別物であることの証拠としては不十分である」。この指摘に応えるためには、意味の概念を導入する必要がある。ただし、ここで言う「意味」とは記号やマークに充足条件を付与することにほかならない。いずれにせよ意味概念を導入することで、非言語的な制度的事実の場合と文の場合とでは構成的規則の適用のされ方に大きな違いがあることが判明する。例えば、オバマが米国大統領とみなされるためには、「みなす」という操作が必要である。つまり、我々がそう「みなす」からこそ、オバマは大統領とみなされるのである。これに対し、文「雪は白い」の発話が雪が白いことを内容とする陳述とみなされるときには、特段「みなす」という操作は必要とされない。むしろこの発話が陳述とみなされること自体が、この発話の意味にとって構成的なのである。「雪は白い」という発話それ自体が雪が白いことを内容とする陳述の成立にとって構成的であるということは、この文の意味それ自体にすでに含まれているのである。これに対し文「オバマは大統領である」の発話は、オバマが大統領になることや、オバマが大統領であることにとって構成的なわけではない。ここで用いている

「意味」は、一定の発話内的様態のもとで一定の命題内容を有するものを指す概念である。例えば文「雪は白い」は、それが主張型の様態のもとで雪が白いという事態を内容として表象しているがゆえに有意味なのである。他方、意味概念をこのように定義するならば、大統領とか私有物は――何かを代理したり表象したりするものではないがゆえに――有意味ではない。だからこそ、大統領とか私有物がそれぞれに対応する地位機能を有するためには、当該の地位機能を有するものとして表象される必要がある。表象がなければ地位機能もないのである。

　言語的な制度的事実の場合と非言語的な制度的事実の場合とでは、一口に遂行的に創出されるといっても事情がまったく違う。散会、宣戦、離婚等の場合、文の意味だけでは不十分だからだ。意味の創出について定めた言語それ自体の規約に加え、適切な人物による当該の文の発話がすなわち会議を散会することであり、宣戦を布告することであり、離婚することであるとみなされると定めた言語外的な規約が別途必要なのである。要するに約束や要求などの発話行為をなすだけなら、なんらかの言語が使えさえすればいい。つまりその言語の規約に従った言語使用ができればいい。だが宣戦を布告したり、会議を散会にしたり、配偶者と離婚したりできるためには、話し手の立場もまた問題になる。つまりどの立場の人物であれば当該の制度的事実を創出する権力を有するかについては言語外的な規約によって定められているので、話し手はそこで定められた通りの立場に立っていなければならないのである。そして、この特別な権力それ自体を創出するのはやはり言語である。

　このように、宣戦、散会、離婚を行うための非言語的な遂行的発話と、約束や要求を行うための言語的な遂行的発話は、一見すると並行的なものに見えるが、実はそうした印象は錯覚なのである。非言語的な遂行的発話の場合、それが遂行的発話として機能するためには地位機能宣言が不可欠であるが、発話行為の場合には、話し手が当該の言語を修得しているのであれば、後は発話される文の意味だけで遂行が可能である。地位機能宣言によって非言語的な制度的事実を創出する場合、制度的事実の創出は狭義の〈文の意味〉を超える。いわば我々は言語の意味論を用いて言語の意味論を超える力を創出しているのである。

両者の違いを、発話「雪は白い」が雪が白いことを内容とする陳述とみなされる場合と、バラク・オバマが一定の条件を満たした人物であるがゆえに米国大統領とみなされる場合を対比する形で確認しておきたい。前者の場合、この発話が陳述を構成することを理解するのに必要なのは、「雪は白い」という文の意味を理解することに尽きる。だが後者のオバマの事例には、選挙人団の投票で多数票を獲得した者が次期大統領とみなされ、次期大統領が連邦最高裁判所長官の前で就任宣誓をするとその人は大統領とみなされることを定めた憲法上の規定が関わってくる。文「雪は白い」の場合、この文の意味だけで「みなされる」が生じ、それ以上の操作は不要なのに対し、大統領の場合、文「オバマは大統領である」だけでは不十分であって、一定の手続きに従ってオバマを大統領とみなす必要がある。この「みなす」のことを、私は意味の「構成」に対して「操作（operation）」と呼んでいるのである。成文憲法の規定を実際の操作において適用しようとするなら、それに先行して言語外的な規約が存在していなくてはならない。

結局、両者の間に見られた二つの類似点はいずれも見かけ上のものにすぎなかったわけだ。構成的規則「XはYとみなされる」についても遂行的発話についても、言語的な制度的事実の場合と非言語的な

	言語的な制度的事実	非言語的な制度的事実
創出に必要な条件	言語の規約	言語の規約と、(それ自体は言語によって創出される)言語外的な規約
創出を構成する要素	発話	特定の状況における、時に各種行為を伴う発話
創出する主体	言語を使うことのできる任意の話し手	特定の立場に立つ、もしくは特定の条件を満たす話し手

制度的事実の場合で働き方が異なるのである。この相違に深く関わるのが意味とその役割である。非言語的な制度的事実の創出に際し、我々は意味を用いて、つまり言語の意味論的効力を用いて、その意味論的効力を超える義務論的権力を創出するのである。意味論的効力とは一定の発話内的様態のもとで何かを表象する力であり、遂行的発話を通じた発話行為の創出もこの力による。だが非言語的な制度的事実の創出にあたっては表象だけでは足りない。表象の対象それ自体も併せて創出する必要があるからだ。大統領、貨幣、結婚——いずれの事例でも、我々は言語外的な義務論的権力を創出しているのである。

以上に示してきた相違点をまとめると上の表のようになる。[原注8]

以上を踏まえれば、なぜ言語が基礎的な社会的制度であって他の制度と並ぶただの一制度ではないのか、その理由をより深い水準で理解することができる。非言語的な制度的事実の創出に言語的表象が不可欠なのは、非意味論的な事実の創出に言語的表象が不可欠だからにほかならない。貨幣、政府、私有物に関して創出される権力は、意味論を超えるものでありながら意味論によって創出されるのだ。意味を超える力が、意味を用いて創出されるのである。しかし言語それ自体に意味を超える力はない。二十ドル紙幣には「本紙幣は公的及び私的なすべての債務に対する法定通貨である」と書かれている。ならばそこに念のため「これは英語の文であり、書かれている通りのことを意味する」と付記してあってもよさそうなものだが、紙幣の上にそういう文言は見当たらない。これはなぜか。まず「この紙幣は……法定通貨である」という、紙幣の上に実際に書かれている文は、その紙幣が法定通貨であることを保証する一個の地位機能宣言である。だが仮に「これは英語の……意味する」という文が実際に書かれていたとしても、それは「この紙幣は……法定通貨である」が一個の文であることの保証にはまったくならない。ある文が一定の意味を有する一個の文であることは、言語それ自体によって決定されているのである。

だから「他のすべての義務論的権力は言語的な表象を必要とするのに、なぜ言語の義務論的権力だけはそうした表象が不要なのか」と問われるならば、義務論的権力が表象を要するのはその力が意味を超える場合に限られるからだ、と答えることができる。配偶者と離婚したり会議を散会にしたりすることは意味だけでは不可能であり、なんらかの言語外的な規約を必要とする。これに対し、ある文が言語的な表象であるのに言語的表象の力を別途借りる必要はない。ある文が何かを表象するものであることは、その文の意味論の中にあらかじめ組み込まれているからである。

意味（意味論）そのものにも、なんらかの充足条件――真理条件、完了条件、随順条件――をなんらかの発話内的様態をとって表象する力はある。だが非言語的な地位機能宣言は、表象に留まらず対象の創出をも行う。我々は意味論の力を用いて意味論を超える力を創出しているのである。

原注8　この表はアシア・パシンスキーの提案によるものである。

以上の議論から一つ強力な仮説が立てられるのでここで明示しておく。すなわち遂行動詞を、その動詞の意味だけで当該行為の成功を保証するような語だと考えるならば、会議を散会にするとか、宣戦を布告するとか、結婚の成立を宣言するといった行為には遂行動詞が存在しえないのではないかという仮説である。というのも、これらの行為には言語外的な規約が必要であって、言語的な表象だけでは不十分だからである。

だがもっと深いところに関わる話であらためて強調しておきたいのは、以上の議論では言語に、伝統的な意味論を超える能力を与えていることである。私が文それ自体の意味から導かれる帰結として論じてきたような言語の性質は、言語哲学の主流で用いられている意味論では——モデル理論でも、可能世界意味論でも、真理条件意味論でも——説明不可能なのだ。私の議論では、意味を超える現実が意味を用いて創出されるとしており、この点は本書が扱う問題の有する魅力の一つにほかならない。つまり本書の議論は、意味論に収まりきらない意味論についての研究でもあるのだ。

最後に、一個のアイロニーを指摘して本節を締めることとしたい。言語論に取り組み始めた当初、私はゲームなどの制度的現象との類似性を用いて言語を説明しようと試みていた（Searle 1969）。つまり言語がゲームといかに似ているかを示せば、それで言語を説明したことになると思っていた。ところが現在の私の主張は、ゲームをはじめとする非言語的な制度的現象の存在は、言語によってしか説明できないというものである。つまり言語を説明するのにゲームとのアナロジーは使えないという立場に転向したわけである。ゲームが理解可能であるためには、あらかじめ言語を理解しておかなければならないという考えに変わったのである。

問題5　文字に固有の役割

文字言語はひとたび登場するや、その後のあらゆる発展の可能性を支える基礎となる。文字言語の有する安定性により、言語的表象以外にいかなる物理的存在も要しない地位機能の創出と維持が可能になる。この点を顕著に示す例を二つ挙げておこうと思うが、いずれも文字言語の創出から遥かな時を経て登場した非常に近代的な発明である。一つは現物貨幣を要しない近代的な形の貨幣——特に電子マネー——であり、もう一つが有限責任会社である。

地位機能Yを付与される物や人が物理的に存在しない場合を「自立的なY項」と呼ぶが、一般にこの種の地位機能の創出と維持にとって文字言語は不可欠である。貨幣の場合であれば、銀行の口座残高を表象するのはハードディスクに記録された磁気痕跡であり、これは現物貨幣ではなく、物理的に存在するわけではないにもかかわらず貨幣として自由に使うことができる。有限責任会社の場合も物理的な存在は不要である（会社が「擬制人格」と呼ばれる所以である）。ついでに言うと、目隠しチェスの場合に用いられる駒も物理的存在をもたず、各駒の名称で表象されるのみである。いずれの場合も、制度的客体としての貨幣、会社、チェスの駒のそれぞれに対し、物理的に存在するのは表象であって客体そのものは物理的存在をもたない。そして、こうしたことを可能にしているのが文字なのである。というのも文字で書かれた記録は各地位機能に対し、持続性を有する表象を与えるからである。さらに、文字の書かれた書類はそれ自体が持続性を有するため、当該の地位機能が存在する証拠として長期間機能しうる。これも利点の一つである。

ちなみに所有権証明書が果たす地位機能というのがまた重要で、例えば所有者はこの書類のおかげで資産を担保に借金をすることができるし、国家は所有者の資産に課税することができる。エルナンド・デ・ソトによると、土地以外に碌な資産がないにもかかわらず、土地持ちの中から経済的に成功を収める者が出てくるのは、土地に関する所有権証明書が裏で重要な役割を果たしていたものらしい(De Soto 2000)。

問題6　制度的事実はその存在が信じられている限りで存在する——のだとすれば、制度的事実についての驚くべき新発見はいかにして可能か。つまり社会科学における新発見はいかにして可能か。

前著『社会的現実の構築』に対し、特に社会科学者から、共同体の成員自身はその存在に気づいていないが、社会科学者なら発見することができる、そうした制度的事実がありうるとの指摘を受けた(Thomasson 2003; Friedman 2006)。私の議論では、制度的事実はその存在が表象される限りで存在する。しかし例えば、不況だの景気循環だのといった概念をもたない共同体でも不況や景気循環といった現象は生じうるのであって、だとすれば制度的事実の中には人々の表象や見解とは独立に存在するものがあり、それらについては人々の表象や見解とは独立に発見することが可能なのではないかというわけだ。

この指摘に対しては次のように応じたい。まず、制度的事実はなんらかの記述のもとでのみ制度的事実であること、そして他の記述の基礎となる一次的な記述はなんらかの形で当該共同体による承認または受容を得ていなければならないこと、この二点を思い出してほしい。この条件にあてはまらないものは、一階の制度的事実に体系的に伴う派生事実と呼ばれる。例えば、人々が売買、財の所有、対価を求めるサービス提供に従事しているとき、これら個々の事実は一階の制度的事実である。景気循環とか不況というのは、これらの事実を集めた全体の水準における高次の記述であり、要するに一階の制度的事実によって構成される派生事実と呼ぶべきものなのである。オーサ・アンデションの言葉を借りれば、「ミクロ」な制度的事実によって構成される「マクロ」な制度的事実なのである（Andersson 2007）。制度的事実についての理解を深めるため、この両者の関係について簡単に考察しておこう。

一階の制度的事実は当の制度に参与する人々にとって、存在するものとして表象される限りで存在する。だがこの一階の制度的事実とその表象から生じる帰結には、それ自体としては表象されない、あるいは表象される必要のないものも含まれる。例えば野球の試合では、右投手に対しては左打者が、また左投手に対しては右打者が統計的に有利だと判明しているが、これは別に野球のルールにそう書いているわけではなく、単に事実としてそうだということにすぎない。こうした事実について「制度的事実から生じる第三者的な派生事実」と名づけ、これを「派生事実（fallout）」と略称するものとする。「第三者的な」との形容は、派生事実の存在は、元来の制度への参与者らに知られていなくてもよく、第三者的な――人類学的な――観点から記述できるからである。派生事実には義務論が伴わず、したがって新たな権力関係の創出を導かない。例えば「不況」の定義を二期連続でＧＤＰが下がることとするなら、これは元来いかなる制度的地位を占めるものでもなく、あくまで一個の体系的な派生事実に与えられた名称にすぎない。しかし仮に――というかおそらくすでにそうなっているのだが――議会が不況になんらかの義務論的地位を付与する法律を可決したとすれば、不況は地位機能を伴う一個の地位となる。例えば不況期にはＦＲＢが利率を調整すべきことを定めた法律ができたとすれば、それは不況に義務論的権力が与えられたということだから、この場合「不況」は一個の地位機能を指示する用語となるのである。

体系的な派生事実が発見されたとだけ言えばなんでもないように聞こえるが、実は論理的に考えるとここにはなかなか興味深いものがある。というのもこれは、志向性相対的な現象に関して志向性独立的な事実が見つかったということだからである。すなわち、制度への参与者によって志向性相対的な現象が何か一つ創出されれば、参与者であるか否かを問わず任意の者がその現象に関する志向性独立的な事実を発見できるのだ。ある事実が派生事実なのかそれとも制度的事実なのかを判断するための基準は、やはりこの場合も、過去から現在に至るまで一人としてその存在を信じた者がなかったとしても真であると言えるかどうかである。不況の場合、これまで誰一人としてそれが不況であることを信じた者がなかったとしても、それでもそれが不況であることは変わらない。これに対し、貨幣や大統領の場合、義務論的に等価な記述のうちどれか一つのもとで「貨幣が存在している」なり「大統領が存在している」といった信念を有する者が一人もいなかったとしたら、貨幣にせよ大統領にせよ、そんな制度的現象は存在しなかったと言わざるをえない。志向性相対的な現象に関して志向性独立的な事実が発見されうるというパラドクス、例えば不況は心に依存するものでありながら志向性相対的ではないというパラドクスはここから生じてくるのである。

経済学では一般に、一階の事実——例えばこの人とこの人がこれこれの財を売買したという事実——は志向性相対的である。だが経済学者が報告する事実——例えば一九二九年に大恐慌が始まったという事実——は大半の場合、志向性独立的である。

もう一つ考えておくべき状況は、ある共同体に実際に存在している地位機能に対して外部者が、当該共同体の成員自身は意識しておらず、また意識したとしても受容することのないような記述を与える場合である。例えば、レイシズムという概念が存在しない社会、あるいは少なくとも成員に自分たちがレイシストであるとの自覚がない社会について、外部者がかれらを「レイシスト」として記述する場合である。トマソンはこの事例を、体系的な派生事実として不況を発見する事例と同様に扱っているが、私の考えでは、両者の間には大きな違いがある。もしこの社会の成員が、自分たちとは肌の色の異なる人々に自分たちとは異なる義務論的地位を与えているのであれば――つまりほかならぬ肌の色の違いを理由として自分たちとは異なる権利と責任を有する者として扱っているのであれば――ここにはすでに一個の制度的事実が成立している。かれらが共同体の一部成員に対して人種を根拠に一定の義務論的地位を付与している以上、かれらにレイシストとしての自認があるかどうかは問題にならない。この点はきわめて重要である。ある共同体の成員が一定の人や物に一定の義務論的地位を与えているのであれば――義務論的地位は義務論的地位として表象されない限り存在しえないのだから――かれらはその義務論的地位になんらかの表象を与えていなければならない。その表象と外延を共有する記述が他に存在したとしても、かれらが当の義務論に対する承認を維持するにあたり、他に存在する記述について知っている必要はないし、もちろんそれを受容する必要もない。歴史上実際に起こった出来事に絡めて言うなら、かれらは共同体の成員を人種によって区別し、支配的な人種にあたる成員が、自分たちとは人種の異なる人々に自分たちよりも劣った義務論的地位を付与したのである。我々がかれらを「レイシスト」と記述するかどうか、かれら自身がその記述を受容するかどうかは、かれらが当該の制度的事実を創出したかどうかとは無関係なのである。

ここから一つ興味深い問題が生じてくる。はたして地位機能Yについて人々はどの程度まで誤解しうるのか、である。例えば結婚とはすべて神の思し召しによるものだと信じている人々がいたとしよう。これは誤解であって、実際には神の思し召しによらない場合でも結婚は成立する。しかしここで問うべきことは、あるカップルがいかなる権利義務をもつか、人々がそのカップルをどう扱うか、そのカップル自身が自分たちをどう見るかであって、共同体の成員がこのカップルに婚姻上の地位を認めているのであれば、その根拠たる信念の真偽は問題にならないのである。

もう一点、この論点に関連して考えておくべきことがある。ある共同体において、特定の人物に神授の力がある——例えば教皇は無謬である——と信じられていたとしよう。この場合、その共同体の成員がその地位機能に付随すると信じている神授の力は、実際には存在しないものかもしれない。にもかかわらずこれを地位機能と言ってしまってもよいのだろうか。私の定義によるなら、地位機能だと言ってしまってよいというのが答えになる。なぜなら、教皇という地位にはあくまで義務論的権力が付随する——例えばカトリックの信徒なら教皇を信じる義務がある——からである。他方、教皇がもつとされる神授の力は地位機能として承認されているわけではなく、むしろ義務論的権力とは別の物理的（超自然的）な力として、事実を超越した信念の対象となっているのである。教皇の地位機能に関して注目すべき特徴は、この神授の力が地位機能としてではなくこの宇宙に関する志向性独立的な原事実として信じられているからこそ、教皇としての地位機能が有効に働きうるという点にこそある。

一個の制度的事実が——場合によっては地位機能の体系全体が——虚偽の信念に基づいて受容される

こともありうる。だが制度分析の観点からは信念の真偽は問題にならないのである。問われるべきは、その地位機能の体系が実際に集合的な承認または受容を得ているかどうかだけである。極端な場合には、成員自身はそれを制度的事実ではないと信じているがゆえに機能しうる制度的事実というのもありうるのであって、そういう事例では、義務論的権力が集合的に受容される際の根拠が、その権力とはまったく別の事柄に関する信念に求められることになるわけだ。

問題7　多くの場合、制度的事実に関する陳述が内包的なのはなぜか

制度的事実の本質は権力関係にある。この権力関係は言語的表象によって創出され、部分的にはこの表象によって構成される。このため制度的事実に関する陳述は常に外延的とは限らない。指示対象を共有する表現相互の代入可能性（ライプニッツの法則）のような条件を満たせないのである。例えば「～とみなされる」は、クワインの言う「指示的に不透明」（referentially opaque）な文脈、つまり内包的文脈を創出することになる。

次の1と2は真なる陳述である。

1　二〇〇八年の選挙の勝者であることにより、バラク・オバマは現在の米国大統領とみなされる。

2　現在の米国大統領は、ミシェルの夫と同一である。

しかし、1と2から3は導かれない。

3　二〇〇八年の選挙の勝者であることにより、バラク・オバマはミシェルの夫とみなされる。

オバマは大統領として表象される限りで大統領であり、夫として表象される限りで夫なのだが、大統領としての表象を成り立たせる条件と夫としての表象を成り立たせる条件は同じではないのである。

哲学者は形式化というとすぐに量化を使いたがるが、制度的現実に関しては量化の論理はあまり有用でない。会社の創出が典型だが、既存の客体を定義域とする全称量化規則が存在しえない場合はいくらでもある。さらに「あるxが存在し、そのxは会社である」といった存在量化も使えない。会社の創出について定めた規則は一般に「これこれの発話行為は会社の創出とみなされる」という形式をとるのであって、個々の会社について、その創出の論理形式は、

ある x が存在し、その x が会社Yとなる。

ではないのである。規則を書き出すのであれば、

我々は「会社Yが存在する」という事態を、そう宣言することで成立させる。

のように宣言型で書かなければならない。

標準的な量化論理の意味論では、量化子は既存の客体の定義域全体に作用するが、地位機能を有する実体の創出の場合、そもそも既存の客体というものが存在しないのである。

銀行が現物貨幣を用いることなく貨幣を創出する事例では、また別の論理構造が見られる。中央銀行を例外として、一般に銀行というのは、現物としてはもっていない貨幣を貸し付けることで貨幣を創出する機関であるが、これもまた宣言によってなされ、例えばバンク・オブ・アメリカがジョーンズ氏に千ドル貸すとすると、宣言は次のような形をとる。

　我々バンク・オブ・アメリカは残高千ドルの口座をジョーンズ名義で開設し、これによってジョーンズ氏に千ドルを貸し付ける。

この事例はなかなか面白く、貨幣の創出という経済学の教科書に載っているような現象でも、その一部は一階の制度的事実ではなく他の制度的事実——貸付け——からの体系的な派生事実であることがよくわかる。銀行が現物としてはもっていない貨幣を貸し付けると、経済全体の中で利用可能なマネーサプライがその分だけ増加し、結果的に貨幣が創出されたことになるわけだ。ただ、実際に銀行で貸付業務にあたっている銀行員は、そのことを全然意識していないかもしれない。

この事例では発話行為が、ジョーンズが地位機能Y——千ドルの所有者——を有するという事態を成立させているのだが、千ドルに対応する何かが物理的現実として存在している必要はない。表象だけ存在していれば十分である。

要点を改めて述べると、制度的現実の創出の有する論理構造は遂行的発話の論理構造と同一――ある事態が成立していると表象することでその事態を成立させる――である。この事例では、宣言によって成立しているのは貸付けが存在するという事態であって、貨幣の創出はその体系的な派生事実にあたるわけだ。

なぜ貨幣の創出が体系的な派生事実であって宣言それ自体の内容ではないと言えるのか。この点を確認するには、銀行が何をしようと試みているのかを考えてみるといい。銀行は一定の金額をジョーンズに貸し付けようと試みているのであって、経済全体のマネーサプライを増やそうと試みているわけではない。だから貨幣の創出は宣言の内容ではない。これで証明終わり、である。仮にＦＲＢが、貸し付けによって貨幣が創出されるたびに経済全体からその分の貨幣量を減らし、マネーサプライの量を一定に保つという操作を行うことに決めた場合、体系的な派生事実としての貨幣創出は生じなくなるが、それでも貸付けという事態が成立することに変わりはないのである。

問題8　制度的現実の創出に際して想像力が果たす役割

地位機能は、存在すると表象されない限り存在することがない。だから地位機能が存在しているときには、必ず想像力がなんらかの形で働いている。私有物、結婚、政府――これらの地位機能が存在するためには、何かを元来それではないものとして扱う必要があるからだ。ちなみに制度的現実の創出と維持に不可欠なこの二水準での同時思考能力を、人間の子供は個体の発達過程のかなり早い段階で獲得する。幼児でも「じゃあ僕がアダムで君がイヴね。それでこのブロックがリンゴだからね」などと言い合ったりして、ごっこ遊びができる。これはかなり高度な知的技能であって、この点はラコッィとトマセロ（Rakoczy and Tomasello 2007）の教示によるが、人間がもつ制度的事実の創出能力の起源をここに求める議論は一理なしとは言えまい。幼児ですら、実際にはYでないXを空想の力でYとみなすことができるのだから、我々にXをY（自然には存在しないが我々の社会生活の各局面を規制したり可能にしたりするがゆえに一種の存在を有するY）とみなす能力があるとしてなんの不思議もない。

しかしこの一切が、言語なしにはまったく不可能であることにも注意が必要である。幼児が「僕がアダムで君がイヴね。それでこのブロックがリンゴだからね」という思考をもつことができるのは、この思考を形成しそれを表出するのに利用可能な言語的媒体が存在するからにほかならない。他方、幼児は通常、語それ自体についてはこういうことを考えない。幼児が「このブロックを一個の単語とし、その意味はこれこれにしよう」などと言うことはまずない。空想の力を使って原事実と制度的事実の二水準で同時に思考することは幼児にも可能であるが、言語についてこの種の思考を行うのは非常に困難なのである。これは大人でも同様で、もちろん語とその意味を区別するくらいなら容易にできるが、言語が存在しない状況というのを思考の上で想像するのは非常に困難である。社会的現実に関する哲学を展開した哲学者たちは、私が思いつく限り全員が言語を自明視している。かれらは人々が言語をもっていることを前提としたうえで「社会の形成はいかにして可能か」と問うたのである。これに対し、共通言語を獲得すれば社会もすでに獲得されているというのが本書で私が言いたいことの一つである。

第6節　結論

我々は驚くほど多様な制度的・社会的存在をもつが、どの構造にも共通する基礎として一個の論理的原理が存在し、この原理が現実の制度において実装される形式もごく少数であるというのが、私の確信するところである。基本的な発想は単純で、非言語的な制度的事実はそのすべてが、宣言と同じ論理形式を有する発話行為によって創出・維持されるというものである。

一般原理の実装形式を、私は三つ見出した。第一は、単にアドホックに地位機能を創出するもので、部族がある人物を指導者として扱い、それによってその人を指導者とする場合などがその例である。第二は、定立的な宣言、構成的規則を有することで、これはある程度の複雑さをもった先進文明ではおそらく最も広範に見られるものだろう。第三は、第二の形式の特殊事例で、適用対象として現実の人や物を必要としない構成的規則を有し、宣言によって端的に一個の実体を創出する場合である。他の宣言に制度的事実を創出する力を与える宣言がその典型例である。

第6章　自由意志、合理性、制度的事実

第1節　義務論的権力

本章では、前章までの議論で明らかにされた制度的現実の構造を踏まえ、日々の生活の中で制度がどのように機能しているかについて詳しく論じていきたい。もちろん制度といっても宗教、民族国家、スポーツチーム、会社等、ありとあらゆるものが存在するわけだが、それらについて経験的な一般化をするつもりはない。私の目論見としては、あくまでもそうした様々な制度に共通する形式的性質をいくつか取り上げ、他の動物には見られない人間固有の制度の機能がいかにして可能となっているかを解明するだけに留めるつもりである。あらゆる制度に共通する形式的性質とは、制度的事実は我々に義務論的権力——義務論的権力——を与えるということにほかならない。前章までの議論ではこの義務論的権力について若干の事例を列挙するだけだったが、本章ではさらに、人間の行動の中で義務論的権力がどのように機能しているかという問いへと議論を進める。義務論的権力には「権利」、「責務」、「認可」、「要求」、「許可」、「認定」といった名称が与えられることが多いが、これらの名詞は「〜べきである」、「〜であ

りうる」、「〜できる」、「〜しなければならない」等の、様相を表す述語と結びついている。私は明朝八時から講義をしなければならないが、それは私が学生と大学に対してその時間に講義をする義務を負っているからにほかならない。

これがつまり、義務論的権力は願望独立的な行為理由を与えるということである。ではその願望独立的な行為理由はいかにして存在しうるのか。制度的事実とどう関係するのか。これらについて説明することも本章の目的に含まれる。他方、その点だけだと、我々の生活は制度的事実によってかなり窮屈なものにされてしまうといった印象を禁じえまい。実際には、制度の役割はむしろ莫大な可能性を創出することにこそある。例えば大金持ちになりたいとか、結婚したいとか、米国大統領になりたいといった願望をもつことができるのは、貨幣、結婚、米国大統領といった制度が存在しているからにほかならない。これは非成文・非公式の制度についても同様である。素敵な恋愛をしたいとか、豪華な夕食会を催したいといった願望は、恋愛や夕食会といった制度が存在しているからこそ可能なのだ。改めて強調しておくと、人間の生活は制度の存在によって非常に多くの可能性を与えられるのであり、制度が存在しなければ考えられなかったであろうあらゆる種類の事柄が、制度の存在によって可能となっているのである。我々人間が他の霊長類には見られない様々な可能性を手にしているのはまさにこのためである。

制度的事実と、合理性や行為理由との間には深い関わりがある。したがって制度的事実がどのように機能するかを説明するにあたっては、まず合理性および行為理由について簡単にでも論じておくのが先決である。これはまともにやろうとするとかなりの大仕事になるが、このテーマに関してはすでに一冊大部の著書（Searle 2001）を刊行しているので、ここでは繰り返しを避けてそのごく一部を紹介するに留めつつ、制度的現実との関係を理解するのに支障がない程度に合理性について論じておくものとする。

使い古された例で恐縮だが、次の三段論法について検討してみたい。

1　ソクラテスは人である。
2　人は死ぬ。
3　ゆえにソクラテスは死ぬ。

論理の問題としては、1と2は3を含意する、あるいは、1と2から3が従う、と言える。これは、1と2が真なら3も真でなければならない、ということでもある。ここまでは三個の陳述の意味論の話だが、問題はこれが合理性とどう関係するかである。この論理を信念、推定、知識といった心理的概念と結びつけると、次のように言うことができる。すなわち、1と2を信じているならば、3を信じることへのコミットメントを有している。あるいは、1と2が真であることを知っているならば、3も真であると推定する正当性を有している。

これは何を信じるべきか、どう推定すべきか、どう結論すべきかに関する、いわゆる理論的推論の話だが、合理性にはまた実践的推論と呼ばれるものもあり、これは何をすべきか、何をしなければならないかに関する推論である。以下、この実践的推論の形式について検討していこう。

窓から外を見て、「雨が降っているのが見える」と記述されるような経験をしたとする。私はこの経験から雨が降っていると信じるに至る。ここで、私は外出を予定していて、かつ濡れたくないものとする。また濡れないためには傘をさすしかないと信じているものとする。最後に、以上の諸点を考慮した結果、私は傘をさして出かけようと結論する。この推論は、細かい点を省略すれば次の三段論法にまとめることができる。

1　私は濡れたくない。
2　この状況で濡れないためには傘をさして出かけるしかないと私は信じている。
3　ゆえに私は傘をさして出かける。

理論的推論の場合、結論として得られるのは一個の信念であったが、実践的推論の場合は、一個の意図、場合によっては一個の行為が結論として導かれる。この結論が表しているのは先行意図であって、単なる予想ではない。

この種の推論をアリストテレスは「実践的三段論法」と呼び、行為それ自体が推論の結論となりうると述べている。推論の結論が行為というのはさすがにおかしいのではないかというのが大方の評価だが、私の行為論からすればこの点アリストテレスは何も間違っていない。行為には志向的な命題内容として行為内意図が含まれ、この行為内意図は先行意図と同様、実践的三段論法の結論となりうるからだ。だから私の考えでは、「私は濡れたくない」と「この状況で濡れないためには傘をさして出かけるしかないと私は信じている」から、傘をさして出かけるという私の行為が導かれる、そういう推論は可能なのである。ただしこの場合、私が傘をさして出かけるという結論の命題内容が、この行為の行為内意図となっていなければならない。

この実践的三段論法における「大前提」は、濡れたくないという私の願望であり、これは願望依存的な行為理由の一例である。この願望依存的な実践的三段論法には大きく分けて次の二種類があると考えられる。第一は、なんらかの目的がそれ自体のために願望される場合であり、第二は、なんらかの目的が、それ自体のために願望される他の目的を実現する手段として願望される場合である。後者は「目的-手段」型の推論と呼ばれるもので、傘の事例はその教科書的な一例である。他方、ビールが飲みたくてビールを飲むのであれば、ビールを飲むことは他の目的を実現するための手段ではなく、それ自体のために願望されていると言える。だが「傘をさして出かける」にせよ「ビールを飲む」にせよ、その行為が導かれる推論全体は願望依存的である。

制度的事実の検討に入る前に、どの事例にも適用できる用語を一つ導入しておきたい。挙げる事例がつまらないものばかりで恐縮だが、しかしこれらの事例を用いることで、制度的事実と実践的推論の関係を検討するのに不可欠な装置の導入が可能になる。まずは、理論的推論か実践的推論かを問わず、推論過程で働くすべての要素――視覚経験、願望、信念――が、それぞれ常に一個の完全命題を内容としてもつことに注意してほしい。これは合理性一般に見られる性質でもある。つまり合理性と推論はいずれも、常に完全命題を内容とする実体と関わらなければならないのである。この実体は願望、信念、知覚のような志向的現象でもありうるし、「雨が降っている」のような世界内の事実でもありうるし、義務、権利、責務、責任のような現象でもありうる。そこで、こうした命題構造を有する実体を「叙実的実体（factive entity）」と総称することにする。特に重要なのは、義務、要求、責務等の願望独立的な行為理由も叙実的実体であり、そうであるがゆえにこれらの行為理由もまた合理性と推論過程に関わりうるという点だが、詳しくは後論に譲る。

次に、行為の合理性を理解するのにきわめて重要な概念として、総体理由、動機因、効果因、構成因の四つを導入しておく。例えば、誰かに「どうして傘をさしているのですか」と問われた場合、様々な答え方が可能である。「濡れたくないから」と言ってもいいし、「雨が降っているから」でもいい。「濡れないためには傘が要るから」でもいいだろう。どれもそれぞれ一個の行為理由を述べていると言える。だが各々の答えがいずれも「傘をさす」という行為の理由であるのは、それぞれがその「傘をさす」という行為の総体理由（total reason）の一部だからにほかならない。この例では、行為の総体理由は「濡れたくない」という願望と「濡れないためには傘をさすしかない」という信念から成り立っている。あるいは、「濡れたくない」という目的（への願望）と「傘をさす」という手段（についての信念）の両方が含まれている。この願望と信念はいずれも叙実的実体だが、前述の通り適合方向が反対である。願望は上向きの〈世界から心へ〉の適合方向↑をもつのに対し、信念は下向きの〈心から世界へ〉の適合方向↓をもつ。この例では願望「濡れたくない」が行為「傘をさす」に動機を提供しているわけだが、この種の行為理由——当該の叙実的実体が上向きの〈世界から心へ〉の適合方向↑をもつ場合——を動機因（motivator）と呼ぶことにする。これについては一般に、行為の総体理由は少なくとも一個の動機因を含み、この動機因は願望や義務など上向きの適合方向を有する一個の叙実的実体をとる、と言うことができる。また目的-手段型の推論では通常、手段の因果的な効果として目的が実現するという関係が成り立っている。そこでこの手段のことを効果因（effector）と呼ぶことにしよう。例えば「傘をさす」ことは「濡れない」という目的のための効果因である。効果因は顕在的もしくは潜在的な原因だが、実践的推論は必ずしも常に一個の目的を結果として実現する因果過程の発見という形をとるわけではない。推論の結論として得られるのが当の目的を実現するための原因ではなく、その目的を構成するものである場合もありうる。例えば私が「フランス語の文を発話したい」という願望を満たすために「イル・プルー」と言ったとする。このとき「イル・プルー」という発話は「私がフランス語の文を発話する」という事態に対し原因として働いているわけではなく、その事態を構成しているのである。そこでこのような叙実的実体を構成因（constitutor）と呼ぶことにする。「傘をさす」が「濡れない」という目的の効果因であるのに対し、「「イル・プルー」と発話する」は「フランス語の文を発話する」という目的の構成因となっている。

以上、実践的推論を分析するための形式的装置について簡単に解説してきたが、それをさらに要約すると次の通りである。いかなる理由も一個の叙実的実体であるが、ある叙実的実体が理由として機能するのはそれが総体理由の一部をなしている場合に限る。またいかなる総体理由にも、最低一個の動機因が含まれていなければならず、場合によって効果因と構成因が加わる。そしてある推論が推論たるためには、動機因、効果因、構成因の間に体系的な論理関係が成立していなければならない。

哲学者の間では、行為に関する推論といえば、いま論じてきたような願望に基づく推論を唯一のものとする考えが支配的である。つまり合理性は常に願望に基づくものというわけである。実際この考え方にはかなり説得力がある。というのも自発的になされる行為は常に、その行為をその瞬間その場所で遂行したいという願望の表れにほかならないからである。もちろん私が歯医者で歯を削ってもらうのは、歯を削ってもらうのが大好きだからではなく、歯を削ってもらうことが私の目的——虫歯が治ること——を実現するための手段だからではある。だがそれでもやはり、歯医者で歯を削ってもらうとき、私は歯医者で歯を削ってもらいたいのである。ここでは「虫歯を治したい」という一次的な願望から「歯医者で歯を削ってもらいたい」という二次的な願望が導かれるという関係が成立している。[原注2] それゆえ「歯を削ってもらいたい」という私の願望は、願望依存的な願望、「虫歯を治したい」という一次的な願望に依存する願望なのである。

だが願望には、以上とは異なる働き方をするものもある。それが、私の用語で言うところの願望独立的な行為理由——義務、権利、責務等——である。そして願望独立的な行為理由を創出し、それに基づいて行為できることこそが人間に固有の合理性なのである。この種の能力をもつ動物を、私は人間以外には知らないし、人間以外には存在しないだろうと思っている。というのも、願望独立的な行為理由を創出し、定式化し、それに基づいて行為することができるためには、言語——それも非常に特殊な種類の言語——が不可欠だからである。以下、この点を説明する。

制度的現実は人間の合理性と深く関わっている。だからこそ制度的現実は構成的な力を有し、社会を創出することができるのであり、それゆえに人間は他の多くの——おそらくは他のすべての——動物とは違って特別なのである。アリストテレスはあらゆる動物の中で人間だけが唯一合理的だと考えた。このこと自体は——人間以外にも例えば目的手段型の推論をなしうる動物は存在するのだから——誤謬だったと言わざるをえないものの、しかし実際、我々人間の有する合理性の程度と射程は、他の動物をはるかに凌駕している。これは人間のもつ言語能力が、既知のどの動物のそれとも異なる特別なものだからにほかならない。

「私は明日講義をしなければならない」という義務について考えてみよう。この義務は私自身が講義をしたいかどうかとは無関係に成立している。また講義をするのに必要な手段について、私はいくつもの信念を有している。講義をするためにはキャンパスまで車で行かなければならないとか、車を降りたら講堂まで歩いていかなければならないといった信念である。講義の準備もしなければならないし、他にも、講義をするのに必要なことはいくらでもある。だがここで注目すべきは、この「講義をする義務」は願望独立的なものだという点である。つまり、その瞬間自分がどういう気持ちでいるかとは独立に、私は講義をすべき理由をもっているのである。仮に、今日はどうも講義をする気分ではないとか、今日は講義をしない方がいいといった気持ちでいたとしても、自分には講義をする義務があるという自覚がある限り、私は自分の願望とは独立に、自分が講義をする理由をもっていることを自覚しているはずである。義務は一個の動機因であり、義務を承認するとは願望独立的な行為理由を承認することにほかならない。そして前章までの議論によるなら、何かを義務として承認することができるためには、単なる傾向性ではなく、より高次の水準における表象が不可欠である。つまり義務の承認は、既存の信念や願望に反省や修正を加えること、あるいはそれらに優越することが可能な水準でなされるのである。言語に基づく合理性と言語を要しない合理性を区別するのは、まさにこの願望独立的な行為理由の有するメタ水準性なのである。

原注2　私の知る限り、一次的願望／二次的願望は、トマス・ネーゲルが Nagel 1970 で初めて導入した用語である。

ところがここでパラドクスが現れる。前述の通り、意識して自発的に遂行される行為は常に、その瞬間その場所でその行為を遂行したいという願望の表れである。不愉快なこと、できたらしたくないことをしている場合も同様で、その行為をその瞬間その場所で意図して自発的に遂行しているのであれば、それはやはり自分がその瞬間その場所でしたいことなのである。歯を削られる痛みや不快感はできれば避けたいと思っている私が、にもかかわらず自発的に歯医者に行って歯を削られているとしたら、やはり私はその瞬間その場所においては歯医者で歯を削られたいのである。これは虫歯を治すべきとする願望依存的な理由が、できれば避けたいがいまここにおいては歯医者で歯を削られるべきとする願望依存的な理由を生み出していることによる。ところが義務の場合、義務の充足を構成する行為に対しては、それとは別個に願望の存在する必要がなく、そのためにパラドクスが出現することになる。義務に関わる推論の場合、まずその義務の妥当性が承認され、この義務の承認に基づき、義務の充足を構成する行為への願望が形成される、という順番になっている。なぜ義務の承認が行為の動機となりうるのかといえば、それは義務の承認に際し、その義務の妥当性も承認されているからである。つまり義務は、当該の行為を遂行すべき妥当な理由を与えるものとして承認されるのであり、だからこそ義務は、義務として遂行すべき行為への願望の根拠となるのである。要するに義務から願望が導かれる——厳密には義務の承認から願望が導かれる——のであって、願望から義務が導かれるのではないのだ。義務が願望独立的な行為理由であるにもかかわらず行為の動機たりうるのは、義務それ自体がその義務の充足を構成する行為遂行への願望の根拠となりうるからなのである。つまり、ある動機因（＝義務）が別の動機因（＝願望）の根拠を形成し、この願望はある構成因（＝講義を行うこと）によって充足されるという関係になっている。

ただし、義務はあくまでも願望の根拠となりうるだけであって、論理必然性の問題としてなんらかの義務を承認したら必ずその義務の充足を望むようになるというわけではない。ある行為について、それをなすべき願望独立的な理由の承認は、その行為を遂行したいという願望の根拠の承認を含意する。だが実生活ではこの根拠が有効に作用するとは限らない。ある義務の妥当性を承認するということは、自分はその義務が求める行為を遂行する義務を負っていると認めることにほかならないが、それはそれで認めつつ、しかしその行為を遂行しないという事例は少なくない。そういう場合、義務は動機因でありながら動機づけには失敗している。

この点を踏まえると、前述のパラドクスがいかなるものであったか、そしてそれがいかにして解消されるかについて、改めて次のように述べ直すことができる。まず、あらゆる行為はその行為を遂行したいという願望の表れでなければならないにもかかわらず、願望独立的な行為理由が存在しうるという点にパラドクスが見出された。そのうえで、願望独立的な理由が承認されるとそれが願望の根拠となり、したがって願望の原因となることが——論理的に不可避のことでも経験的に普遍的なことでもないが——可能であるという点に、パラドクスの解消が見出されたのである。

要するに、義務論的権力の体系もまた人間の合理性の枠内で働くのである。この点が呑み込みにくいとすれば、それは、我々は日常的な義務遂行に際し、ほぼ習慣的に——基礎となっている論理構造に反省の意識を向けることなく——当該の行為を遂行しているという事実によるものである。つまり義務がバックグラウンドで働く傾向性の一部に組み込まれてしまっているのである。だが——本書で私がやってみせているように――義務といえども表に引っ張り出し、反省の対象とすることは不可能ではない。

前述の点を再度強調しておくと、合理性の枠内で願望独立的な理由関係が働くには、その理由が言語的に表象され、信念や願望の根拠に対する反省的態度を可能にする、メタ水準での表象として機能しうるようになっていなければならない。義務論に言語が必要なのはまさにこのためである。もう一つ、ここまで暗黙の前提としてきた点を明示化しておこう。ある主体に対し願望独立的な理由が機能しうるのは、その主体がその理由の妥当性を承認している場合に限られる。その意味では、ある主体にとって願望独立的な理由であるものは、すべてその主体によって願望独立的な理由として創出されたものだと言ってよい。この点についても、後で改めて取り上げるものとする。

人間は義務論的な理由を有する。このことは時間の組織化においても、他の動物には見られない固有の特徴を示すことになる。季節の巡り変わりや太陽の日周運動などによって時間の組織化が行われている点は、人間も、他の意識をもった動物も同様である。ところが人間には願望独立的な理由を創出する能力があるため、時間をきわめて恣意的な仕方で組織化することができる。誰かと会おうというとき、我々は自分や相手の都合に合わせて、昼でも夜でも好きな待ち合わせ時間を設定することができる。我々は義務論的権力の体系の中に組み込まれているのである。

だが従来多くの哲学者が、行為の動機が存在するためにはその行為自体が目的であるか、そうでなければ少なくともなんらかの目的を実現するための手段として独立した願望の対象となっていなければならないと考えてきたのも事実である。有名なのはヒュームの「理性は情念の奴隷であり、まただ情念の奴隷であるべき」（Hume 1978: II. 3. 3 = 2011: 163）とする議論だが、バーナード・ウィリアムズも

「外的」な理由——既存の動機集合に訴えることのない理由——は存在しないと論じている（Williams 1981）。

この種の議論に対抗するには、合理性そのものについての問い直しが必要となる。そして、できればしたくない行為に対してしても動機が成立しうることを納得してもらうのに最善の道は、まず、できれば信じたくない命題に対してもその真理性を受容すべき動機が成立しうることを理解してもらうことである。例えば病院で検査を受けたところ、結果が非常に好ましくないものだったとしよう。例えば末期の重病で、余命が長くて二ヵ月と宣告されたとしよう。私はこの結果を信じたくない。だが合理性は私に、その結果を受け容れるよう求める。つまり私はこの結果を受容すべき願望独立的な理由をもつのである。この議論に対し、「それは真理を信じたいという願望によるものだ」とする反論はありうる。この指摘は間違っていないが、「真理を信じる」というのは信念という概念それ自体に最初から組み込まれている要件である。何かを「信じる」者は、必然的にその信念が偽ではなく真であることを求めているのであって、そうでなければいかなる信念も不可能である。信念とは真理に対する一種のコミットメントなのである。願望が理由の根拠となっているのではなく、理由が願望の根拠となっているのである。

願望独立的な行為理由の場合もこれと同様である。有名な例を出すと、自分が約束したことを承認する者は、その約束を遵守すべき願望独立的な理由を有するのである。それに対し、「それは約束を守りたいという願望によるものだ」と言ってみても反論にはならない。たしかにこの事例において、約束を守りたいという願望は存在している。だがこの願望は約束という概念それ自体の本質に由来するものであって、約束概念の本質が約束を守りたいという願望に由来するわけではないのである。

要するにヒュームもウィリアムズも合理性についての理解が間違っているのであって、正しくは次のように考えるべきなのだ。世界の中で生じた事実や私に課せられた義務のような外的な動機因が実際に私を動機づける――合理性の行使を通じて私の行動を左右する――ためには、私がその外的な動機因をあらかじめなんらかの志向的状態として内面化している必要がある。世界の中で生じた「雨が降っている」という事実が仮に私の行動を左右しうるとしたら、そのためには例えば私の側に、あらかじめこの事実を知覚していて、この事実についての信念を有しているといった条件が必要なのである。同様に、私に課せられた義務が私の行動を左右しうるとしたら、そのためには私の側で、あらかじめその義務を承認しており、その承認に基づいて当該行為に対する願望が形成された、というような条件が必要なのである。

ある主体に対し、制度的事実に伴う願望独立的な行為理由が合理的な拘束力を有しているのであれば、その行為理由は、その主体自身によって合理的な拘束力を有するものとして――明示的もしくは暗示的に――創出されたものでしかありえない。主体が売買や結婚、約束等によって一連の行為に対するコミットメントを顕示するのが理由の明示的創出の例であり、家族の一員である、ある国の国民である、ある人の親友であるといった、自分を取り巻く状況に伴う拘束力を承認するのが理由の暗示的創出の例である。この議論は十全に展開しようと思ったら本書では手に負えないほど込み入った話にならざるをえないが、基本的には次のような直観的発想に基づいている。すなわち、まず特定の主体に対して願望独立的な行為理由が存在すると主張する陳述を任意に一つ取り上げ、次にその陳述で報告されている事実のうちどれがその主体に対する要求としての妥当性を構成するのかを問え、ということだ。例えばオーストラリアで何か集会が開かれて、「ジョン・サールは我々に千ドル支払う義務がある」と決めたとする。かれらは私に対し、「XはCにおいてYとみなされるんですよね。我々はあなたをこの文脈において我々に借金している者とみなします」などと言うのである。だが私が実際にそのような義務を引き受けたのでもない限り、また何か他の理由からかれらの側に私に対して妥当な請求権があるというのでもない限り、かれらの主張はいかなる効力ももたないし、かれらが存在すると主張する義務も実際には存在しない。これに対し、明示的に約束をしたり、例えば家族の一員であるという状況に暗に伴う義務を承認する場合には、実際に理由が創出されることになる。通常、自分を取り巻く社会的状況について特に意識することはない。だが場合によっては、そのせいで不本意な事態が招かれてしまうこともある。願望独立的な行為理由が暗黙のうちに創出されてしまった場合でも、この理由は合理的な拘束力を有するが、もし事前によく考える機会があれば、本人としてはその理由の創出を控えることができたかもしれないからである。

第2節　社会の構造はなぜこうなっていなければならないのか

以上、制度的現実とはいかなるものか、制度的事実がいかにして行動の動機となりうるのかについて説明を試みてきた。この後の議論のために、とりあえずここまでの説明は概ね正しいということにしておきたい。つまり、制度的構造は集合的志向性に関わるもので、この集合的志向性は典型的には集合的承認の形をとること、また制度的構造の本質は地位機能の付与と維持にあり、その創出と維持を担うのは宣言型の論理形式を有する表象であること、そして地位機能の遂行には集合的な受容または承認が所与として不可欠であること——これらについては以下前提として議論を進めていくものとする。

そこで出てくるのが「なぜそうなのか」という疑問である。つまり社会の組織化のあり方としては他にも様々な可能性を想像しうるにもかかわらず、どうして人間の社会はこういう進化を遂げてきたのか。人間という生物が、ほかならぬこのような制度的構造を有しているというこの事実に対し、なぜ両者が結びつくのかという疑問が湧いてくるわけだ。

「なぜ」だけでは問いとして曖昧すぎるのでもう少し中身を特定すると、まず制度的現実の存在にどのような利得があるのかとの問いが立つ。私の感覚ではこれくらいならまだ答えやすい部類の問いだが、この先はなかなか厄介である。すなわち、制度的構造の存在に一定の利得があるのはよいとして、我々の制度的構造がほかならぬこの論理形式を有することにはいかなる利得があるのか。この論理形式でなければならない必然性が何かあるのか。もしかして他の論理形式であっても同等の利得が得られるということはないのか。

これらの疑問に全部答えるのは無理だが、少なくともその一部については本章で応答を試みるつもりである。議論の要《かなめ》となるのは次の事実である。すなわち我々は、強制されているのではなく自分で決めているという感覚、選択に際して別の選択も可能だったという感覚を抱くことがある。こういう感覚を抱けること自体が我々人間の意識が実に特別なつくりになっていることの証左であるが、いずれにせよその結果として、そのつどの決意および行為に与えられる理由と、実際になされる決意および行為の間に因果的な開き（causal gap）が存在するような感覚が生じる。行為は理由に基づいてなされるが、理由だけでは実際の行為に対して因果的な十分条件は得られず、そのため原因と結果の間に開きが生じてしまう。例えば前回の大統領選挙で私はある候補に投票したが、別の候補に投票することも同等に可能だった。当時私が有していた理由がその候補への投票を私に促したのだが、私は決してその理由によって投票を強いられたわけではない。ライプニッツの有名なスローガンを（彼の意図とは違った意味で）借用するなら、理由は「強いることなく傾ける」のである。哲学の伝統ではこの「開き」のことを「意志の自由」と呼ぶことになっているが、この言葉は歴史的な経緯から手垢に塗れているため、私としてはできれば使いたくない。そこで、意思決定および行為の理由（原因）と、実際に遂行される意思決定および行為（結果）の間で経験される開きについては、今後もほとんどの箇所で引き続き開きという言葉を用いることにする。

以下で呈示し探求したいテーゼは次の通りである。一つには、我々が有するほかならぬこの制度的構造が、我々の生の可能性をきわめて大幅に増大させるものであること。だがもっと重要なのは、我々の意識が経験する因果的な開きを所与とするならば、いま我々が有しているもの以外の構造では同等の働きを期待できないということである。この開きなくしては——つまり自由の意識がなければ——制度的構造は無意味であること、だがこの開きがある限り制度的構造の存在は本質的な意義を有すべきこと、この二点を以下で論じていく。もちろんこの開きが錯覚にすぎない可能性は大いにあるが、そうだとしてもここでの議論には影響しない。行為への決意に際してはこの開きこそが前提となるのであって、仮にそれが錯覚であったとしても安易に捨て去るわけにはいかないからである。

第3節　工学的問題としての社会の構築

前節で示した問いに取り組むにあたり、引き続き哲学の問題をあたかも工学の問題であるかのように扱う戦略をとるものとする。社会を構築することが一個の工学的問題であるかのように、つまりもし自分が社会を一から構築することになったらどんなふうに設計するだろうと想像してみるのである。この点で私のアプローチは伝統的な政治哲学とある程度似ていると言えるだろう。ここで伝統的な政治哲学というのはユートピア論と社会契約論で、前者は理想の社会をどう設計するか、後者はどんな社会なら人が契約に参加するかについて、それぞれ一種の工学的アプローチを採用してきた。だがここで注目すべきはこの両者との類似性ではなく、ユートピア論も社会契約論も、既存の社会的・制度的構造が有する性質を相当程度前提にしない限り成り立たないという点である。最悪の問題は自然状態と言いながら、人類が言語を有していることは自明視していることである。何度も繰り返し述べてきたことだが、言語を有している時点ですでに豊かな制度構造が存在している。所有や結婚と同様、陳述や約束もまた人間の制度なのだ。さらに、ひとたび言語を獲得したならば、それ以外の制度も成立せざるをえない。ある客体について「これは私のものだ」と言うことができるようになった人類は、その時点ですでに所有の主張をしているのである。大切なことなので改めて述べておくが、人間が他の動物のごとく、いかなる制度的構造ももたずに暮らしている状態をもって「自然状態」と言うのであれば、言語を用いる人間に自然状態などというものは存在しえないのである。

学説史的にまとめると、要するにユートピア論は制度の存在を前提に、理想的な制度とはいかなるものかを問い、社会契約論も制度の存在を前提に、政府そのものと、政府に対する市民の義務がいかにして創出されるかを問うたのである。ロールズ理論（Rawls 1971）をはじめとする現代の社会契約論も、制度の存在を前提としたうえで、公正な制度と不公正な制度をどう区別すべきかを問題にしている。私の議論はこのいずれに与するものでもない。本章における私の問いは、制度が一定の論理構造を有することは前提として、なぜ制度はほかならぬその構造をもたなければならないのか、である。

改めて述べ直すと、本章でも前章までの思考実験を引き継ぎ、一から社会を組み立てる工学的問題として社会の設計を考えることとする。社会が有する注目すべき特徴のすべてが言語の獲得に端を発するものであることについてはすでに確認済みだが、本章では議論をその思考実験の枠内に留めつつ、しかし今回は別の角度から、人間というものについて考察を深めていきたいと思っている。

制度的構造と人間の関係について検討する方法として、形式的には少なくとも二つの可能性が考えられる。一つは特定の人間観を前提とし、どのような制度的構造がそれに適合するかを考えるもので、もう一つは特定の制度観を前提とし、どのような人間存在であればそれに適合するかを考えるものである。以下、まずは前者のアプローチをとり、人間の認知を標準的な認知科学の計算モデルに従って働くものと考える、現在大きな影響力をもった人間観を前提に議論を進める。認知とはアルゴリズムに従った計算であり、したがって意識なるものは単なる随伴現象か、そうでなければそれ自体また別の計算メカニズムにすぎないと考えるのである。そんな想定は無茶苦茶だと思う人があるかもしれないが、実際のところ、かつての認知科学ではこれが人間の認知と合理性に関する支配的な見解であり、その勢力は現在も依然衰えていないのである。

とにかく、この認知科学の計算モデルに従った社会構築のあり方を考えるため、意識を有するロボットが多数いて、それぞれ入力刺激に対して適切な運動出力を返すプログラムが組まれているものと想定する。このシステムは完全に決定論的であり、この社会は完全に「合理的」なロボットを成員とするものとなる。また意識の有無はロボットたちの行動になんらの影響も及ぼさない。ロボットたちの行動決定に際して働く因果関係は、ロボットたちに実装されたコンピュータプログラムが定めるものに限られる。

第4節　意識をもたないロボットが制度をもつことは可能か

このロボットたちに、言語を手始めとして、様々な制度的現実を与えていくものとしよう。時間と空間を表象する記号メカニズムを与えると、〈いまここ〉以外の時間と場所について相互のコミュニケーションが可能になる。これによりロボットたちの認知能力は格段に増大する。無媒介の現在に加え、未来についても、また〈ここ〉以外の場所についても、自分が望むこと、信じることを言語的に表象できるようになる。さらに、実際に生じている事態を表象する言語的メカニズム（例えば陳述等の主張型）、自分以外のロボットが実現すべき事態を表象する言語的メカニズム（例えば命令等の指令型）、自分が遂行すべき行為を表象するメカニズム（例えば約束等の拘束型）も与えるものとする。

だが、このロボットたちはいったいいかなる意味で陳述をなしたり、命令を下したり、約束をしたり、約束を守ったりしていると言えるのだろうか。これはなかなか厄介な問題である。例えばロボットAに、ロボットBに将来生じるニーズを認識したら、Bに対し、将来適切な支援を与えると「約束」するプログラムを組み込んだとしよう。だがこの言い方は正確ではなく、本来は、AはBが将来とりうる一定の状態と合致するプログラム状態にあると言うべきである。このときAの状態は、Bの将来状態を表象しているとすら言えない。この事例では表象という概念にいかなる意味も与えられていないからである。言えるとしたら、ここには合致関係が成立しているということくらいだろう。AがBに対して一定の信号を送信したとか、その信号が以後のAの行動に体系的に関係するものであるという言い方をすることに問題はない。だが人間の場合と違うのは、制度的現実に不可欠な義務論がここには見出されないことである。「約束をする」とか「約束を守る」といった観念は前述の開きを前提にしている。単にある人の口から無意識的、決定論的、機械的に一定の音声が発せられたというだけでは、約束をしたとは言えない。またある人が無意識的、決定論的、機械的に一定の振る舞いをしたというだけでは、約束を守ったとは言えない。要するに、約束をしたり約束を守ったりできるためには、約束をしたり守ったりする主体の側に意識と自由の感覚が存在していなければならないのである。逆に、ある主体が意識的、意図的に約束をしたと言える場合には、その時点ですでに前述した義務論に伴う二重の志向性水準が獲得されているのである。つまり、信念や傾向性それ自体の水準に加え、コミットメントの創出、願望独立的な行為理由の創出の観点から、この信念や傾向性に評価的な態度をとる水準もまた成立していなければならないのである。

　同じことが、約束以外の制度的現実についても言える。例えば私有制度である。ロボット一体ごとにそのロボットと特別な関係を有する客体を設定し、自分と特別な関係を有する客体に対しては、他のロボットと特別な関係を有する客体に対するのとは異なる接し方をするようプログラムしてやる。さて、すべてのロボットにこれと同様のプログラムを施した場合、それで私有という制度が成立したことになるだろうか。そうはならないというのが私の考えである。なぜならここには一個の権利としての所有権が、いかなる意味でも存在していないからである。自分と特別な関係を有する客体であっても、それに対するロボットの反応は、雨が降ってきたときに示す反応と、本質的には変わるところがない。つまりロボットは、あらかじめプログラムされた通りに反応することしかできないのだ。貨幣についても同様の指摘が成り立つ。ロボットたちにそれぞれ一定の点数を与え、自分のニーズをこの点数と引き換えに満たすよう設定してやる。例えば燃料が少なくなれば、ロボットたちは点数と交換に燃料の供給を受けるようプログラムされている。だがここには本来の意味での交換の構造が成立しておらず、ロボットたちの行動は売買とは言えない。なぜなら所有物に関する権利、責務、義務がいかなる意味でも存在していないからである。完全に機械論的な世界における売買は、一ドル紙幣を入れると二十五セント硬貨が四枚出てくる両替機の作動と、なんら変わるところがないのである。

　制度的現実は必ず義務論的権力を伴う。レストランで食事をする例だと、メニューと価格表が店側からの申し込みを構成し、客がそれを見て注文したり出された料理を食べることが支払い義務の引き受けを構成する。だが義務論的権力は意識と開きの存在を前提としてはじめて意味をもつ観念である。認知科学のように行動主体を計算モデルに還元してしまうなら、その時点で制度的現実の成立可能性はゼロである。仮に表面上は制度的現実に類似した機械装置をプログラムすることが可能であったとしても、実質的には両者はまったくの別物である。一定の条件が満たされたときに「約束します」という文字列をプリントアウトし、それから「約束を守っている」と記述することもできなくはないような振る舞いを示す機械をプログラムしたとする。この事例において注目すべきは、文字列「約束します」をプリントアウトするという段階がまったく不要だという点である。プログラム状態がこの段階に達した時点で状態「約束を守っている」の成立は確定しているのであって、その意味でプリントアウトされた文字列「約束します」はその後の経過に対してなんの役割も果たしていない。単に機械が一定の状態に至ったというだけの話である。この機械はまず文字列をプリントアウトし、それから一定の挙動を示すようプログラムされているだけなのである。

以上、議論の方向性がこれで正しいとするならば、我々の制度的現実には自由の概念が不可欠であると言える。

第5節　我々をしてロボットのごとく振る舞わせるようなプログラムは可能か

以上、いまある制度的現実を前提に、現代の認知科学で大勢を占めている、もしくはごく最近までそうだった珍妙な人間像——三十年以上前から私が批判してきた (Searle 1984; Searle 1980; Searle 1992等) 人間像——を組み上げていくという思考実験を試みたわけだが、ここで設定を逆転させ、普通の人間像——通常の思考過程をもち、開きを経験しつつ意思決定をし、意思決定に基づいて行動する人間像——を前提として、既存のものとは異なる種類の制度的現実——自由な選択を許容せず、アルゴリズムに従う機械的な選択のみを許容するような制度的現実——を想像することが可能かどうか考えてみたい。
このモデルに合致するような制度的現実を想像することは、それほど無理な話ではなさそうである。例えば、いまこの文章を読んでいるあなたの脳は自動的に構文解析を行っており、あなたはこの文章の意味論的内容を自動的に理解しているのであって、処理はすべて脳が自動的に行っているのだから、ここには自由な選択など存在しない。ならば制度的現実についても同様のことが成り立たないと考えるべき理由はない。そこで、制度的現実の各々に対し、それぞれ適切な行動がプログラムされていると考えてみる。文に対して自動的に構文解析が行われるのと同様に、約束は自動的に守られ、所有権は自動的に尊重され、真理は自動的に語られるわけだ。

ここまではいいとしても、やはり問題は、この想定が人間の意識や意思決定に関して我々が置いている前提に真っ向から抵触するものだということである。仮に、地位機能や義務論的権力といった性質が一切存在せず、ただ一定の状況に一定の反応を細かく対応させた規則集だけが存在するとしてみよう。もしこれで人々が制度的現実に合致した行動を自動的にとると考えるなら、それは大きな間違いである。なぜなら規則があっても従わないことは常に可能だからだ。人々が「規則なんぞは糞食らえ」とばかりに好きなように振る舞い始める可能性は十分に残っている。結局、アルゴリズム型の規則が有効なのは、開きが存在しない場合——例えば知覚過程は存在するが自発的行為は存在しないような場合——に限られる。

第一の思考実験では、この開き、すなわち自由意志の存在を必要とする制度的現実を前提に、ロボットたちの社会を考え、ロボットの社会では制度的現実は意味を失うという結論を得た。第二の思考実験では、我々のような普通の人間にロボット向けの規則集が課せられたときにどうなるかを考え、規則に従うべきとする独立した動機が存在しない限り、この規則集が我々の行動に影響を与えることはないとの結論を得た。仮に「規則に従う」こと自体をプログラムに組み込んだ場合でも、人々が自由な主体である以上は、そのプログラム自体に対して従わないという態度が可能である。「規則に従う」ことと、この文章が自動的に構文解析されるという意味で文法の規則に従うこととでは、事情がまったく異なるのである。自由な行為主体を想定している以上、所与の規則に対し、必然的に「従う」と「従わない」の二つの選択肢が成立してしまう。他方、読んだ文章が自動的に構文解析される際には、規則に従うか従わないかを意識的に選択することはできない。

要するに、伝統的に「自由意志」と呼ばれてきた例の開きの感覚をもたない存在に対しては、義務論的権力は無意味であり、逆に、ひとたび自由の感覚を獲得した存在は常に規則を破ることができるため、規則に従うようプログラムするのは不可能である。意識と開きの感覚をもちつつ、しかし制度的現実はもたないというあり方は可能だが（人間以外の高等動物がこれにあたる）、意識と開きの感覚をもたずして制度的現実をもつことはできない。その感覚なしには制度が機能しえないからである。そして、ひとたび意識と開きを獲得した存在に対し、規則が有効に働くとすれば、そこにはなんらかの動機づけ構造が存在していなければならない。常に規則を破ることのできる自由な行為主体の場合、その行動を定める規則は、その規則の存在だけでは効力の保障を得ることがないのである。

第6節　義務論と合理性と自由の関係

人間社会に固有の制度的現実には、必ず義務論が含まれる。だが、なぜ義務論は制度的現実にとってこれほど大きな意義をもつのだろうか。この義務論と、前制度的状態における人間の本性との間には、いかなる関係があるのだろうか。これらの問いに対しては、次の二段階の答え方が可能である。第一に、社会に義務論が含まれるという想定のもとでその制度的構造に参与しうるのは、例の開きの感覚をもつ生物だけである。私有物も、投票も、カクテルパーティも、大学の講義も、自由意志が存在しないならばことごとく無意味である。我々はこの点を確認するために、決定論的な計算モデルとして記述されるロボットの社会を想定し、自由意志のないところではやはり制度的構造は有意味たりえないという結論を得たのであった。第二に、自由意志と合理性を有する生物に対して制度的構造が有効たりうるのは、この構造がかれらの意識的・合理的な行動になんらかの影響を与えうる場合に限られる。自由で合理的な行為主体が一定の制度的構造に参与するのは、かれらを参与へと促す動機が与えられたときだけである。そして仮に制度的構造が行為主体に動機を与えうるとすれば、それは必ず行為理由の提供という形をとるのであって、行為主体になんらかの傾向性が備わっているというだけでは不十分である。だから制度的構造は願望独立的な行為理由を創出することができなければならない。レストランで料金を支払うとき、私は料金を支払うべき願望独立的な理由を有している。何事かを陳述するとき、私は真実を語るべき願望独立的な理由を有している。この点こそが義務論に固有の特徴である。義務論を承認するとき、我々は願望や傾向性から独立した行為理由を承認しているのである。そして自由な行為主体がつくる社会では、そうした行為理由を提供できない限り陳述や所有といった制度は存続しえない。

したがって、意識と自由を有する行為主体がつくる社会と義務論の間には、二重の関係がある。第一は開きが義務論に実質を与えるという関係である。もし意識と自由を有する行為主体が存在しなければ義務論は実質をもたず、形だけの骨組みができるばかりである。他方で第二に、義務論が存在することで、意識的・合理的な行為主体による制度への参与が可能になる。例えばレストランで食事をしたら料金を支払うべきこと、博物館の展示物は盗むべからざること、真実を語るべきこと――このそれぞれについて、意識をもった行為主体がそうすべき理由があると認めるからこそ、レストランなり博物館なり陳述なりといった制度は存続しうるのである。

制度的現実の成立にとって制度の受容――マックス・ヴェーバーの言う「正統化（legitimation）」の問題――が重要なのはこのためである。繰り返し述べてきた通り、制度が働くにあたっては承認または受容が不可欠なのだが、この承認または受容の成立にあたっては――特に政治的制度の場合――しばしばなんらかの正当化が、つまりその制度を受容すべき根拠が必要になる。もちろん言語や貨幣を典型として、制度が自明視され、正当化の必要性自体が意識されない状況が、制度の働きにとって最善ではあるが、どんな制度にもいつかは疑念が向けられる。そして社会変動は往々にして、制度がもはや受容されなくなり、地位機能の体系が崩壊してしまったときに起こるものである。一九八九年のソヴィエト体制崩壊が恰好の例であろう。

以上で、所有権を尊重することや真実を語ることについて、生物学的な水準での傾向性のごときものを考えることができないのはなぜかという問いに対し、一定の答えを与えることができた。すなわち自由意志を備えた生物にとって生物学的な水準での傾向性は最終的な審級ではなく、一方、動機として働きうるのが生物学的な傾向性だけだったとすれば、結局は傾向性のうち最も強いものが常にその生物の行動を支配することになるからである。

我々人間を、計算モデルのごとく振る舞うようプログラムすることができないのはなぜかという問いに対しても、一定の答えが得られた。すなわち我々人間が自由意志を有する存在である以上、いくら振る舞い方があらかじめプログラムで決められていたとしても、そのプログラムは我々に対し無条件に拘束力をもつわけではない。プログラムが我々を拘束しうるのは、プログラムに従うよう求める義務論があらかじめ存在している場合に限られる。しかし計算モデルの存在論には義務論の存在する余地がないのである。義務論がない限り、仮に振る舞い方を定めたプログラムが存在していたとしても、我々はそれに拘束されることなく好きなように振る舞うことができてしまうのである。

我々人間は自由を前提とし、合理性の制約のもとで行為する存在である。他方、制度的構造は新たな行為の可能性を創出する。そしてこの制度的構造と我々のもつ自由や合理性との間には、体系的な関係が成立している。つまり我々人間は制度的構造に参与する際にも、自由の前提を保持したまま行為するのである。だから制度それ自体は特定の行為を強制するものではない。制度はあくまでも行為の可能性を創出するだけである。だが行為主体はこの制度、すなわち構成的規則の体系を通じて、自分の傾向性から独立した行為理由を創出することができ、制度が創出した行為の可能性はこの行為理由によって制約されるのである。

この議論は制度一般について成り立つ。これはあなたの所有物である、これはわが国の政府である、これは私がした約束である、これは私が行った陳述である――こんなふうに何かを何かとして承認するとき、私は制度なしには存在しえなかった行為の可能性を承認していると同時に、自分がその制度の内部で行為する際に課せられる行為の制約をも承認しているのである。ここに見られる可能性と制約の結合こそは、我々の制度的現実に固有の性質である。我々のように意識を有する存在の場合、制度の創出によって新たな行為の可能性が生まれるというだけでは不十分であり、常に合理性――理由に基づいて行為する能力――との調整が不可欠である。加えて、制度的現実の中で働く理由は、その多くが願望独立的であるという点も注目に値する。結婚、貨幣、私有、政府といった制度に参与するとき、人は自分にあらかじめ備わった傾向性とは独立に一定の行為をなすべき理由の存在を承認していなければならない。制度的構造は新たな行為の可能性を創出するが、この創出機能が有効に働くためには、少なくともその構造の一部が義務論によって、つまり願望独立的な行為理由の体系によって構成されている必要があるのである。

最後に一点付け加えておくならば、この義務論は制度への参与によって強化される。自動車やシャツは使えば使うほど傷んでいくが、大学やスキーチームや政府には使い古されるということがなく、むしろ使えば使うほど強化されるのである。

第7節　制度と実力行使

一方、制度的構造を実力行使をほのめかす脅迫が支えるという構図も、特段珍しいものではない。制度的構造自体が行為理由を提供するものであるにもかかわらず、なぜこのような脅迫が——警察等の強制メカニズムが——必要なのだろうか。義務論的権力と強制力はどう関係するのだろうか。

前述の開きが存在する以上、制度使用時の規則違反は常に可能である。そしてもちろん嘘、盗み、騙しは世の習いである。我々の制度的構造には、参与することそれ自体によって、合理的な行為主体が一定の理由を得るという特徴があり、そうやって与えられる理由には、騙さない理由、したいことでも控えるべき理由、したくないことでもすべき理由が含まれる。だが人には規則違反への強い動機が生じることもあり、規則には自己執行性がない。だから時には警察を呼ぶといった強制手段を使用する必要に見舞われることもある。だが警察の必要性は義務論の力と矛盾するわけではなく、むしろ警察権力は義務論を前提にしてしか成り立たないと言うべきである。警察権力の内容は、一定の義務論に対応したものでなければならないからである。刑法にせよ警察による法執行にせよ、その機能は身体や財産に対する権利の保護にあるのである。このように、地位機能の保護のために組織的な強制が必要とされるのに加え、警察や軍隊等の組織はそれ自体が地位機能の体系をなしている。

ここで、制度的構造の内部で働く行為理由について、自己利益を根拠とするもの以外は存在しないと仮定してみる。すると、陳述を行うにあたって自問すべき合理的な問いは「真実か否か」ではなく「この発言は自分にどんな利益をもたらすか」である。また所有に関する「権利」という概念は消失し、人々は「この財産をこう扱ったらどんな利益が得られるか」だけに関心を向けるようになる。約束をしても誰一人としてそれを義務の引き受けとみなすことがない。約束をしたという事実は、将来の行動にとってノイズ以外のなにものでもなくなり、約束した刻限に至っても合理的に考慮されるのは「かつて自分が「約束」した行動をいま行うことでどんな利益が得られるのか」に尽きる。

実は哲学の中には、これで事態の記述として間違っていないとする立場もないわけではない。標準的なヒューム解釈では、約束を守るべき唯一の理由は慎慮（prudence）によるもの、つまり自己利益に訴えるものだとするのがヒュームの立場だとされている。またリチャード・ローティも、事実との一致に対するコミットメントとしての真理は、陳述そのものに内在する制約ではないと主張している（ただ、はっきり言ってローティであろうと誰であろうと、本気でそんなことを信じている人がいるとは到底思えない）。

だが私には、義務論的、願望独立的な行為理由が存在しない限り、制度の崩壊は不可避と思われる。人が何かを陳述するときには真実を述べようと試みているはずであること、所有権は所有者に一定の権利義務を与えるものであること、約束はその約束をした者に対してその約束を守るべき理由を創出するものであること——何か特段の事情でもない限り、これらの想定を前提にできることが、陳述なり所有なり約束なりといった制度が機能しうるための不可欠の条件なのである。

このように自由と構成的規則の間には二重の関係がある。第一に、このシステムは自由な行為主体にしか意味をもたないが、第二に、自由な行為主体にとってこのシステムは不可欠なのである。そして願望独立的な行為理由を創出することのできないシステムは必ず崩壊する。

第8節　結論

本章の議論は次のように要約できる。

1　制度の第一義的な機能は可能性の創出である。人は制度的事実から、他では得られないほど強大な権力を得る。

2　このシステムにより、行為主体は願望独立的な行為理由を創出できるようになる。願望独立的な行為理由は、願望から独立してはいるものの、願望の根拠を合理的に提供することもできる。それゆえ願望独立的な行為理由もまた行動の動機となりうる。

3　「そもそもなぜ我々は制度的現実を有するのか」という問いには簡単に答えられる。すなわち、我々の文明化された生活は、他の動物の生活と較べて無数の点で向上しているからである。

4　さらに興味深いのは「なぜ我々はほかならぬこの構造を有するべきなのか」という問いである。この問いに対する答えは、意識、自由、合理性の間の関係に関わるものとなる。自由の経験は、開きの感覚のもとで意思決定と行為を行う意識に固有のものである。合理性と自由は概念としては異なるが、その適用領域は外延を同じくする。合理性概念は自由な行為にしか適用できず、自由のないところでは合理性概念は無意味である。我々の有する制度的構造——所有、大学、政府、貨幣等

——はまさにこの開きを前提に進化してきたものであり、それぞれの構造内で生じる制度的事実は自由な行為に合理的な根拠を提供する。

5 この開きがなければ、我々の義務論的構造は無意味である。何もかもが機械論的につくられた世界では義務論はなんの役にも立たない。

6 この開きの感覚のもとで、つまり自由を前提に、思考し行為することのできる生物に対し、規則はその規則に従うべき理由が存在しない限り有効に働かない。いかに厳しい規則であっても、行為主体の側にその規則に従うべき動機がなければ端的に無視されて終わりである。

7 開きを所与とすると我々の義務論的構造は有意味である。しかしこの義務論的構造の存続には、この構造によって願望独立的な行為理由の創出が可能になるという事実が不可欠である。我々の有する制度は次の二つの水準で記述可能である。第一に、このシステムは構成的規則の体系として、それまで存在しなかった行動形態——貨幣、私有、ゲーム等——を新たに可能にする。しかし第二に、このシステムの内部で行為主体が創出する事実には制約的な側面もある。制度は自由な行為主体に新たな可能性を与えるが、その際、制度の存続を可能にするような制約をも併せ与えるのである。

第7章　権力——義務論的権力、バックグラウンド型権力、政治権力、その他の権力

第1節　権力の概念

本書では人間の社会的・制度的な現実に固有に見られる権力のあり方を「義務論的権力」の名のもとに論じてきた。ところが「権力」概念一般についてはまだ説明を与えていない。そのため義務論的権力の同定にあたっては義務、認可、許可、要請等、一般類型の名称をそのまま使ってきた。第6章ではそれらの義務論的な叙実的実体が合理的行動においていかなる機能を果たすのかを見たが、本章では、権力一般と義務論的権力との関係、また特に政治権力と義務論的権力の関係について説明していく。ここで権力の一般理論を提出しようというわけではないが、義務論的権力について正しく理解しようと思うなら、人と人との間に生じる権力関係について、ある程度一般的な議論をしておかなければならない。[原注1]

だが権力概念は人と人との関係に限定されるものではない。米国大統領は憲法に定められた権力《パワー》をもつが、私の愛車のエンジンも一定のパワー（馬力）をもつ。これは決して言葉遊びで言っているのではない。権力の本質は「〜できる」こと（つまり能力）であって、それゆえ一度も使われたことのない権

力というのも存在しうる。私は愛車の馬力を最大限まで使ったことはないし、大統領の権力にもめったに使われることのないものがある。例えば米国大統領の任期中に戦場で陸軍の指揮をとった者はまだいないが、にもかかわらず大統領はそうする権力をもっているのである。したがって、権力とその行使は区別して考える必要がある。権力は実際に起こった出来事ではなく、一定の能力を指す言葉なのである。他方、権力はその行使において顕現するものでもある。そのため本章では権力を帰属させる文と、権力行使に関する文の両方を分析の対象とする。

そこでまず、主体に権力を帰属させる文について論じることにする。これが以下の議論の基礎となる。大統領、学部長、警察等について、それぞれがもつ権力をリスト化してみるなら、そこに並ぶ項目はどれも次のような構文になっているはずである。

XはAをする権力を有する（Aをすることができる）

Aが他人に関わる行為である場合は次のようになる。

Xは行為Aについて、Yに対する権力を有する。

義務論が権力の一種であることは――カリフォルニア州知事は法案を拒否する権利を有する、とか、予算案を提出する義務を有する、のように――政治権力の記述に義務論の語彙が使われることが多い点からも明らかである。権力の行使に際してよく見られるのは、それまで存在しなかった行為理由を相手に与えることである。[原注2] 例えば上官の命令はその種の理由となるし、脅迫も自己利益に訴えるタイプの理由を創出する。脅迫の場合は潜在的な危害が権力の源泉となっているが、危害を受ける可能性があるとかそう脅迫されたといった条件が常に必要なわけではない。この点、後で確認する。

本書では、誰が誰に対して何についての権力を有するかが特定された基本的な事例に議論を限定する。例えば大統領は議会に対し、議会を通過した法案を拒否する権力を有する。他方、議会は大統領に対し、大統領拒否権を両院の三分の二以上の賛成によって覆す権力を有する。このように権力の帰属が、特定の人や機関の間に成立する関係を記述するものであり、かつその権力の内容が特定されていることは、社会的な権力帰属に特有の性質である。

ここで構文の分析から概念の分析へと移ることにしよう。政治権力、警察権力、軍権力等というが、これらは他の人や機関に対するどのような種類の権力なのだろうか。ある人が別の人に対して有する権力について考える際の最も単純で基本的な発想は（すでに Ledyaev 1997 らが指摘していることだが）、権力者は従属者に、従属者本人の意向にかかわらず、自分の望む通りの行為をさせる能力を有し、権力とはこの能力のことだ、とするものである。一般に、権力者（agent of power）は自分の望むものを、

原注1　「権力」論の文献は重要なものに限っても膨大であるため、ここでは本章の議論に関連する著書として、Andersson 2007; Foucault 2000; Ledyaev 1997; Lukes 2005 の四点を挙げておく。
原注2　この点はサイラス・シャヴォシーの示唆による。

従属者（subject of power）がそれを望むかどうかを問わず手に入れることができる。したがって権力行使のあり方として、権力者が従属者にさせたいことを、従属者本人にもしたいと思わせるというのが一つ考えられ、その下位分類として、相手が本来望んでいなかったことを望むよう仕向けるというやり方が考えられる。あるいは——これはルークス（Lukes 2005）が論じているものだが——権力者が、従属者に認識可能な行為選択肢を限定してしまうことで、仮に本来可能な選択肢を全部考慮できていたならば望まなかったであろう行為を望むように仕向け、それによって自分が相手にさせたい行為を相手の側でもしたいと思わせるというやり方もある。

要するに、まず一般的に、相手に対し一定の行為を、本人がしたいかどうかにかかわらずさせることのできる能力、これを権力と呼ぶ。さらにこの権力の行使に関して、二つの場合を追加する必要がある。第一に、権力者は従属者に、本来なら望んでいなかったことを望むよう仕向けることで権力を行使することができる。第二に、権力者は従属者に対し、自分が望む行為選択肢を唯一の可能性として呈示し、相手が他に可能な選択肢を知っていたら望まなかったはずの行為を望むよう仕向けることで権力を行使することができる。この二点から、権力の行使に際しては反実仮想的な要素が含まれることがわかる。すなわち、権力者Aが従属者Sに行為Bをさせるとき、それが権力の行使であるためには、SはBを望んでいない、AがSにBを望むよう仕向けなければSはBを望まなかったはずである、AがSに対して他の選択肢の存在を隠蔽しなければSはBを望まなかったはずである——このいずれかの条件が成り立っている必要がある。

だが権力の行使は、権力の存在にとって不可欠の条件ではない。権力の行使を受ける側でもともとその行為を望んでいた場合、権力が行使されたことにはならないが、だからといって権力の存在が否定されるわけではない。相手が実際にその願望や傾向性に反した行為をさせられることは、権力が存在するための必要条件ではないのである。権力とは、相手に願望や傾向性に反した行為をさせることができるという能力なのである。それが権力の行使となるには、権力者が従属者に、本人が望んでいないにもかかわらず一定の行為をさせたという事実が必要であるが、それがもともと従属者の側でも望んでいた行為だった場合は、権力行使は可能ではあるが実現してはいない。

他の人に一定の行為をさせるというだけなら、権力行使に強制は不要である。この点は特に義務論的権力に特徴的に見られる性質である。つまり義務論的権力とは、強制を要せずに他人に一定の行為をさせる権力なのだ。強制を伴わない「義務論的権力」が、にもかかわらず一個の権力であるという事実は、強制や脅迫の枠を越えて権力概念を拡張してやる必要のあることを示している。例えば私がある行為をするとあなたに約束したとしよう。このとき私は自分がその行為をすべき理由を創出したのであり、それゆえあなたは私に対して一個の義務論的権力を有することになる。義務論的権力は基本的に行為理由によって成り立つ権力だが、それもまた権力関係の一種だというのが私の考えである。例えば私に、あなたに借金を返済する義務があるとしよう。このとき私はあなたに対する負の義務論的権力を有する。すなわち私は借金を返済すべき理由を有し、あなたは私が借金を返済すると期待すべき理由を有する。また私が、あなたの所有する敷地内で釣りをすることを認可されているとしよう。このとき私はあなたに対する正の義務論的権力を有する。すなわち私はあなたに対し、あなたの敷地内で釣りをする権力を有し、あなたは自分が望むか望まざるかにかかわらず私がそこで釣りをするのを妨げない理由を有する。

このように義務論的権力は強制や脅迫の範疇には含まれないながらも、権力として適切に記述することができる。それに対し、政府の有する政治権力の場合は、その基礎に強制の可能性が存しており、従属者は、逮捕、射殺、国外退去等の処分を受ける可能性がある。ただそれでも前述の通り、政治権力を記述する際に用いられる語彙は義務論的なもの——大統領は法案を拒否する権利を有する、大統領は一般教書演説をする義務を有する等——が大半である。

権力概念を整備するにあたりもう一つ必要なのが、行使の意図性である。例えば体臭のひどい人がいて、その人が部屋に入ってくると他の全員が席を立って出て行ってしまうとしよう。しかしこの場合、その人が悪臭を発しながら部屋に入ってくることそれ自体は権力の行使ではない。だがそれを意図的に、つまり部屋の中にいる人たちを出て行かそうとの意図のもとで行ったのだとしたら、これは権力行使となる。したがって先の定式化は、

XがYに行為AについてYに対し、Yが望むと望まざるとにかかわらず一定の仕方で行動させることが意図的にできるとき、そのときに限って、XはYに対し権力を有する。

と修正されなければならない。権力それ自体は能力であるが、権力行使は常に一個の意図的行為なのである。

そこで問題になるのが影響力（influence）である。影響力は権力の一種とされることが多く、多くの場合それで間違いないのだが、例外もある。つまり「影響力を及ぼした」と記述できるにもかかわらず、

必ずしも権力の行使ではないような事例が存在する。例えばジョン・デューイは米国の教育界に多大な影響力を及ぼした人物であるが、実際に権力を行使したのはデューイ本人ではなく、デューイの影響を受けて教育要件を改正した教育委員会や地方政府である。仮にある人が他の人々に影響を与え、それによりかれらが本来ならしなかったはずのことを意図的にやらせることができるならば、つまりかれらの行動を自分の影響力によって意図的に変えることができるならば、その場合に限って影響力の行使は権力の行使である。このような意味での影響力の行使は「説得力」（power of persuation）という概念の一部に含まれるものと言えよう。

一口に権力の行使といっても、その顕在性の程度には幅がある。一九四八年にチェコスロヴァキアで共産主義政変が起こった際、ソ連軍が国境に集結した事件について考えてみる。このときソ連軍によるチェコスロヴァキア領内への国境侵犯は、実際には起こらなかった。しかしそれでもなお、これはまぎれもなく一個の権力行使であった。なぜならソ連軍が国境に押し寄せたのは、チェコスロヴァキア国民に一定の振る舞いをさせようとの意図に基づく行動にほかならなかったからである。強制手段の行使をほのめかす脅迫は、強制それ自体は実行されずとも、その脅迫自体が一個の権力行使である。旧植民地において暴動が発生した際、港に英国の艦隊が姿を見せるだけで沈静化したと言われるのはまさにこの例である。

権力と指導《リーダーシップ》力も区別の必要がある。そもそも指導力を有することと指導者《リーダー》であることの外延は同じではない。指導力を欠いた指導者は大勢いるし、公式には指導者の地位にあるわけではないが強い指導力を発揮している人も珍しくない。例えばジミー・カーターは米国大統領であったが、憲法で定められた大統領の権力を有効に行使するための指導力を欠いていた。政府として日々行うべき意思決定のほとんどは各省庁の官僚が担っており、政府内にはカーターが明確なヴィジョンを示さないため日常業務で何をすべきかがわからないという不満が蔓延していた。これに対し、ロナルド・レーガンのように指導力に長けた指導者の場合、官僚たちはそのつどの意思決定状況で何をすべきであるかを常に心得ていた。フランクリン・ローズヴェルトもカーターとは異なり、大統領権力と指導力を兼ね備えていた。また優れた政治指導者は、公式には権力の座にないときにも権力と影響力を保持しているものである。ド・ゴールやチャーチルがその好例である。

前述の通り、ルークスは行為のアジェンダを設定する権力について論じている（Lukes 2005）。これは例えば相手の選択肢を限定することによる権力行使である。もし相手の側での選択肢の認識を、実際に可能なものよりも狭い範囲に限定することができるなら、そのような認識を創出できた者は、その相手に対して非常に強い権力を行使したことになる。つまり相手の側での選択肢の認識を操作するという形で権力を行使したのである。現実の例を挙げよう。二〇〇三年、ジョージ・W・ブッシュ大統領は、米国の選択肢はイラクと開戦するか、米国がイラクの大量破壊兵器の目標となるリスクを冒すかの二つに一つだと説き、実際多くの人がこの説明を信じ込んでしまった。もしこれが意図的になされたものだったならば、ブッシュは可能な行為選択肢のアジェンダを設定するという、非常に強い権力を行使したことになる（ただし、このアジェンダが可能な選択肢に関するブッシュ自身の認識を反映したものだった可能性はある）。特殊事例ではあるが、これもまたまぎれもなく権力の行使である。可能な選択肢の認識を限定することで、他の選択肢の存在に気づいていたら望まなかったはずの選択肢を望むように仕向ける——これは本人が望むと望まざるとにかかわらず一定の行為をさせる場合の一特殊事例なのである。

だがこのようなアジェンダ設定が権力行使となるのは、それが意図的になされた場合に限られる。人々のバックグラウンド的な感受性や認識のあり方に作用するものであっても、その作用が別段意図されたものでない限り、権力行使とは言えない。この種の例はいくらでも挙げられる。例えば米国でプロフットボールの試合を企画し、全国放送のテレビ放映権を売る人々は、米国人の生活習慣に様々な影響を与えているが、かれらの側にそういう意図があるわけではないだろう。かれらが意図しているのは良い視聴率をとってテレビCM枠の単価を高くし、大金を稼ぐことだけである。これに対し、日曜日の午後にテレビの前で消費されるビールとポテトチップスの売上が増大することは、かれらの意図した結果ではない（たまたま同じ人がビールとポテトチップスの宣伝をも担当していたなら話は別だが）。したがって、かれらは非意図的に影響力を及ぼしてはいるものの、権力を行使しているわけではないのである。

非意図的な影響は随所で見られるが、非意図的な権力行使となると、これは意図的な権力行使が意図せざる結果をもたらした場合に尽きると言ってよい。例えば米国議会が一九八〇年代に代替ミニマム税を可決した当時の意図は、富裕層に、議会が適当と認める税額を支払わせることだった。ところがその後インフレが進むと、大多数の非富裕層——つまり議会が意図した代替ミニマム税のターゲットではなかった人々——への課税額が、この税制のために増大するという意図せざる結果が生じてしまった。これは要するに、税制が導入された当時には意図されていなかった層に対する非意図的な権力行使だったのである。一般に、非意図的な権力行使とは、意図的な権力行使に伴う意図せざる結果のことを指す概念なのである。

非意図的な影響力行使の例となると枚挙に暇がない。例えば大学教員なら誰でも、様々な点で学生に非意図的な影響を与えているが、自分の喋り方が学生に好かれている、あるいは嫌われている、また一部の学生が自分の話し方や服装などを真似しようとしている、といったことについて、本人はほとんど知りようがない。したがって、これらは影響力であって権力の行使ではない。仮に学生が私の喋り方を真似していたとしても（あるいは忌避していたとしても）、私の方にかれらの振る舞いに影響を与えてやろうとの意図がない限り、私はかれらに権力を行使しているわけではない。

以上、論点が多岐にわたったが、ここまでの議論の中で暗に前提とされている一定の原理について、改めて明示的に要約しておきたい。

1　Aが意図的に、Sに本人が望むと望まざるとにかかわらず行為Bをさせることができるとき、そのときに限って、AはSに対してBについての権力を有する――これが権力概念の基本的な内容である。その特殊事例として、本来Bを望んでいなかったSにBを望むようAが仕向ける場合と、可能な選択肢についてのSの認識をAが限定することでSがBを望むよう仕向ける場合の二つが挙げられる。

2　人と人との間に働く権力は通常、発話行為の遂行によって行使される。この発話行為は指令型の発話内効力を有するのが普通である。最初に一般的な水準で指令型の発話行為がなされ、それが以後無限個のケースに適用されることもあり、その場合は定立的な指令型と呼ぶ。わかりやすい例は刑法である。刑法は一定の行動形態を禁止し、その行動形態に対して一定の刑罰を与える定立的な指令型の集合である。「XはCにおいてYとみなされる」を典型とする構成的規則が定立的な地位機能宣言として機能することは先に見たところであるが、刑法の条文もこれと同様に、定立的な指令型として機能するのである。

3 権力の概念と意図的権力行使の概念との間には論理的な関係があり、「AはBをする権力を有する」は、「特段の事情がない限り、AはBをする権力を意図的に行使することができる」を含意する（「特段の事情がない限り」という条件は、Aがなんらかの理由——その瞬間熟睡している等——により、自分の有する権力を行使できない可能性があるため付してある）。したがって意図の内容が特定できない場合は、権力が行使されたと言うこともできない。意図なくして権力行使なし、である。意図的な権力行使から意図せざる結果が生じることもあるし、意図が無意識的なものであることもありうるが、いずれにせよ権力行使には常に意図内容が伴うのである。この要件を「意図性の要件（intentionality constraint）」と呼ぶことにしよう。[原注6]

4 権力概念を用いる際には、誰が誰に何をさせる権力を有するのかを、すべて特定しなければならない。以下、この要件を「特定性の要件（exactness constraint）」と呼ぶことにしよう。権力者と従属者が互いに相手のことを知らない場合にも、この要件を満たすことは可能である。例えば議会が数百万の市民に、納税させる権力を行使する場合を考えてみれば、議員らが市民一人ひとりと知り合いであるなどという状況はありえない。この権力行使に関して、議員らと納税者は互いに相手のことを知らないが、それでも「議会が市民に納税させる権力を行使した」という記述は特定性の要件を満たしている。

ある種の状況では、権力の行使をほのめかす脅迫や、あるいは権力行使が選択肢にあると認識させることとそれ自体が、一個の権力行使となりうる。例えば警察官が銃器を所持していて、そのことが周りからもはっきり見てとれる場合、この警察官は特段何もしなくとも、法執行にあたり一種の権力を行使することが可能である。こうしたケースでは、意図内容の特定に際し、意図内容それ自体に加えて、その意図内容が充足されなかったときに加えられる制裁をも反実仮想的に特定する必要がある。警察官の例で言えば、「あなたは法律に従わなければならない」が意図内容であり、「もしあなたが法律に従わないならば、私はあなたを逮捕する権力を有している」が、反実仮想的な制裁にあたる。権力を有していると一目瞭然にわかることが、権力行使に直結しているわけだ。一九四八年にソ連軍がチェコスロヴァキア国境に集結したのも、直接には権力行使をほのめかす脅迫であるが、しかしこの脅迫それ自体がまた一個の権力行使だったのである。

第2節　フーコーと生権力

フーコーの生権力論については、その影響力の大きさに鑑みて少なくとも何か言っておく必要があるように思う。フーコーの議論にはよくわからないところがあるし、生権力論は理論を構成するものではないとフーコー自身が言ってしまっていたりするのだが、それでもこの生権力論には我々の議論に関わる主題がいくつも含まれている。

この「生権力（bio-power）」だが、これは社会全体に行き渡っている権力だという。フーコーはこの生権力について歴史的な――フーコーが好むニーチェ的表現では「系譜学的」な――発展論を展開している。すなわち、社会は人間の身体を規格化実践のもとに置くことでこの身体に対する制御を確立していくと言うのである。ごく一部を挙げるだけにするが、教育機関、親、監獄、病院、医療技術、告解、心理分析――これらはいずれも、管理可能な〈主体〉を生み出す規格化効果を有するとされる。

フーコーの議論の肝は、表向き解放と見えるものでも、結局は生権力の形を変えた顕れにすぎないとする点にある。例えば二十世紀半ばの性解放運動について、運動に携わった者の多くはこれを抑圧からの解放を目指すものと考えたが、フーコーはこの運動について、結局はある種の制御が別の種類の制御

原注6　権力それ自体の帰属には外延性があるが、意図的権力行使の帰属には外延性がない。すなわち、

（a）XはYに対し、YにAをさせる権力を有する。

（b）A＝B

から

（c）XはYに対し、YにBをさせる権力を有する。

を導く推論は妥当であるが、

（d）XはYに対して有する、YにAを遂行させる権力を意図的に行使した。

（b）A＝B

から

（e）XはYに対して有する、YにBを遂行させる権力を意図的に行使した。

を導く推論は妥当でない。

に置き換わっただけで、公衆は「抑圧による制御」から「煽動による制御」へと移されたにすぎないとする（Lukes 2005: 94）。つまり容姿を整え性的に活発であるよう規格化する社会に移行したにすぎず、結局は従来型の抑圧と同様、これもまた一つの権力関係だというのである。

フーコーが生権力の作用を説明するにあたり、好んで引き合いに出すのがベンサムのパノプティコンである。これは中央の塔を取り巻くように監房が配置された監獄で、看守は塔の上に座し、監房内の囚人を窓越しに監視する。看守からは囚人の様子がよく見えるが、囚人からは看守の姿が見えず、自分がいま現在監視されているかどうかを知ることができない。その結果、パノプティコンに収監された囚人は、いつ自分に対して監視の目が注がれているかわからないため、自分自身が自分自身に対する監視者となり、自分で自分を取り締まるようになる。囚人たちは自らの置かれた認識状況のために、完璧な規格化を施されるのである。フーコー曰く、これこそはまさに知と権力の結びつきを示すモデルである。監視者の側での完全な知識が、彼に完全な権力を与えるのである。

生権力もまた、このパノプティコンと同様、不断に隈なく浸透する匿名の権力である。フーコーは過去二世紀の間に管理、規律、教育、治療の分野で日常的に用いられるようになった技術を多く取り上げ、それらをこの知と権力の結びつきを示す例と考えるのだが、この議論に対しては即座に次のような疑念が浮かんでくる。すなわち、パノプティコンが権力の媒体として作用するのは、監視者がその認識上の地位とは別に、最初から権力を有しているからではないのか。彼は決してただの窃視趣味で塔の上にいるわけではない。どのような監視方法をとるかにかかわらず、彼は最初から囚人に対する権力を有しているのだ。だからパノプティコンにおいて、知は権力を創出しているのではなく、既存の権力のより効率的な行使を可能にしているだけである。試しに看守と囚人の間の認識上の立場を逆転させてみるとい い。つまり看守から囚人たちの姿は見えないが、囚人側からは看守の行動が四六時中見えているとする。だがそう考えてみたところで、囚人が監房に閉じ込められている事実に変わりはなく、したがって囚人と看守の間の権力関係が逆転することはないのである。

しかしとにかく、自ら服従する主体を構成する、この不可視かつ匿名の規格化実践が社会の隅々まで浸透していると考えるのがフーコーの生権力論である。この生権力概念について、我々としてはどう評価すべきだろうか。さしあたり指摘できるのは、フーコーの挙げる例は必ずしも我々が採用した特定性と意図性の要件を満たさないように見えることである。すなわち、誰が誰に対して権力を行使しているのか、その意図内容がいかなるものであるのかが、はっきりしないのである。医療関係者、教師、ソーシャルワーカー、公務員といった人たちは、それぞれが抱く健全で正常な人間像に基づき、それに見合った人間を創出しようとする。ここまではいいとしても、ではその際、誰が誰に対し、いかなる行為に関する権力を行使しているのか。また、その意図的な権力行使に含まれる意図内容とはいかなるものなのか。かれらの行為の結果、行政当局にとって管理しやすい人間が生み出されること自体は仮に事実だとしても、そこから、それが権力行使の一形態であるとの結論まで無条件に導かれるわけではない。フーコー曰く、人は自分が何をしているかは知っていても、自分のしていることが何をしているのかについては無知だという。それは確かにその通りだと思うが、だからといってその結果を生み出すこと（かれらのしていることがしていること）は、特定性の要件も意図性の要件も満たさないがゆえに、権力の行使とは言えない。この点に関して妙なのは、フーコー自身はこの二つの要件を認めているらしいことである。曰く、「もちろん権力は、永続的構造に基づく稀薄な可能性空間に組み込まれるものではあるのだが、一方、権力が存在するのは誰かが誰かに行使するときに限られる。つまり権力は、作用を及ぼすときにのみ存在するのである」（Foucault 2000: 340）。

さてルークスの批判によれば、「個人の社会化、つまり個々人が文化的・社会的に所与の役割や慣習に指向し、その役割や慣習を内面化し、あたかも自分で選択したものであるかのように経験しており、そもそもかれらの自由はデュルケーム好みの言い方をするなら統制の成果――規律と制御の結果――とすら言える」といった程度のことは「社会学の常識」であって、フーコーはそれをあたかもラディカルな新理論であるかのように見せかけているだけだという（Lukes 2005: 97）。

フーコーの議論がどの程度オリジナルでどの程度ラディカルかについて、私はあまり関心がない。ただそれが仮に「社会学の常識」であったとして、その常識が権力関係を論じるのに適切なものか否かについては論究しておきたい。この後本書で展開されるのは、フーコーの仕事の注釈、解説、批判といったものとは無縁の議論であるが、フーコーの生権力論およびそれに類する議論を、特定性と意図性の要件を満たすように解釈し直した場合、はたしてそれは知的な尊重に値するものとなりうるや否やという観点は、以下の議論を導く道標の一つとなっている。

第3節　バックグラウンドの慣習と権力行使

特定性の要件とは、権力帰属が適切なものであるためには、誰が誰に対して権力を有するかが特定できなければならないという条件であった。他方、意図性の要件とは、権力行使の帰属にあたっては、その行使に含まれる意図内容を特定できなければならないという条件であった。

他方、社会には成文化されることがなく、明示されることすらめったになく、ほとんど意識されないような種類の権力が存在するとの議論がなされることもある。本節では先の二原理を前提に、この種の議論の適否について検討していきたい。以下、簡便のため、ここで検討の俎上に載せる権力を「バックグラウンド／ネットワーク型権力」、もしくは略称して「バックグラウンド型権力」と呼ぶことにする。（バックグラウンド／ネットワークの両概念は、第2章の志向性論の中で導入したものである。大まかな区別として、バックグラウンドとは能力、傾向性、慣習等、志向性が機能しうる条件の集合であり、ネットワークとは特定の志向的状態が機能しうるための、つまりその充足条件を確定しうるための条件——信念、態度、願望等——の集合である。以下の議論では簡便のため、ネットワークとバックグラウンドを併せて「バックグラウンド」と略称することとする。）

以下の議論はフーコーの生権力論、それにオーサ・アンデションの「目的論的権力（telic power）」論と類似点をもち、その一部はかれらの議論から着想を得たものである。対象として想定しているのは、社会的な振る舞いや性的な行動、言語を用いた表現等に課される、不文を典型とする各種のバックグラウンド／ネットワーク的制約である。例えば会話の場で適切とされる発言、人前に出ても不適切ではない服装、許容される性的行動、許容される政治的・道徳的見解といったものはすべて、前述の意味でのバックグラウンド／ネットワークに関わる事柄である。いずれも制約という要素を含むものの、依然として権力論に絡めて論じる意義は見出されない。例えば私は、自分の所属する共同体の慣習によって、自分に許される服装に制約がかけられていると感じるが、これだけでは特定性と意図性という二つの要件は満たされない。誰が誰に対して何に関する権力を有しているか、その権力行使にいかなる意図内容が伴っているかが特定されていないからである。では私が不道徳な、もしくは不謹慎な政治的見解を表明したとき、また許容しがたいとされる性的行為を行ったことがバレたとき、私に制裁を加える主体はといえば、それは社会であろう。またそのような制裁をほのめかす脅迫は、私の議論ではそれ自体が一個の権力行使であるか、権力行使となりうるのであった。以下、このように「社会がその成員に対して権力を行使する」という言い方が有意味になるような議論を組み立ててみたいと思っている。

まず、社会というものについて慎重に検討しておきたい。マーガレット・サッチャーに、社会などというものは存在せず、存在するのは個人とその家族だけだとする有名な発言があるが、私は本書の議論に基づいてこの主張を拒否し、集合的志向性を共有する任意の集団は一個の社会的存在論を有するとの立場をとるものである。私の定義では、社会的事実とは、二個体以上の人間または動物の共有する集合的志向性を含む任意の事実をいう。社会には個人とその家族に加え、スキークラブ、民族国家、会社等の社会的実体が含まれるのである。ただサッチャーの言い分にも一理がないわけではない。なぜなら「社会」は集合的志向性の一形態ではないからである。先の定義では、社会の存在は必ずしも社会的事実ではなく、当該社会の成員に共有された集合的志向性が存在する場合に限って、社会の存在は社会的事実となる。集合的志向性が隈なく浸透した社会が存在することは事実であり、政治的な集合的志向性で最も知られているのは民族国家だろう。[原注10]

ここからさらに議論を深めるため、次の点に注意したい。すなわち、「社会」は集合的志向性の一形態ではないとしても、社会の成員はバックグラウンド的な慣習や前提を有しているのが普通である。むしろ、ある程度共有されたバックグラウンドがない限り、社会はまともに機能しない。以下、バックグラウンド的な慣習や前提の（全部ではないが）一部には権力関係を構成しうるものがあることを示していきたいのだが、そのためにまず、それらが意図性と特定性の条件を満たすことを確認しておかなければならない。つまり権力について論じる際にはこの二条件の充足が不可欠だが、同時に社会が権力を行使することも可能であるという議論にしたい。社会的な圧力も権力の一形態でありうるという直観を、先の二条件に抵触しない形で捉えることは可能か。私の答えは「可能である」だが、以下でその根拠を説明する。

私の定義では、行動規範もバックグラウンド／ネットワークに含まれる。誰かが共同体の規範に違反したとする。この違反者には言葉による非難から、追放、侮辱、嫌悪、中傷、そして暴力に至るまで様々な種類の制裁が課されうる。歴史上の実例として、近年のいわゆるゲイ解放運動以前のホモセクシュアルの扱いを想起してみればいい。だがこのとき、誰が誰に対して権力を行使しているのだろうか。この問いに対する私なりの答えは、バックグラウンドの規範集合が共有されているところでは、任意の人が他の任意の人に対して権力を行使しうる、というものである。自分が所属する社会におけるバック

原注10　米国のジャーナリズムでよく使われる言葉に「黒人共同体（black community）」がある。ほんとうにそんな共同体が存在しているのか疑問だが、「白人共同体（white community）」であれば、そんなものは存在しないと言い切ることができる。なぜなら、いわゆる白色人種の全員、あるいはその大部分に浸透している集合的志向性などというものは存在しないからである。

グラウンドの前提を共有している者は、その共有前提に伴う権力を行使する能力を有するのである。そういう人が、禁止された見解をもつ人々や許容されない行動に携わる人々に対してなんらかの扱いをした場合、それは権力行使の一形態となる。権力行使をほのめかす脅迫や、権力行使をありうる選択肢の一つとして認識させることですら、それ自体が権力行使となりうる。断っておくが、これは必ずしも法的な制裁に特化した話ではなく、社会的な圧力一般についても成り立つ議論である。

例えば人は誰でも、自分の所属する文化の服装慣習による制約を受けている。例えば私の勤める大学の女性教員は、全裸で講義をするのはさすがにダメだが、ドレスとハイヒールで教室に現れようと、ブルージーンズとTシャツで出てこようと自由である。これはバックグラウンドの可能性が変化したことの結果である。なにしろ五十年前なら、ブルージーンズとTシャツという出で立ちは、大学教員のする格好としては性別を問わず問題外であった。この、大学における服装慣習は、現在では女性よりも男性の教員に対して制約を課すものとなっている。私がドレスを着、ハイヒールを履いて講義に臨むことは――バックグラウンドの制約により――許されていないのである。では私が講義の際にミニスカート、ストッキング、ハイヒールを着用することができないのは、私に対する権力行使の一形態なのだろうか。実際のところ私はドレスを着たいとは思っていないわけで、だからドレス姿で講義をすることができないといっても、それを権力の行使だと言うのは少し妙ではあるが、仮に私が権力の行使を受けているとしたら、その権力はいったい誰がどうやって行使しているのだろうか。

自分に対して制裁が加えられる可能性があり、その制裁が自分にとって受け容れがたいものであるという認識は、その制裁を選択肢としてもつ人々と私の間に一個の権力関係を生み出すことになる。というのも、まずかれらは意図的に、私に一定の行為を、私がそれを望むと望まざるとにかかわらずやらせることができる。それゆえここでは権力の基本定義が満たされている。加えてこの事例では、権力行使が選択肢にあることや、権力行使をほのめかした脅迫がなされることも、それ自体一個の権力行使となりうるとの原理が適用される。つまりこういうことだ。私が講義室でドレスを着用することが許容されていないとしよう。しかしその場合でも、私が講義室でドレスを着用したいと思っていない限り、私に対して権力が行使されたことにはならない。他方、私が講義室でドレスを着用したいと実際に思っており、かつ他の社会成員からの制裁の可能性を認識しているがゆえにドレスを着用できないでいるとしたら、ここには私に対する権力行使が存在しているのである。この議論が、我々の定めた条件に合致していることを以下確認する。

第一は、権力概念の基本定義に関する条件である。私の所属する社会の成員らは、私に一定の行為を、私がそれを望むと望まざるとにかかわらずやらせることができ、したがって無意識的にではあるが、かれらは私に対して権力を有している。

第二は、権力行使に関する条件である。権力が行使されたと言えるのは、私の行為可能性に制約が加えられており、かつその制約がなければ私はその行為をしていたと言える場合だけである。社会的なバックグラウンド／ネットワークの規範が権力メカニズムとして働く場合、この規範は定立的な指令型(standing Directives)として機能する。つまり社会の各成員に、受容可能な行動と受容不可能な行動の区別を教えるのである。ではその意図内容はどういうものになるだろうか。ここで論じているのはバックグラウンドであるから、社会成員の意識的な思考の中身が問題になっているわけではない。だが制裁を加える段にまで来た場合、つまり私が嘲笑、敵視、侮辱、排斥等の否定的な扱いを受けるに至った場合には、「人をおちょくっているのか」とか「そんな格好は許されない」とか「完全に馬鹿丸出しだな」といった発言が出てくるはずなのだ。従属者の側で制裁が加えられる可能性が認識され、それによって自分の意に反した行動をとらざるをえなくなっている場合、その制裁を選択肢としてもつこと自体が、権力の行使でありうるのである。確実に制裁が加えられるとわかっているのであれば、意図内容が明示的でなくとも無意識的な権力行使を構成すると言えるのである。最も一般的な水準では、意図内容は「従え」である。なぜそう明示されていないにもかかわらずこれが意図内容であると言えるのかといえば、予測可能な制裁が有効に働くのは、仮に従わなければその制裁が加えられることになると想定されている場合に限られるからである。従属者は従わなかった場合に想定される制裁のゆえに従うのである。もちろん社会的制裁に対しても、無視したり無関心でいたりすることは常に可能ではあるが、現実問題としてそうした無関心はあまり見られない。ほとんどの人は、他人から認められるかどうか、非難されないかどうかを強く気にするものである。

刑法のようなバックグラウンド型の権力行使は、意図性要件の適用範囲を出来事から定立的な指令型へと拡張するものである。意図性要件が適用される最も単純で範例的な事例は個別の出来事——大統領が命令を発する、将軍が進軍を命じる——だが、刑法等のバックグラウンド型権力の場合、権力も意図内容も定立的なものとなる。だからこそ意図内容は「いまこの機会において従え」ではなく「従え」なのである。

では特定性の要件についてはどうだろう。この権力は誰が誰に対して行使しているのだろうか。私の提案する答えは、この権力は任意の人が任意の人に対して行使しうる、というものである。ある社会の成員としてその社会の規範を共有している人は、その規範に違反した人に非公式の制裁を加える能力をもち、かつその制裁について他の成員からの支持が得られることを知っているのであり、すなわちこの人はその権力を行使する立場にある。他方、この人自身もまた、この権力に従属する者である。なぜならこの人が規範に違反した場合には、任意の人がこの人に対して制裁を加えることができるからである。「ひとは死なず」とはハイデガーの言だが、彼はこう付け加えるべきであった——「あなたがひとなのだ」と。

ここまでの議論は、社会がその成員に権力を行使すると言えるかどうかをめぐるものであった。我々は誰もが「社会的圧力（social pressure）」のもとにあるわけで、だとすれば社会から成員への権力行使というのも考えられなくはないのではないかという直観を頼りに、社会が行使する権力なるものについて、意図性と特定性の二要件に抵触しない整合的な陳述を与えることができるかどうかを検討してきた。だが人によってはこの議論の意義について疑念をもつ向きもあろう。結局のところ「権力」といってもただの言葉であり、その言葉が社会的に加えられる同調圧力に適用できるかどうかという問題になんの意味があるのか、というわけだ。この点について私は、社会的メカニズムとその作動のあり方の理解にとって、この問題には十分な意義があると考えている。ネットワークとバックグラウンドの機能について理解を深めようと思うなら、この二つが少なくとも部分的には権力のメカニズムとして機能していることについての理解が不可欠である。そしてある社会の成員が、同じ社会に属する他の成員に同調を強いる際には、常にその権力が行使されているのである。[原注11]

男であるとか女であるとか、市民であるとか大学教員であるとかといったことが何を含意するかについての我々の感覚は、ほぼ不可視の強制力または影響力によって形成されている。この種の含意は――例えば「市民には投票権がある」といった仕方で――明示されることもあるが、大半は暗黙の含意に留まる。例えば政治的な争点について相手の見解に不同意を表明する際、これをどういう形式で行うのが市民としてふさわしいか、人と会話する際にどんな話題を出せばいいか、恋愛関係において守るべき作法とはどんなものか、友人、同僚、家族との間にはどのような社会的関係を結ぶことができるか――これらはいずれも、文化間で大きく異なる事柄である。最後のものなど、そもそもどういう人が友人、同僚、家族と言えるのかという概念自体、バックグラウンドによって大きく規定されているのである。

どんな共同体にもバックグラウンド的な前提、態度、傾向性、能力、慣習が存在し、共同体の成員はそれにより規範的な制約を課せられ、その制約に違反した成員は他の任意の成員から制裁を加えられることになる。これが、バックグラウンド型権力の基本概念であった。例えば私が人種差別的な文言の書かれたプラカードを掲げてバークリーの街を歩いたりすれば、私はこの共同体に属するほぼ任意の人により、バックグラウンド型権力のもとに置かれることになるだろう。この場合、誰が誰に対して権力を行使しているのかといえば、この問いへの答えは次のようなものとなる。すなわち、バックグラウンドの前提に違反した任意の者に対して権力を行使することができるのは、その前提を受容しており、その前提がその共同体の内部で広く共有されていると認識している任意の者である。その際用いられる権力行使（および権力行使の試み）の形式には、非難、侮辱、嘲笑、動揺、恐怖といった各種の感情表明から、物理的な暴力に至るまで様々なものがある。

ただし、バックグラウンドで働くもの全部が権力に関わるわけではない。例えばエレベーターに乗り合わせたとき、あるいは立ち話をするとき、相手からどのくらいの距離をとって立つかというのは、バックグラウンドの傾向性ではあっても権力関係ではないだろう。

バックグラウンド型権力の場合も、権力それ自体と、権力の行使とを区別する必要がある。したいことをさせてもらえないとか、したくないことをさせられるといった条件が満たされない限り、いかなる権力も行使されたことにはならない。権力が行使されたと言えるのは、人びとの行動に対し、実際に影響が及ぼされた場合である。前述の通り権力概念には反実仮想的な成分が含まれており、権力者が従属者に、本来したくなかったはずのことをしたいと思わせたり、可能な選択肢についての認識を狭めたりするときにも、権力は行使されている。では、私の欲望のあり方がバックグラウンドによって形成されているとか、可能な選択肢についての認識がバックグラウンドによって狭められたりしているといった場合にも、バックグラウンド型の権力が行使されていると言うことができるだろうか。例えば性的願望がバックグラウンドによって構築されるものだとすると、ある人の性的願望が当人の所属する社会によ

原注11　私の経験上、米国の学界というのはきわめて同調性の強い社会集団である。米国で大学教員をしている者であれば誰でも、どんな嗜好をもっているのが適切か、どんな相手なら友人付き合いしてもよいか、どんな政治的見解なら認められるか、どんな文化財なら称賛してもよいかといったことについて、バックグラウンドで働く一定の前提を受容せざるをえない環境に、大学院生時代からずっと置かれ続けている。この同調圧力は圧倒的で、これを免れうる人はほとんどいない。あらゆる種類の非同調的な思想と行動に知的な独立性を保障するのがテニュア制度だなどと言われるが、その独立性が行使されることはきわめて稀である。

って形成され、また可能な選択肢についての認識が社会によって形成されているという事実から、権力が行使されていると言ってしまってもよいものだろうか。私の考えでは、こうしたケースでは権力が行使されているとは言えない。誰が誰に権力を行使しているかが特定できないからである。

第4節　政治権力のパラドクス——政府と暴力

ここまで、制度的構造の種類分けについては特に論じてこなかったため、政府といっても家族、結婚、教会、大学等、他の制度的構造と同列に並ぶものであって、政府だけを特別扱いすべき理由はないと思われるかもしれない。だが実際のところ、政府は特別である。組織化の進んだ社会では、ある意味で政府こそは究極の制度的構造なのである。[原注12] もちろん一口に国家といっても、自由民主主義から全体主義まで様々で、政府の権力にも大きな幅がある。しかしどんな政府も、家族、教育、貨幣、経済、私有、さらには教会に至るまで、他の制度的構造を統制する権力を有している。経済は万人の生活に関わるものであるため、現代では経済的争点のうち重要なものについては自動的に政治的争点とみなされ、政府の管轄下に置かれることとなる。安定した社会では、地位機能の体系として最も高度に受容されるのは政府であり、これに匹敵しうるものがあるとすれば家族と教会くらいである。実際、過去数世紀間に生じた文化的発展のうち、最も驚くべきものを一つ挙げるとすれば、民族国家（nation-state）が成立し、それが社会の中で集合的忠誠の究極的焦点として働くようになったことではないだろうか。米国、ドイツ、フランス、日本のために戦死した人は多数に上るが、カンザスシティやヴィトリ・ル・フランソワ（フランスの小都市〕やアラメダ郡〔カリフォルニア州内の郡〕のために戦って死ぬ人はいないのである。民族の境界と国家の境界の一致は、まさに偉業であったのだ。民族が文化の単位であるのに対し、国家は統治の単位であって、任意の歴史状況において両者の境界が一致する保証はアプリオリには存在しない。そして過去二世紀間の歴史は、その大半が民族と国家の境界不一致をめぐって展開されてきたものであった。十九世紀にはそれまで小領邦の寄せ集めにすぎなかったドイツとイタリアで民族国家が成立し、二十世紀末にはユーゴスラヴィアとソ連が国家であることをやめ、両国に含まれていた多数の民族が、それぞれ固有の民族国家を形成するに至ったのである。

現在イスラム過激派の間では、宗教を政府よりも重視し、国家は原理主義的なイスラム聖職者によって統治されるべきだとする意見が主流である。イスラム原理主義者の念頭にある国家と宗教の関係は、政教分離を旨とする西洋の民主主義に慣れ親しんだ我々にはきわめてラディカルなもので、なかなか理解が困難である。

民族国家の成立と政教分離の達成――この二つは歴史上の展開としてはごく最近のものにすぎない。いずれも必然の流れではなく、むしろ反直観的な性格をもつ事柄である。というのも、政府が究極的な権力を保持し、宗教が究極的な価値の源泉であるならば、政府は宗教的価値の実現のために権力を行使

原注12　以下、「政府（government）」と「国家（state）」を互換的に用いる。特定時点で権力を掌握している人や政治組織の集合を指して「政府」と呼ぶ用法もあるが、私はこの制度的構造それ自体を指すのに「政府」を用いる。これは語「state」を連邦政府との対比で州政府を指すのに用いる米国特有の事情による。

すべきであるとする方が自然な結論だと思われるからである。実際多くの人がそう考えたのだが、現実にはほぼすべての事例が惨憺たる結果に終わっている。その理由については以下で簡単に説明するが、いずれにせよ政府が教会の支配を脱したことで成立したのが、西洋民主主義なのである。

政教の不分離が招いた惨状を、当時の歴史状況の特殊性に発する経験的な帰結として片付けることはできない。政教の一致を求める試みには、哲学的な水準ですでに不整合が存在するからである。後述する通り、政治とは定義上、紛争の存在を前提とし、その平和的解決を図るものである。だが教条的《ドグマティック》な宗教にとっては紛争が生じること自体が異常な事態であるから、政教が一致している場合、政府に対する批判は、仮にそれがその時点で政権の座にある人物に対する批判にすぎなかったとしても、それはやはり冒瀆の一形態となり、政権交代の試みは異端とされる。政府への攻撃はすべて神への攻撃なのである。あらゆる争点について自由な議論ができるとか、権力掌握が一時的なものにすぎないとか、権力者への言論による攻撃が体系的に保障されているといったことは、民主主義に不可欠の条件だが、これらはいずれも教条的宗教のバックグラウンドで働いている前提に抵触するのである。この点は最大限の強調に値する。民主主義は定義上、合意の不在や矛盾の不可避なることを常の前提とする。与野党間で価値観や基本的な信条に食い違いがあったとしても、それは民主政府にとっては欠陥ではない。だが啓示宗教では、そうした相違は良くて冒瀆と、最悪の場合は撲滅に値するものとみなされる。啓示宗教の考え方とは突き詰めれば、真実がただ一つ存在し、正しい方法がただ一つ存在し、神の法に照らして正しい振る舞いがただ一つ存在するというものであり、結局のところ民主政府と啓示宗教はどうしたって両立しえないのである。我々はこの事実を踏まえて教会と国家を分離し、宗教的制度が統治政策を完全に支配してしまう事態を防止するためのメカニズムを――多大な犠牲の上に――つくりあげてきたのである。

政府による統治の程度は、無政府状態《アナーキー》に近いものから、一般市民の生活を隅々まで厳しく取り締まる全体主義国家までかなりの幅があり、その極北に位置するのが自由を一切認めない強制収容所である。ただし、どれだけ緩やかなものであっても、統治において行使される権力はその他の制度的構造に関して行使される権力を凌駕している。政府は武力の独占を事とするものであるため、統治権力に関しては、従属者の側で自発的に受容しているのか、それとも嫌々従っているだけなのかを明確に区別するのは困難である。

しかし政府が他の地位機能に優越する地位機能の体系として受容されるという事態は、いかにして可能となっているのだろうか。通常、政府は二つの互いに関連した性格をもつ。一つは組織的暴力の独占であり、もう一つは領土支配であるが、政府はこの二つの性格を併せもつことで、他の地位機能体系に優越する究極的な権力を保障されているのである。現に、領土内に政府による組織的暴力の独占が及ばない地域が存在する場合、政府はその地域では政府として機能しえない。アフリカには現状まさにそうした状態にある国家がいくつか見られる。南イタリアとシチリア島でも、一部の地域ではマフィアやカモッラなどの犯罪組織が、事実上の政府として機能してきた歴史がある。結局、政府のパラドクスは次のように定式化することができる。すなわち、政府権力は地位機能の体系であるため、集合的な承認またはは受容に依拠するのであるが、この集合的な承認または受容は、それ自体が暴力の行使を要するわけではないものの、軍隊や警察という形で暴力行使をほのめかす脅迫が恒常的に存在していない限り、機能を継続することができない。政治権力はある程度の受容を必要とするため、政府が機能するにあたって正統化が不可欠である。他方、正統化だけでも不十分である。軍隊と警察の権力こそが政治権力だというわけではないが、軍隊と警察の権力が存在しない限り政府も政治権力も存在しえないのである（この点、後論する）。

政府が究極的な地位機能体系であることを政治哲学の伝統的な用語で表すなら、「主権（sovereignty）」がそれに当たるだろう。主権とは要するに「至高の権力」という意味であって、ここには権力の推移性が含意されているのだが、私はこの点で主権という語には紛らわしさが残ると思う。というのも主権という語で指示されるシステムのほとんどは——少なくとも民主主義社会では——推移律を満たさないからである。もちろん独裁体制においては、AがBに対して権力を有し、BがCに対して権力を有しているならば、AはCに対しても権力を有していると言える。ところが民主体制では通常この推移性が成り立たない。例えば米国では三権分立に関して、またこの三権と市民との関係に関して、憲法で非常に入り組んだ複雑な仕組みが定められている。こうした事情のため、政治哲学が伝統的に用いてきた主権概念はそれほど有用ではない。他方、政府による統治ということを説明するにあたって、究極的な地位機能権力を指示するなんらかの観念が必要であることに異論はない。

政府が一社会の内部における義務論的権力の究極的な保有主体だとすると、言語や貨幣といった、万人にとって関心の対象となる制度とはまた全然違った形で、正統性の問題が決定的な重要性を帯びてくる。以下、政治権力に関する最重要ポイントを列挙し、その内容を簡単に要約していく。

1　あらゆる政治権力は地位機能に基づく。それゆえあらゆる政治権力は義務論的権力である

義務論的権力とは権利、責務、義務、認可、許可、特権、権限等のことである。地域の政党ボスや地方議会、また大統領、首相、連邦議会、最高裁判所等に帰属される権力は、これらの主体が承認された地位機能を有し、その地位機能によって義務論的権力を付与されているという事実に基づくものである。この点で、政治権力は軍隊や警察が有する権力、つまり強者が弱者に対して有する物理的な実力とは異なる。外国を占領した軍隊がその国の市民に対して有する権力は、その軍隊が物理的に有する武力に基づくものである。もちろん占領軍それ自体の内部には承認された地位機能が体系化されており、それゆえ軍隊内には政治的関係が存在しうるが、占領者と被占領者の間には——被占領者の側で占領者の地位機能について、ある程度の妥当性を受容または承認しているのでない限り——政治的な関係は成立しない。仮に占領者の命令を被占領者が受諾したとしても、占領者の地位機能の妥当性が受容されていないならば、被占領者は恐怖と自己利益のためにそうしたにすぎない。つまりその受諾は願望依存的な理由に基づく行為でしかない。

もちろん政治的、軍事的、警察的、経済的等々と形容される各種権力の間に複雑な絡み合いの関係が存在し、明確な線引きが困難であることについては承知している。「経済的」とか「軍事的」に比して「政治的」という形容が巷間どのような意味で用いられているのかについてさしたる関心があるわけでもない。ここで言いたいのは、義務論的な権力の存在論は、例えば暴力や自己利益に依拠した権力のそれとは論理構造が異なるという点に尽きる。

受容された地位機能の体系に伴う動機がいかなる形式をとるかは、我々の「政治」概念にとって本質

的に重要であるから、これについて少しだけ付言しておく。歴史的には、まさにこの動機論の重要性についての気づきこそが、かつて社会契約論興隆の基礎となった直観であった。つまり社会契約論者は、我々が政治的義務の体系を有し、政治社会を構築しうるには、何か約束のごときものが――政治的現実の維持に必要な義務論的体系を創出する原初的「契約」が――不可欠だと考えたのである。

2　あらゆる政治権力は地位機能に基づく。それゆえあらゆる政治権力は――上位者によって行使されるものでありつつ――下位者に支えられている

地位機能の体系は集合的な承認または受容を必要とする。それゆえ政治権力もまたボトムアップで成立する。この点は民主主義に限られるものではなく、独裁政治にも当てはまる。だからこそヒトラーにせよスターリンにせよ、自分の安全を確保する必要に、強迫的に囚われていた。かれらは自分に付与された地位機能体系が人々に受容されているという事態を自明視すること、つまり所与の現実とみなすことができず、そのためそれを維持するのに大掛かりな褒賞制度と恐怖を利用するほかなかったのである。レーニンの最も偉大な発明――後にムッソリーニとヒトラーが模倣することになる発明――は「党」であった。もちろん政党制度自体はそれ以前から存在していたが、レーニンが創り上げたのはそうした伝統的な政党ではなく、規律と狂信の支配するエリート組織であった。この「党」は旧来の地位機能体系の転覆に成功すると自ら権力を握り、新たな地位機能体系を創出した。「十月革命」は革命ではなく、古典的な意味での政変《クーデタ》だった。レーニンが党を完全に掌握していたからこそ、党は容易に臨時政府を転覆することができたのだ。ボリシェヴィキが革命的と呼ぶに値する変化をもたらしたのは確かだが、

「十月革命」という表現はボトムアップの形で大規模な暴動があったかのような、事実に反する含みをもってしまう。ドイツでも、ヒトラーの首相就任からナチスによる国家掌握の迅速さと徹底ぶりに、ヴァイマルの政治家たちは度肝を抜かれることとなった。まるであらかじめ脚本を渡されていたかのように、NSDAPの党員たちは誰もが自分の役割を把握していたからである。いずれの事例でも、党は指導者層と一般民衆の中間に位置する地位機能の集合として働いた。トップによる指導が機能するには、民衆による党への忠誠が不可欠で、これを確保するのに報奨と恐怖が同時に用いられたのであった。

二十世紀後半、人々を最も驚愕させた政治事件を一つ挙げよと言われれば、共産主義の崩壊を措いてほかにはあるまい。その崩壊過程の実際については歴史研究が扱うべきテーマであるが、管見の限りその分析に関する決定的な仕事はまだ出ていないようだ。ただ論理構造に限るなら、共産主義の崩壊は、集合的志向性の構造が地位機能体系を維持しえなくなったことによると言ってよい。レーニンが創出した構造は、複雑なエリート組織を必要とするもので、中でも「党」の存在が不可欠であった。だがそのエリート組織のトップに立つゴルバチョフ自身が、自らが属するシステムの受容可能性に疑念を抱くようになってしまったのであり、その瞬間から、綻びは始まった。ゴルバチョフ本人は共産主義の枠組みを維持したままで改革を行うことも可能と考えていたようだが、いったん改革が始まると、それはシステムそのものの崩壊にまで至った。大切なのは、この成り行きを構造の面から理解することである。まずトップに立つ者、独裁者は、自分が直轄する党などのエリート構造によって受容されていなければならない。次にこのエリート構造が機能するにあたっては、人民を受容と恐怖の両方で掌握している必要がある。だが指導者が自信をなくし、下位の人民が指導者層やその配下にある構造の正統性に対する受容または承認を撤回するようになれば、構造全体に綻びが出始める。パフラヴィー国王がイランを脱出し、マルコス一家がフィリピンから逃亡したときにも、これと同様の変化が生じたのである。

3　個人は集合的志向性に参与する能力を有し、それゆえにあらゆる政治権力の源泉であるが、大抵の人は無力感を覚える

普通個人は、自分が権力者を支えているなどとは思いもしない。だからこそ、革命を成功させようと思うなら、まずは何か一つ集合的志向性を構築することが先決となる。その集合的志向性としては、階級意識、プロレタリアートとの一体化、学生の連帯、女性の意識高揚等、個人がなんらかの集団への帰属意識をもつことで、各個人と集団全体の双方が新たな力を得られるようなものであればなんでもよい。既存社会の構造が集合的志向性に依拠して成り立つものである以上、それを破壊するためには、既存の集合的志向性とは矛盾する代替的な集合的志向性を創出することが一つの手段となるわけだ。

ここまでは社会的・政治的現実の構成に際して地位機能の果たす役割、ひいては義務論的権力の果たす役割について一般的に論じてきたが、では実際の状況において、地位機能や義務論的権力はどのように働いているのだろうか。我々が選挙で投票するとき、あるいは所得税を支払うとき、人をそうした行動へと動機づける作用はいかにして生じるのだろうか。願望独立的な行為理由を創出し、その理由に基づいて行為ができることは、人間に特有の性格であり、現在のところ高等霊長類の間でもこのような能力は認められていない。私の考えでは、政治的存在論の理解にとって鍵となるのがこの点なのだ。そこ

で次の4である。

4 政治的な地位機能体系が働くのは、少なくとも部分的には、承認された義務論的権力が願望独立的な行為理由を提供するためである

通常、願望独立的な行為理由は、行為主体によって意図的に創出されるものと考えられる。典型例は約束である。だが政治的存在論および政治権力の理解にあたっては、地位機能体系が全体として願望独立的な行為理由を提供するという点に注目する必要がある。ある地位機能について、行為主体が——すなわち政治共同体に属する市民が——その地位機能を妥当なものとして承認すると、そのことによって行為主体は願望独立的な行為理由を獲得する。この承認が存在するからこそ、組織化した政治的・制度的現実が存在しうるのである。

本書の説明目標には、制度的構造を有する人間と制度的構造をもたない動物との間にいかなる相違があるかという点も含まれるが、この相違を説明するための第一歩は、制度的構造に特有の性質を確認していくことである。制度的現実は地位機能の体系であり、この機能には常に義務論的権力が伴う。例えば大学の私の研究室の近くには哲学科長の研究室がある。学科長であるという地位機能は、学科長でなければもちえない権利と義務を当該の人物に付与するのであり、このように地位機能と義務論的権力の間には本質的な結び付きがある。だが意識を有する行為主体——例えばこの私——がある地位機能を承認すると、その行為主体は自分の願望から独立した行為理由を得ることになる。例えば学科長が私に、とある委員会の委員を引き受けてくれと依頼してきたとしよう。仮にその委員会が退屈きわまりないと

ころであり、かつ依頼を拒んだとしても私には特段なんのペナルティもない場合でも、それが学科長からの依頼であり、私がその人物を学科長として承認している以上、私は委員を引き受けるべき理由を一つ得たことになるのである。

より一般的には、例えば午前九時にある人と会う義務があるのであれば、仮にその日の朝どうも気分が乗らない感じがしたとしても、私には午前九時にその人と会うべき理由があるということである。義務によってある行為が要求されるという事実が、その行為を願望すべき理由を与えるのである。このように人間の社会には――願望が理由を動機づけるのに加え――理由が願望を動機づける場合もあるのであって、この点は管見の限り他の動物社会には見られない特徴である。最もわかりやすいのが約束の場合だろう。私があなたにある行為を約束したとすれば、私はそれによってその行為をすべき願望独立的な理由を創出したのである。

だが政治的現実に限って言えば、約束のようになんらかのコミットメントを引き受ける場合とは異なり、願望独立的な行為理由を明示的に創出する必要はない。制度的事実の集合を妥当なものとして、つまり我々自身を拘束するものとして承認するだけで、願望独立的な行為理由は創出されるからである。重要な事例として、二〇〇〇年の大統領選挙の際の騒動を思い出してほしい。あのときジョージ・W・ブッシュが大統領の地位機能を得た経緯に不当なものがあったことについては、多くの米国民の同意するところである。だが米国における義務論的権力の構造にとって肝心なのは、にもかかわらずごく少数の例外を除き、国民のほとんどがブッシュの義務論的権力を承認し続けたという事実である。民主主義が機能するのに必要なバックグラウンド的前提に関心のある人は、ぜひ二〇〇〇年の大統領選挙を仔細に検討してみるべきだ。選挙には誤差がつきものであるが、当落の差は誤差の範囲を大きく上回るため、通常は仮に誤差があっても問題にはならない。ところが二〇〇〇年の大統領選挙では誤差の範囲が当落の差を大きく上回ってしまった。一言でいうと、これは勝者の不在を意味する。選挙は引き分けで終わったのだ。だが選挙が引き分けで終わるなど、あってはならないことである。ではどうすればいいか。米国民には――こんなことは憲法のどこにも書いていないのだが――困難事案《ハードケース》については連邦最高裁が判断すべしとのバックグラウンド的前提があり、実際本件は連邦最高裁によって判断されることとなった。この判断が賢明だったか否か、正当だったか否かについては措くとして、注目すべきは最高裁の決定がほとんどの国民によって受容されたという事実である。欧州では二〇〇〇年の大統領選挙は米国民主主義の脆弱さを露呈したとの論評が相次いだが、私は本件で示されたのはむしろ強靭さだったと思っている。選挙が引き分けに終わり、ジョージ・W・ブッシュを勝者とする最高裁判断に疑問の余地が大有りだったにもかかわらず、ほとんどの国民がこの結果を受容したのである。街中に暴徒が溢れ、戦車が出動するといった事態は起こらなかった。バークリーで「彼は私の大統領ではない（He is not my president）」と書いたステッカーをバンパーに貼った車を何台か見かけはしたが、大統領自身を含め、それを脅威に感じた人がいたとは到底思えない。いずれにせよここで言いたいのは、民主主義を働かせるのは規則ではなく、バックグラウンドにおける前提、慣習、感覚の類いだということである。

以上の議論が正しいとすれば、そこから導かれるのは、政治的動機といえども常に自己利益に基づくものとは限らない、という結論である。この点を理解するために、政治的動機と経済的動機を対比してみよう。ただし政治権力と経済権力の間の論理的関係はきわめて複雑である。まず、経済も政治も地位機能の体系という点では同類である。政治とは政府の統治機構に政党や利益集団などの装置が付随して成り立つ体系であり、経済とは財とサービスを創出し分配する経済的装置から成り立つ体系であるが、論理構造は互いに似通っている。しかし何が合理的な動機となるかという点では、注目すべき相違が見られる。経済権力は、相手に経済的な報酬、誘因、ペナルティを与えることができるかどうかでほぼ決まる。富者が貧者よりも強い権力を有するのは、貧者は富者が支払ってくれる金銭を求めて富者の望むことをするからである。もちろん政治権力がそういう形をとることも少なくはない。そのため、政治的指導者の権力行使はより大きな報酬を提供できる場合に限って可能であるとする類いの理論が続出することとなった。だがすべての政治権力がそういう形で理解できるわけではないのであって、この点を踏まえずに政治関係と経済関係の論理構造を同一視するような理論は的を外していると言わざるをえない。その種の願望依存的な行為理由は、義務論的なシステムの内部で創出されることはあるにしても、それ自体が義務論的なわけではない。対して政治権力はその本質において義務論的権力なのである。

5　以上の分析から、政治権力一般と、特殊能力としての政治的指導力を区別することができる

権力が、相手に一定の行為を、当人がしたいかしたくないかにかかわらずさせることのできる能力のことであるとするならば、指導《リーダーシップ》力は権力の特殊事例である。すなわち、相手が本来はしたくなかったことをしたいと思わせるのが指導力である。権力の一種である以上、指導力もまた意図的に行使することができる。だから公式の地位機能が同じで、同等の政治権力を有する人の間にも、有能さに違いが生じることがある。指導者として有能な人もいればそうでない人もいて、公式に認められた義務論的権力

は同じでも、実際に有効な義務論的権力は人によって異なりうるからだ。例えばローズヴェルトとカーターを対比してみれば、二人とも公式の義務論的権力としては同じものを有していた（二人とも米国大統領であり、民主党の指導者であった）が、有能さにおいてはローズヴェルトがはるかに勝っていた。ローズヴェルトは憲法上付与された権力に収まらない義務論的権力を有していたからだ。その能力こそが、政治的指導力の一部を構成するのである。さらに、有能な指導者は公式の職務から退いた後も権力を行使し続けることが、つまり非公式な地位機能を保持することができる。

6　政治権力は地位機能に伴うものであるため、主として言語的に構成されている

前述の通り、政治権力は義務論的権力の一種である。つまり権利、責務、義務、認可、許可等に関わるものである。義務論的権力は特殊な存在論を有する。「バラク・オバマは大統領である」という事実と「いま雨が降っている」という事実とでは、論理構造がまったく異なるのである。「いま雨が降っている」という事実が、無数の水滴が空から落下してきているという事実と、その気象学的な原因に関する事実から成り立っているのに対し、「バラク・オバマは大統領である」という事実はそうした自然現象とは異なり、明示的に言語的な複数の現象の複合として構成されている。つまり言語なしには存在しえない事実なのである。この事実は、人々がバラク・オバマという人物を大統領とみなし、この人物を大統領として受容していること、したがってその受容に伴う義務論的権力の体系をまるごと受容していることを、不可欠の成分とする。地位機能が存在するためには、その地位機能が存在するという表象が必要であり、表象が可能であるためには表象のための手段が必要である。この表象手段の典型が言語的

手段であるが、特に政治的地位機能に関しては、ほぼ確実に言語的手段が用いられることになる。ただしそこで表象される内容と、義務論的権力の論理構造が実際にとる内容は必ずしも同じでなくてよい。例えば論理構造としては、「オバマは大統領である」という事実が成立するには、人々が「XはCにおいてYとみなされる」型の地位機能宣言によってオバマに大統領としての地位機能を付与したという事実が必要であるが、かれらの頭に自分たちがオバマに地位機能を付与したという自覚がある必要はないのである。もちろん頭の中が空っぽで何も考えていないのでは困るが、通常は単に「オバマは大統領である」と考えているだけで、オバマの大統領としての地位機能は維持される。なぜならその思考には地位機能宣言の論理形式が見られ、したがって宣言型に特有の二重の適合方向が存在しているからである。

7　社会が政治的現実を有すると言えるには次の三つの条件が必要である。第一に、公私の領域区分がなされ、政治が公領域に割り当てられていること。第二に、非暴力的な手段で解決されるべき集団間紛争が存在すること。第三に、その集団間紛争が義務論の構造の内部で生じる社会財をめぐるものであること

他の社会的・制度的現実に比して政治的現実は何が違うのか。暴力と領土に関する議論を重要な例外として、以上に述べてきた政治的現実の存在論は——同様に集合的な地位機能と集合的な義務論的権力を有する——宗教、会社、大学、チームスポーツ等の非政治的構造にも適用可能である。このように様々な義務論的権力の体系がある中で、政治の概念に特有の性質とはいったいなんだろうか。

ここで私は、いかなる種類の本質主義にも与するものではない。「政治」は明らかに家族的類似性を有する概念であって、本質を定義する必要十分条件は存在しないからである。とはいえ、政治概念に帰されるべき典型的な性質をいくつか挙げることは可能である。第一は、公私の領域区分を前提としたうえで、政治が公領域の代表例とされることである。第二は、集団間紛争の概念が成り立つことである。ただすべての集団間紛争が政治なわけではない。チームスポーツも言ってみれば集団間の紛争であるが、通常はスポーツと政治は区別される。ある紛争が政治的なものであるための重要な条件は、それが社会財をめぐる紛争であることで、かつ社会財の多くは義務論的権力を含む。例えば中絶の権利が政治的争点となるのは、それが一個の義務論的権力——女性が自分の胎児を殺させる法的権利——に関わるものだからにほかならない。

8　武力の独占は、政府による統治の本質的前提である

前述の通り、政治には次のようなパラドクスが伴う。政治システムが機能しうるには、集合的志向性を共有する集団の大多数の成員が、一定の地位機能の集合を承認または受容していなければならない。ところが一般に、その地位機能集合が政治システムの内部でうまく働くには、武力行使をほのめかす脅迫によって支えられている必要がある。これは政府による統治にのみ見られ、教会、大学、スキークラブ、マーチングバンド等には見られない性格である。政府が究極的な地位機能体系であり続けるには、物理的実力の行使をほのめかす脅迫がこれを下支えしていなければならない。政府を構成する地位機能体系が、軍隊と警察を構成する地位機能体系に対して義務論的権力を介した支配を行使しえていることは、民主主義社会の奇蹟と言って過言でない。他方、政府の地位機能に対する集合的受容がうまく働か

なくなった社会——例えば一九八九年の東独（ドイツ民主共和国）——では、政府は崩壊するのである。

9　民主主義に特有の性質

カール・シュミットは、およそ政治なるものは友敵の区別に関わると指摘している（Schmitt 1996）。これ自体は正しい指摘だが、シュミットはそれに続けてこんなことも言ってしまう——両陣営が互いに相手を殺したがっていること、それこそが政治概念にとって不可欠の条件だ、と。これは少なくとも成功した民主主義に関しては明らかに誤った言明である。米国や西欧諸国のような安定した民主主義体制では、対立意見への寛容こそがバックグラウンドの前提であり、国家の基礎となっているからだ。事実問題として対立政党間での政敵殺害がほとんど行われていないのに加え、そもそも政敵の殺害を望む者自体存在しないように思われるのである。もちろん次回の選挙で政敵に勝つこと、自陣営が政権を握り、政敵を権力の座につけないようにすることは、政治家の基本的な願望であるが、相手を殺したいというのは政治家の願望としては到底普通とは言えない。安定性と健全性を併せもった民主主義国に見られる、ほとんど奇蹟的とでも言うべきもう一つの特徴は、政治紛争がきわめて抑制的なことである。仮に競合する政治家同士が互いに憎み合っていたとしても、その感情は押し殺しておくべきで、もし露呈してしまえば票を失うことになるというのがバックグラウンドの前提になっているのである。米国史において、紛争が極度に過激化し、憲法に定められた通常の方法では解決を図ることができなくなったときに起こったのは、まさに内戦〔南北戦争〕であった。

選挙すなわち多数決が民主主義に不可欠の成分であるのは当然として、安定した民主主義体制に見られる特徴をもう一点挙げておこう。それは、各個人にとっては人生の重大問題であるような事柄でも、それが選挙の争点となることはまずないということである。人の生き死にであったり、誰が経済的な成功を収め誰が貧乏生活を強いられるかといったことまで選挙で決めるような国は、決して安定することがない。なぜなら、選挙のような予測困難なものに人生設計をゆだねてしまうわけにはいかないからである。次回の選挙で対立陣営が勝つと自分は強制収容所送りになるとか、処刑されるとか、全財産を没収されるといった状況では、安定的で持続的な人生設計を構築することは不可能である。成功した民主主義体制では、選挙で誰が勝つかはあまり重要ではなく、むしろ重要であってはならないのである。米国では伝統的に選挙結果を左右するのは中間層の票であり、そのため各政党はこの中間層の取り込みを狙って、自陣営の主張が相手陣営の主張と違いすぎて見えないよう頭を捻るのである。もちろん選挙結果によっては、それなりに大きな変化が生じることもあるが、私の見たところ、結局誰が勝っても個々人の生活にはほとんど変化はないように思う。だがそれこそが民主主義が健全に機能している証拠なのだ。

　では民主主義体制において、個人の生死に関わる問題はどのように決まっているのだろうか。ほとんどの場合、そうした問題が政治の舞台に上がってくることはない。ある個人が裕福であるか貧乏であるか、生きるか死ぬか、東海岸に住むか西海岸で暮らすか、教育を受けるか受けないかといったことは、選挙で誰が勝ったかということとはほぼ無関係に決まる。ただそれでも、ごくたまには本当に重要な争点が政治の舞台に出てきてしまうことがある。そういう場合には、普段は政治活動に積極的な人でも尻込みしてしまうほどに激しい感情的反応が、市民の間に生じてくることになる。米国では、そうしたケースは連邦最高裁の判断にゆだねてしまうのが普通である。ここ百年で激しい論争を巻き起こした政治的争点としては、人種間平等と人工妊娠中絶の二つがよく知られている。特段気にしている人はいないようだが、中絶論争の解決にあたって最高裁は実に奇抜な論理構成を強いられることとなった。すなわち出生前の胎児を殺させることについて女性が有する義務論的権力はプライヴァシー権に関わるものであり、憲法修正四条によって保障されているとしたのである。だがこの問題に関しては、論争の再開を求める試みが依然存在している。

第5節　結論

本章では二つの目標を追求した。第一は権力概念に関するもので、権力の一般的な性質についての定式化を試み、一個の社会の内部で集合的に受容されたバックグラウンドおよびネットワークが、その社会の成員に対する権力関係を発生させる場合に関して、バックグラウンド型権力の概念を導入した。そのうえで、これを権力関係と解釈しうる根拠として、当該社会の成員が他の成員に対し、本人が望むか否かにかかわらず一定の行動を強要することができるという条件が満たされている旨を指摘した。

本章の最後の部分では、願望独立的な行為理由の体系が数ある中で、特に政治に特有な性質の定式化を試みた。すなわち政治概念には、公私の領域区分に基づいて政治が公領域に割り当てられること、非暴力的な手段で解決されるべき集団間紛争が存在すること、その集団間紛争が社会財をめぐるものであること、この三つが必要であると指摘した。加えて、政治システムはその全体が、武力行使をほのめかす説得力のある脅迫によって下支えされていなければならない。政府のもつ権力は警察や軍隊のもつ権力と同じものではないが、ごく例外的な場合を除き、警察や軍隊が存在しないところには政府も存在しないのである。

第8章　人権

前章まで、制度、制度的事実、地位機能、義務論的権力の各概念と、それら相互の関係について論じてきた。義務論的権力には「義務」、「責務」、「権原」、「認可」等があるが、ここで注目したいのは「権利」である。そして権利という言葉で思い付くもののほとんどは、なんらかの制度の内部に存在する。例えば所有者の権利とか、大学生の権利とかである。

だが人権については少々事情が異なる。人権なるものが存在することについては一般に合意されていると言っていいが、そこで言われる「人権」は、市民の権利、大学教員の権利、夫の権利等とは異なり、なんらかの制度的な成員資格に由来するものではなく、ただ人間であることに由来する権利であって、その意味で普遍的人権と呼ばれる。だが、そのような権利がいかにして存在しうるのだろうか。そもそも、市民の権利、大学教員の権利、夫の権利等とは別に、人の権利としての人権が存在するというのは、有意味な言明なのだろうか。普遍的人権という言葉はよく聞くが、普遍的人義務という言葉は聞いたことがない。後で確認するように、普遍的な人間の権利が存在するならば、その論理的帰結として普遍的な人間の義務もまた存在していなければならないはずである。だが「普遍的な人間の権利は存在するか」と「普遍的な人間の義務は存在するか」はとても同じことを問うているようには見えないのである。

既存の人権論ではこの点がほとんど問題視されていない。哲学者に限らず、普遍的人権という言い方に違和感を抱く人はほぼ皆無である。バーナード・ウィリアムズなどは、人権の存在についてはなんの問題もないとしたうえで、問題になりうるのはその実装と執行だと主張している。曰く、「人権がなんであるかについてはもう十分わかっている。最も重要な問題は人権を同定することではなく、人権を執行することである」(Williams 2005: 62) というのだ。だが一方で、ベンサムからマッキンタイアに至る懐疑論の伝統では、普遍的人権という観念自体が馬鹿げたものだとされている。

権利という観念を理解可能なものとするには、まずその存在論的地位を解明する必要がある。より問題の少ない所有権や市民権については、前章までの議論でその地位機能の論理構造は解明されている。そこで本章では、普遍的人権についても同種の分析を試してみることにしよう。

まずは懐疑論の言い分を確認しておく。ベンサムは、法的な承認を要せず、ただ人間であることだけに由来する権利が存在しうるなど「まったくのナンセンス」だとする。フランス革命後に、革命勢力が標榜する「人間の権利」に反対する目的で書かれた重要な論文 (Bentham 1843) の中で、ベンサムは次のように述べている。

自然権などまったくのナンセンスである。消滅することのない自然の権利など、修辞的なナンセンス——竹馬に乗ったナンセンスである。ところがこの修辞的ナンセンスが、例によって有害なナンセンスへと転化する。というのは、早くもこの自然を騙る権利のリストが作成され、まるでそれが法的権利に優位するかのような体裁を整えられているからだ。しかもこの権利のどの一つについても、何があろうと、いかなる政府によっても、ごく僅かの廃棄すら不可能であるとされているのである。（Bentham 1843: 501）

ベンサムによれば、あらゆる権利――「実体的権利」――は法によって創出されるのである。この点について論じた部分もまとめて引用するだけの価値があろう。

権利――実体的権利――は法の子なのである。実在の法からは実在の権利が生まれるが、架空の法、自然の法、つまり詩人、修辞家、道徳と知性に作用する毒物を扱う売人たちが空想し捏造した法は、架空の権利、歪《いびつ》な怪物の子、「ゴルゴンやキマイラの類い」を生む。こうして法的な権利、法の子孫、平和の友人から、法に反する権利、法の天敵、政府の転覆者、安全の暗殺者が生ずることとなるのである。（Bentham 1843: 523）

近年でも、マッキンタイアがやはり強い調子で同様の懐疑論を展開している。

そのような権利〔＝自然権や人権〕は存在しないのだ。そんなものの存在を信じるのは、魔女やら一角獣やらの存在を信じるのとなんら変わるところがない。

そんな権利は存在しない、とここまではっきり断言できるのは、魔女が存在しないとか一角獣が存在しないと断言できるのとまったく同種の理由による。すなわち、そういう権利が存在すると信じるべき理由を与えようとの試みが、これまで一つとして成功していないことである。十八世紀の自然権擁護派の哲学者には、人間が自然権を有するのは自明の真理であるといった議論を立てる者もあったが、我々は自明の真理など存在しないことをすでに知っているのだ。(MacIntyre 1981: 69)

第1節　権利は地位機能から導かれる義務論的権力である

ベンサム／マッキンタイア型の懐疑論への応答は可能だろうか。私の考えは、可能ではあるが、そのためには普遍的人権が地位機能であること、つまり付与された地位から導かれる義務論的権力であることを認めなければならない、というものである。かれらの懐疑論にも一縷の真理は含まれている。すなわち、我々は「人の顔には鼻がある」ことを発見するのと同じ意味で「人は普遍的人権をもつ」ことを発見するわけではないのであり、この点についてはかれらの指摘に一理なしとしない。要するに、普遍的人権は人為のものであるがゆえに、その存在は志向性相対的なのである。とはいえ、こうやって存在論的地位を明らかにしてやるならば、普遍的人権の存在といえども、貨幣、私有物、友人関係の存在と同様、なんら謎ではなくなる。貨幣、私有物、友人関係の存在についての信念がナンセンスだなどという者はいないのである。

一般に、所有権や配偶者権などの権利が地位機能であること、つまり集合的に承認された地位に由来する義務論的権力であることは、自明の前提としておきたい。これらの権利は、集合的な承認または受容によってはじめて人々に付与され機能しうるようになる義務論的権力である。したがって、無人島に独り暮らすロビンソン・クルーソーに人権があるなどと言えば、これはさすがに的を外していると言わざるをえない。これについてはナンセンスと言ってもいいくらいである。仮にロビンソンに人権がある（例えば彼が難破したことを知る人々に捜索してもらえる権利がある）というのであれば、それは我々が彼を人間社会の一員と考えていることを意味する。

権利が地位機能であることからただちに、権利は志向性相対的であると言える。いかなる権利も集合的志向性によって創出され付与されるのであって、光合成や水素イオンの存在のように自然界の中に発見されるような種類のものではない。例えば次に挙げる二つの陳述は、一見論理的に矛盾しているように見えるが、人権の創出と維持に見出される論理構造を想起するならば、この両者を無矛盾に解釈することは可能である。

1　言論の自由への普遍的権利は、ヨーロッパ啓蒙期に初めて生まれたもので、それ以前には存在していなかった。

2　言論の自由への普遍的権利は、ヨーロッパ啓蒙期に初めて承認されたが、それ以前から常に存在していた。

いかなる表現も一義的にしか解釈されえないとすると、この二つの陳述は矛盾せざるをえないが、解釈の仕方によっては両者を無矛盾に理解することが可能である。この一見相反する二つの陳述がいかにして無矛盾に解釈されるか、この点を示すことも本章の目的の一つである。見かけの矛盾を解消し、懐疑論者の疑念に答えるためには、普遍的人権がいかにして創出されるか、そして普遍的人権の存在がいかにして正当化されるか、この二つの問題について説明を与える必要がある。

第2節　いかなる権利も義務を含意する

ある人がなんらかの権利を有するという陳述は、その論理形式によって常に、その人とは別の人が、その権利に対応する一定の義務を有することを含意する。例えばXがYの所有地を通行する（A）権利を有するといった場合、

Xは権利（XがAする）を有する

は

Yは義務（Yは（XがAする）のを妨げない）を有する

を含意する。

ここでは特に、権利は常に他の誰かに対する権利だという点に注意が必要である。私があなたの所有地を通行する権利を有するとすれば、この権利はあなたに対する権利であり、そのゆえにあなたは自分

の所有地を私が通行するのを妨げない義務を有するのである。このように権利と義務の間には、XがYに対してある権利を有するならば、YはXに対してある義務を有する、という論理的な関係が存在する。言論の自由への権利のように米国で基本権とされているものは、通常、政府に対する権利である。実際、言論の自由への権利を保障した米国憲法修正第一条には端的にこうある――「議会は〔中略〕言論もしくは出版の自由〔中略〕を奪う法律を制定してはならない」。条文の文言通りに言えば、憲法が保障する言論の自由への権利は、我々が議会に対して有する権利だということである。

標準的な義務論の論理では、ただ一つの義務論的観念から出発して他のすべての義務論的観念を定義づけることが可能である。例えば「義務」を基準とするなら、私は行為Aをしない義務を負っていないとき、そのときに限って、行為Aをすることを許されている、のようになる。この種の義務論の論理に不満がないわけではないが、一面の正しさは認めざるをえまい。というわけで、あらゆる地位機能を単一の義務論的権力から定義づけようと試みている私としては、その企図から厳密に導かれる論理的帰結として、一個の義務論的観念から出発して義務論全体の完全な分析を得ることができなければならないことになる。

権利と義務が完全に対応するという主張に対して、さしあたり反例らしきものも考えられる。権利を有する者が、その権利によって一定の権力を得る場合である。例えば米国大統領は議会で可決された法律案について拒否権を有するわけだが、この拒否権がいったい誰に対する権利なのかが不明だというのである。しかしこの問題に対しては、明確な答えを与えることが可能である。大統領の拒否権は、大統領が議会に対して有する権利にほかならない。大統領が拒否権を有することに対応して、議会は大統領の拒否権発動を受容し、それを覆すのに両院それぞれで三分の二の賛成を要する旨を承認する義務を有するのである。

以上の議論をまとめると次のようになろう。

1　すべてのxについて、xは権利R（xがAする）を有する

は

2　あるyが存在し、xはyに対するRを有する

を含意する。そしてこの2は

3　yはxに行為（xがAする）を許容する［妨げない等］義務を有する

を含意する。

「権利を有する」という場合には、常にこのパターンが成り立つと考えてよい。いかなる権利も他の誰かに対する権利であり、その誰かはその権利に応じた義務を有する。それゆえ、いかなる権利も義務を含意するのである。他方、ではいかなる義務も権利を含意するか、となるとまた話が違ってくる。慎

重な言い方をしておくなら、非公式な社会的義務――パーティに人々を招待する義務――には、対応する権利の存在しないものが多いのではないかと思う。もちろん日常会話には「自分には○○氏のパーティに招かれる権利がある」といった言い方もあるが、ここでは、すべての権利は地位機能であるとする仮説を堅持すべきだろう。ある人が一定の権利を有するということは、その権利の宛先となっている人々が権利者に対して一定の義務を有するということであり、その義務は権利者が占める一定の地位に由来するのである。というわけで、とりあえずXがYに対してある行為をする権利を有し、その権利が一定の地位機能に由来するものである場合については、権利（正確には後述する「消極的権利」）と義務の関係を次のように定式化することができる。

（XはYに対する権利（XがAする）を有する）→（Xは地位S（SがYに義務（Yは（XがAする）のを妨げない）を負わせる）を有する）

つまり「XはYに対して行為Aを遂行する消極的権利を有する」は、「XはXによる行為Aの遂行を妨げない義務をYに負わせる一定の地位Sを有する」を含意するのである。後述するように、これで権利のすべてが網羅されるわけではないが、少なくともこれが消極的権利に含まれる重要な性質だということは言える。

以上より、仮に普遍的人権なるものが存在するならば、そこからただちに普遍的な人間の義務なるものの存在が導かれることになる。言論の自由への普遍的権利が存在するならば、その権利は任意の人が他の全員に対して有する権利であり、したがって全員が他の全員に自由な自己表現を許容する義務を負うことになるのである。この点は重要なので後で改めて論ずることとし、ここでは次の点を強調しておくに留める。すなわち我々としては、権利についての陳述が、その権利の宛先となっている人が負う義務についての陳述と、意味において等価であるとまで主張する必要はないが、その一方で、いかなる権利にもその権利の行使を妨げない義務が対応して存在するのであり、したがって普遍的人権が存在するとすれば、そのことからただちに、普遍的な人間の義務が存在していなければならないとの結論は導かれるのである。

第3節　普遍的人権はいかにして存在しうるか

前述の通り、最も理解しやすいのは制度と結びついた権利である。家族、私有、市民権、組織の成員資格等、とにかくなんらかの制度の内部で一定の位置を占めている人が、その位置に付随する権利（や責務や義務）を有するという論理である。ところが歴史上のどこかある時点で天才のひらめきがあった。所有者の権利、市民の権利、国王の権利があるなら、ただ人間であるということだけに基づく権利だってあるはずではないか。人間であることもまた、我々の地位機能の定義に沿った機能を付与しうる一個の地位ではないのか。だとすれば所有権や市民権に加えて、人間の権利としての人権が存在するはずだ、と。この発想が生まれた具体的な経緯についてはよく知らないが、いま思いつく限りで言えば、次のようなことだったのではないか。

観念として、自然的人権は自然法の系《コロラリー》である。理想状態における立法者または授法者は、その法を自然法、すなわち自然秩序を統べる法と合致させなければならない。――こう考えるならば、そこから、人権もまた自然法の一つなり、とするところまではほんの一歩である。自然法の理論は、人為的に定められる人間法は自然――特に人間の自然本性《ヒューマン・ネイチャー》――に反するものであってはならず、むしろそこから導かれるものでなければならないと説くが、その背後には自然本性は普遍的であり、それゆえそこから導かれる普遍法が存在しうるという前提がある。私の知る限り、このような考え方は近代の哲学者ではグロティウスか、少なくともその同時代の哲学者らに発するものである。ヨーゼフ・モウラルがストア哲学にも同種の発想が見られると言っているほか、マルガ・ベガによると、新世界で先住民に遭遇したスペイン人神学者らはかれらについて、人間であることのみによって神から権利を授けられている、と考えたらしく、ここに普遍的人権の発想が見られるというのだが、私はどちらの主張にも懐疑的である。というのは、現在我々が理解する意味での人権の観念は、ヨーロッパ啓蒙期の産物にほかならない独特のオーラをまとっているように思うからだ。誰が最初に人権という観念に定式化を与えたのか、そしてそれがその後にどのような進化を経てきたのか、このあたりの事情を詳らかにする研究はなかなか面白そうだ（優れた文献研究としてHunt 2007を参照）。

　もちろん聖書だって、そこに普遍的人権の存在が含意されていると解釈することは不可能ではない。例えば十戒について、誰であっても殺されない権利を有するとか、父母が「敬われる」権利を有するといったことを定めたものだと解釈することは可能ではある。だが前述の通り私は、人権はあくまで近代的な観念であって、ストア哲学やスペインのコンキスタドールにすら遡れないと考えているわけで、聖書が人権を説いているなど論外である。近代的観念としての普遍的人権というのは、要するに我々が人間としての尊厳のゆえに有する権利である。仮にそれが神からの授かり物だとしても、なぜ神が我々にその権利を授けたのかといえば、それは我々が人間であるからにほかならない。これに対し十戒というのは、蒙昧な人類に神が一連の戒めを定めてやったというにすぎないのである。いずれにせよ私の知る限り、「人権」——特に普遍的人権——はすぐれて最近の、啓蒙期以前には存在しなかった言葉である。我々の知る近代的な普遍的人権の観念は、誰もが人権を有すること、人間は平等であること、全員が他の全員と平等に同じ権利を有すること、この権利は人間が人間であることに由来するものであること——これらの意味で権利が普遍的であることを求める。人権は自然で、普遍的で、平等でなければならないのである。[原注5] このような意味での人権の観念が、ヨーロッパ啓蒙期以前に広まっていたとは到底思えない。

だが権利が一般に地位機能であり、地位機能の存在が制度的事実の一種なのだとすれば、人権については困ったことにならないだろうか。論理的におかしなところが出てこないだろうか。この疑問に対しては次のように答えることができる。人権が存在するとの観念に論理的な不備はない。なぜなら人間に権利を付与することと、一般になんらかの地位に応じて義務論的権力を付与することとの間に、論理的な違いはまったく見出だせないからである。困ったことになりそうな気がしてしまうのは、複雑な社会システムでは、権利は所有、軍隊、裁判所、官僚制、営利企業、結婚等、様々な水準において既存の地位機能に由来するのが通例であるとの事情があるからである。しかし人間に権利の地位機能を直接付与することが、紙片や黄金に貨幣としての地位機能を付与することに比して、ことさら論理的におかしいことだとは言えない。つまり論理構造としては、私有物であること、国務長官であること、既婚者であることをそれぞれ一個の地位として扱うのと同様に、人間であることを一個の地位として扱うのにすぎない。「Xは文脈CにおいてYとみなされる」のY項に「人間」が入るだけのことであり、だからこそ、人間であれば自動的に人権を保障されるという論理になっているのである。

だが人権については、少なくとも次の二つの点で特段の検討を要する。第一に、制度的権利の場合、ある権利の正当化を、それが依拠する制度の目的から導くことができる。所有、政府、結婚といった制度の目的が、それぞれに対応する権利と責任を要求するのである。では「人間であること」はいかなる意味で権利を要求すると言えるのだろうか。この問いに答えるための第一歩として、ここで問われているのが、人間であることがそれだけで他の人間に願望独立的な行為理由を与えることのできる一個の地位でありうるのか否か、であることを確認しておきたい。しばしば志向性相対的であることと完全に恣意的であることを混同した議論が見られ、権利の付与は完全に恣意的であるがゆえに合理性の観点からの正当化を欠くとされることがあるが、これは間違いである。人権という観念を用いるのであれば、それに正当化を与えることは不可欠の条件である。

第二に、人権とそれ以外の制度的地位機能の間には決定的な違いがあるのではないか。というのも人権の場合、承認が得られなくなったからといってそれで人権が存在しなくなるわけではない、と主張したくなる局面がしばしば訪れるからである。だが仔細に検討してみればわかる通り、人権以外の地位機

原注5　人権に備わる自然、普遍、平等という三つの性質がいかに重要なものであるかについてはHunt 2007を参照せよ。

能でもこれとよく似た事情が見られる。制度的事実は基本的にX項、Y項、そしてY項に付与される地位機能（義務論的権力）の三要素から成り立っている。このうち地位機能は、承認されている限りで機能する。つまりこのシステムを受容している者にとって、X項を満たすものは自動的にY項を満たし、したがって地位機能Yを有する。だがX項は満たすがY項を伴う承認は否定され、したがって地位Yに付随する機能も否定される場合はどう考えればいいだろうか。例えば米国史では、米国に生まれ自動的に米国市民とみなされていた人が、ある時点で市民権を否定され、一部の人々からは市民であることすら否定されるという事態がたびたび起こっている。その場合、この人は市民権を失ったとも言えるし、市民権は承認されなくなったが保持されてはいるとも言える。あるいは、この人は誰からも市民として承認されていないが本当は市民なのだとも言えるし、誰も承認していないのだから市民ではなくなったのだとも言える。

人権に関しても状況は基本的に同じなのだが、一点だけ重要な違いがある。それは「人間」という語には、特殊な地位として承認の対象となる「人間」とは別に、それに先行する用法もあるということである。「結婚」、「私有物」、「大統領」には定義上一定の地位機能が伴うが、「人間」にはそれがない。人権を否定されたからといって人間であることまで否定されたりはしないのである。否定の対象となるのは、人権の義務論を受容する人々にとっての、その地位に伴うことになっている機能だけである。この点をより明確にするには、人権が創出されるにあたって何がX項となるかという問いを立てればよい。この問いに対する答えがいかなるものとなるかは、人権についていかなる理論を有しているかに応じて違ってくる。人権を神からの授かり物と考えるなら、X項は「神がその像《かたち》の如くに創りし者」となり、そのように創られた者は誰もが人間であり、人権を有する者とみなされる。だが私を含む多くの人々にとって、X項となるための条件は、単に生物種としての人間たることを構成する生物学的条件を満たすことである。この条件を満たす者が人間もしくは人格とみなされ、人格とみなされる者は権利を有する者とみなされるのである。貨幣、私有物、市民等との重要な違いは、人権の存在についてはその権利を定義する既存の制度が存在しないことである。

我々は特に道徳的な争点に関わるような場合、地位機能への権原（entitlement）を有することそれ自体が、その地位機能を保有することの一つのあり方だと考える。つまり我々は、承認されなくなれば権利は失われると言いつつ、承認されなくなっても権利は失われるのではなく保有されているのだとも主張しているわけだ。さしあたりこれは矛盾だが、次の点を確認すれば矛盾ではなくなる。すなわち「承認されなくなっても権利は失われない」というのは、条件Xを充足することが地位機能Yを保有するための十分条件であることを述べたものであり、「承認されなくなれば権利は失われる」というのは、Y地位機能が機能するためには承認されることが必要条件であるため、承認を欠く場合には地位機能の存在を否定することができる旨を述べたものなのである。こう解釈すると、ある意味で「人権」概念に曖昧さを残すことになるが、この曖昧さは人権以外の地位機能概念にも広く共有されるものである。

以上で、「普遍的人権など存在しない」というのは明白な常識的事実を述べたものにすぎないとするベンサム／マッキンタイアの主張と、我々を含め「普遍的人権は存在する」と考える他の大多数の立場の間に生じた緊張関係を解消しうるだけの準備は整ったものと思う。我々はベンサム／マッキンタイアとともに、普遍的人権も他の地位機能と同様、承認される限りで機能するものである、すなわち承認なくして義務論的権力なし、と言うことができる。だがそれと同時に、普遍的人権は否定されたり承認されなかったりした場合でも失われるわけではない、という常識的な前提を共有することもできる。つまり、X項の条件――米国で生まれた、生物学的にヒトである等――に当該地位機能を有するための根拠が含まれていることをもって、Y項の条件が充足されたと言うための根拠とするのである。そうすれば、市民であれば市民権への権原を有し、人間であれば人権への権原を有すると言える。ただし、ここで権原とは権利の存在への権原という意味ではない。権利の存在は前提として、その権利が承認されることへの権原と読むべきものである。

相反するように見える主張であっても、冷静に分析してやれば対立そのものが解消してしまうというのは、哲学においてしばしば見られる展開である。懐疑論者は慎重に考えてみれば誰にでも理解できる当然の真理を述べているつもりでいるのに対し、人権の存在を信じる大多数の人々も、誰にでも「自明」であるべき事柄を主張しているだけだと考えている。実際には、どちらの主張にも幾分かの真実が含まれているのであって、私のここまでの議論はそれを明らかにしようとする試みであった。

特に米国で顕著な論調なのだが、およそ人権なるものは神からの授かり物でなければならないと考える人は多い。「不可譲の権利」に神授以外の正当化根拠など求めえようはずもないというわけだが、この議論は穴だらけと言わざるをえない。百歩譲って神の存在を認めたとして、この神は我々に権利を授けるにあたり、どうやらしょっちゅう心変わりをしているようだ。なにしろ基本的人権のリストが一定しないのである。例えば米国憲法神授説を唱える者は、神が我々に基本的人権を授けるにあたって奴隷制を許容していた事実を忘れるべきではない。奴隷制の廃止は一八六五年まで待たねばならなかったのである。女性の投票権だって一九二〇年まで認められていなかった。ことほどさように権利神授説は理論的にも実践的にも欠陥だらけである。もし仮に神の存在が否定されるようなことでもあれば——困ったことに私は神の不在をほぼ確信しているのだが——誰一人としていかなる権利も有していないということになってしまう。また人権のリストが一定しない以上、どれが神授による権利でどれがそうでないのかがはっきりしないという問題もある。十戒とか七つの大罪とか七つの美徳であれば内容も明確だが、人権については何が含まれ何が含まれないかについて一般的な合意が存在しない。例えば国連の世界人権宣言には「すべて人は、国籍をもつ権利を有する」(第十五条)とあるが、いったいいかなる根拠で、国が社会的組織の基本形態であって、国籍を奪われることが基本的人権の喪失を意味する、などと言えるのか。バーナード・ウィリアムズは先に引いた箇所で、人権に関して問題があるとすればそれは何が人権であるかについての我々の無知ではなく、人権を執行するにあたっての困難であると言うのだが(Williams 2005)、私はやはりこれは間違いで、何が人権であるかについての無知こそが問題なのだと思う。そこで、何が人権であるかを定めるための原理を提供することを本章の目標に加えたい。ただし、基本的人権のリストに関して一般的な合意が存在しないことについては改めて強調しておく。

第4節　消極的権利と積極的権利

米国で独立宣言や権利章典が定められた十八世紀から今日に至るまでの間に、人権の観念そのものにも微妙な変化が生じている。当初自明とされた権利は、どれも消極的な権利であった。つまり権利といっても、国家等の主体に対して積極的行為を求めるものではなく、表現の自由や武器の保有・携帯に対して国家が干渉しないことを求める権利だったのである。ところが人権の観念はその後次第に拡大していき、十分な生活水準への権利や、高等教育を含む教育への権利など、積極的な権利――定義上、他の人々に義務を課す権利――が存在すると考えられるようになってきた。例えば世界人権宣言に「すべて人は、衣食住、医療及び必要な社会的施設等により、自己及び家族の健康及び福祉に十分な生活水準を保持する権利並びに失業、疾病、心身障害、配偶者の死亡、老齢その他不可抗力による生活不能の場合は、保障を受ける権利を有する」（第二十五条）とある通りである。

だがこの条項に見られるような陳述は、それが陳述として有意味であるための条件として、そこに挙げられている「権利」のすべてについて、誰に支払い義務があるかを特定できなければならないという困難を抱えている。要するに、これらの権利がいったい誰に対しての権利なのかが、論理的に重要なポイントなのである。前述の通り、権利の観念は義務の存在を含意する。権利は常に誰かに対する権利であり、その誰かは、その権利の内容に応じてなんらかの義務を課される。義務なくして権利なしである。例えばどんな人も十分な住居、良好な生活水準、高等教育への権利を有するのだとすれば、あなたも私も、他の全員が十分な住居、良好な生活水準、高等教育を得るのに必要な金銭的負担を引き受ける義務のもとに置かれることになる。この種の主張にはきわめて強い論拠が求められるはずだが、人権論者の多くはこの「権利」について「～であるのが望ましい」型の陳述で済ましてしまっているように思う。誰もが十分な住居、良好な生活水準、高等教育を得られるとすればそれが望ましいのは当たり前であって、そのこと自体に反対する人はいないだろう。だが自分を含め誰もが、自分以外の全員に対して住居や生活水準や教育を提供する義務を負わされることになるという点まで含めるとしたら、話はまったく変わってくるのである。私は世界人権宣言はきわめて無責任な文書だと思う。これを書いた人は、普遍的権利と普遍的義務の間に論理的な含意関係の存在することまで頭が回らず、社会的に望ましい政策と普遍的な基本的人権とを混同してしまっているからである。

例えば言論の自由への普遍的権利であれば、権利と義務の対応関係を簡潔に定式化することができる。すなわち、

Xは権利（Xが自由に言論する）を有する

は

Yは義務（Yは（Xが自由に言論する）のを妨げない）を有する

を含意する。

積極的権利についてこれに倣った定式化を与えるなら、次のようになる。

Xは権利（Xが十分な生活水準を得る）を有する

は

Yは義務（Yは（Xが十分な生活水準を得る）のを妨げない）を有する

を含意する。

だがこれでは積極的権利の定式化として不適切と言わざるをえない。ここに述べられた条件が充足されたからといって、Xの権利であるはずの生活水準を達成できるとは限らないからである。ここでYに課せられた義務がXに与えるのは、十分な生活水準を得ようと試みる権利でしかない。不干渉に留まっている限り積極的権利を保障したことにはならないのである。

人権という語を用いるにあたっては、それが（1）誰に対する権利なのか、（2）その人が権利保有者に対して負う義務の内容はいかなるものか、（3）なぜその人が権利の宛先として義務を負わされるのか、この三点を特定できなければならない。一点でも不特定な要素があるなら「人権」という語の使用は控えるべきである。この基準からすると、少なくとも次に列挙するものは人権だと言ってよいと思う――個人的安全への権利を含む生存権、（衣服等の）私有物を所有する権利、言論の自由への権利、他の人々と自由に結社する権利、結社する相手を選ぶ権利、信仰と無神論の双方を含め信じたいものを信じる権利、移動の権利、プライヴァシーの権利。

権利の存在は義務の存在を含意するという私の議論が正しいとすれば、人権に関しては消極的権利と積極的権利は根本的に異なるものとして扱う必要がある。もちろん両者を一分の迷いもなく区別するのは無理だろうが、直観的な発想については十分明確に述べることができる。すなわち言論の自由への権利等の消極的権利は、他人に対して不干渉を義務づけるのである。私が言論の自由への権利を有しているならば、私以外のすべての人が、私に自由に言論をさせておく義務を負うわけだ。他方、仮に私が十分な住居を得る権利を積極的人権として有しているときには、私以外のすべての人が、私に十分な住居を提供する義務を負うのである。この積極的人権に必要な正当化は、消極的人権に必要な正当化とはまったく異なる。消極的権利が比較的容易に正当化可能であるのに対し、積極的権利の正当化ははるかに困難なものとなるはずだ。

国連の世界人権宣言は――仮にその内容を字句通りに受け取るならばだが――全世界のすべての人に一定の義務を負わせようとする試みだと解釈せざるをえないが、私としてはあらゆる積極的権利について、全人類に義務を課すことを正当化できるだけの根拠が得られるとは思えない。しかしここでただちに、次の二点を明確にしておく必要がある。

第一に、具体的に存在する政府、例えばカリフォルニア州政府が、州内に居住する全市民に十分な住居への権利を保障し、その財源確保のために増税を行って実際に税収から支出することを決定したというのであれば、これは全然違う話である。というのもこの事例に登場する権利は普遍的人権ではなく、個別の立法権力がその域内に居住する市民を対象として制定した権利にすぎないからである。これに対し国連の世界人権宣言は、個別の政府が権利を認めるという形式のものではなく、全世界のすべての人間に対して負の義務論的権力を負わせようとする試みなのである。このように世界人権宣言というのはものすごいことを要求しているのだ。私には大多数の人がこれを本気にとるとは到底思えないし、世界人権宣言でなされた主張を正当化できるだけの論拠は、国連の内外を問わずまだ出てきていないと思う。

第二に、ある権利が積極的権利として述べられるのではなく、積極的権利が保障しようとする様々な目的を追求する権原を人々に与える消極的権利として述べられるのであれば、それが「権利」たることにはなんの問題もない。例えば私は、誰もが十分な住居を得る普遍的人権を有するとは思わないが、自分の家族が暮らすのに十分な住居を得ようと試みる権利であれば、これは誰もが有していると思うし、それが意味するのは政府がその権利に干渉しない義務を負うことだから、権利として有意味である。私的所有についても同様で、誰もが私的所有権を有すると言うとき、その意味するところは、何か特定の物品について誰もがそれを所有する権利を有するということではなく、財産を獲得し維持する権利が万人にあるということにほかならない。どの程度までこの権利が認められるかについては、それなりに議論の余地があるだろうが、自分には衣服、住宅、自家用車を所有する権利への権原がある、というのは消極的権利の主張として至極真っ当なものだと私は思う。

第5節　言論の自由への権利

前述の通り、私は少なくとも確実に消極的権利に数えられるものについては、これを正当化する議論が可能であると考えているのだが、その議論に入っていくにあたり、まず、ほぼすべての人権理論で人権と認められている基本的な消極的権利を一つ取り上げて検討しておきたい。すなわちここで俎上に載せるのは言論および表現の自由への権利である。またこの議論を通じて、消極的権利と積極的権利の区別も改めて明確になるはずである。

なぜ、社会は言論の自由を認めるべきなのか。この点、既存の論拠は薄弱だという世評に私も同意する。タイプとしては二つあり、一つは言論の自由への権利は神からの授かり物だから必然的に妥当なのだとする議論、もう一つは功利主義に基づく正当化で、この後者の立場を打ち出した中で最も有名なのはミルの『自由論』(Mill 1998) である。

なお、米国では権利論がしばしば憲法の条文を引くだけで終わるきらいがある。言論の自由への権利であれば、この権利は憲法修正第一条で保障されている、の一言で終了である。この論で行くと、奴隷制が間違っているのは修正第十三条に違反するからでしかない。以下、こうした憲法上の規定を論拠とする議論は、権利の正当化としては不適切であるとしておく。この種の短絡は政治的には有用なのだろうが、哲学的にはまったく不十分だからだ。この点、神を持ち出す議論も同様である。権利もまた一個の地位機能である以上、その正当化は合理的な根拠に基づくものでなければならない。この点を踏まえたうえで、言論の自由への権利について、その正当化を目的とした議論を逐次検討していきたい。

まず権利に関して功利主義的な正当化が困難であることはよく知られているが、その困難が最も顕著なのが言論の自由の場合である。言論の自由への権利が、その権利の行使が最大多数の最大幸福をもたらすという事実に基礎づけられるものだとしたら、この権利が存在するか否か、この権利を行使してよいか否かは、最大多数の最大幸福に関する事実の如何に全面的に依存することになる。例えば私が言論の自由を行使しても最大多数の最大幸福がもたらされないことが明らかな場合——例えば同じ共同体に属する他の成員に対してかれらを怒らせるような発言をする場合——には、私は言論の自由への権利を失ってしまうわけだ。だが、こと権利に関してこんな馬鹿げた結論はありえない。ならばこの理論はどこかがおかしいということである。

　規則功利主義を採用したところで困難は解消しない。この点は功利主義的に正当化される規則について、その標準事例を検討してみればすぐにわかる。例えば私が、功利主義的ないし帰結主義的な根拠に立って、一日二回歯を磨くという規則に従っているとしよう。一日二回歯を磨くと口腔内の健康が保たれる、ゆえに私は一日二回歯を磨くという規則に従う、という理屈である。しかし何か特別な事情のために、私が歯を磨くと壊滅的な帰結がもたらされてしまうとすると（例えばある日突然私の歯が放射能を帯び、今日私が歯を磨くなら街全体が吹っ飛んでしまうとすると）、私に歯磨きを命じる規則が独立した効力を一切もたない以上、考慮すべき問題は自分の歯の健康と街の存続をそれぞれどの程度重視するかに尽きてしまう。規則それ自体が独立した効力をもたない場合、その規則は功利主義的に大きな利益の得られる行動パターンの要約以上のものとはなりえないのである。

　この批判に対して功利主義陣営から出される標準的な反論は次の二つである。その第一は、規則に違反することの帰結がいかなるものになるかは事前には知りえないのであって、それゆえ全体として功利主義的に正当化される規則であれば保持すべきと推定しなければならないというものである。言論の自由の行使が仮に功利主義的に見て悪しき帰結をもたらすように思えたとしても、その予想は絶対確実なものではありえないというわけだ。この議論を認識論的反論（epistemic argument）と呼ぶことにする。他方、功利主義陣営から出される反論の第二は、信頼論的反論（trust argument）とでも呼ぶべきものである。すなわち人々に言論の自由への権利を与える規則およびこれに類する規則は、人々が当該の規則が尊重されることを信頼できてはじめて機能するような種類の規則である。ところがこの規則に対して、従いたくないときは従わないというような扱いをしてしまえば、規則への信頼は弱体化せざるをえない。したがって、個別事例において規則に従うか従わないかを判断する際には、その規則に対する信頼がもたらす功利主義的利益についても併せて考慮する必要があるというわけである。

とはいえこの二つの反論はいずれも不十分である。認識論的反論は、認識状況に困難が存在せず、帰結が完全にわかっている場合を思考実験的に想定してやるだけで簡単に無効化する。認識上の困難が何も存在せず、帰結について完璧な知識が得られるのであれば、言論の自由への権利の出る幕はない。結局、認識上の問題は言論の自由とは無関係なのである。

信頼論的反論もやはり脆弱である。これは、私の権利行使を不快に思う人がいる程度のことで私の権利が無効になってしまうようでは言論の自由への権利という原理そのものが信頼を失うことになる、したがって私の権利は守られるべきである、という主張であった。だがこの主張が依拠している、例外を認めると原則が弱まるという議論は、真偽のはっきりしない経験的仮説にすぎないのであって、場合によっては例外を認めても原則そのものにはなんら影響のないケースだって想定可能である。認識論的反論の場合と同様、そうしたケースについてはこの反論は成り立たないのだ。

結局、認識論的反論も信頼論的反論も、同様の弱点をもっている。権利の存在はそれ自体が願望独立的な行為理由であること、そして権利の存在は、それが願望独立的であるのと同じ理由によって、功利主義に——つまり帰結に——左右されるものではないこと、この二点を両反論はいずれも捉え損なっており、そのため権利に独立した地位を与えることができず、したがってその権利の権利たる所以を説明できていないのである。

以上が、規則功利主義では功利主義の窮地を救うことはできないと私が考える理由である。

では言論の自由の適切な正当化とはどのようなものであろうか。その第一歩は、我々が発話行為を遂行する動物であるという端的な事実である。我々は二足歩行をする動物であり、食物や水を摂取する動物であり、地球の大気で呼吸する動物であるが、これらと並んで発話行為を遂行する動物でもある。言論の自由への権利は、ヒトが発話行為を遂行する動物であり、生得的な固有の能力として自己表現能力を有しているという事実からの自然な帰結なのである。言論の自由への権利を承認することは、それが我々の生活の中心を占めていることの承認ともなっているのである。

ただこれはあくまでも第一歩であって、これだけで権利の正当化が完了するわけではない。人間としての自然な傾向性でありながら権利として認められていないものはいくらでもある。例えば、思春期の男子が好きな女子をめぐって殴り合いをするのは自然な傾向性のようにも思えるが、殴り合いをする権利などというものは存在しない。だとすると、なぜ言論の自由だけが特別扱いされるのだろうか。とりあえず、他人への暴力を含む事例は簡単に処理することができそうである。というのも他人への暴力はその他人への危害を伴うのであり、他人に危害を加える権利をもつとは他人の権利を侵害する権利をもつということにほかならず、したがってそんな権利はもちえないからである。権利の平等という概念が、他人に暴力を振るう権利を禁じているのである。だがこれでもまだ道半ばである。他人に危害を加えないような傾向性もまた多く存在するからである。例えばドラッグを摂取し、楽しみ、依存症になることも人間の傾向性の一つではあろう。ではそれは我々の権利なのだろうか。これはそう単純な問題ではなく、ここで結論めいたことを言おうとも思わないが、さしあたり確認しておきたいのは、他人に危害を加えない一定の行為について我々が自然な傾向性を有している場合でも、その事実だけでは、その行為への権利を普遍的人権として保障するのには依然不十分だということである。

改めて問おう。言論の自由の何が特別なのだろうか。ここで指摘すべき第二のポイントは、我々が合理的な発話行為遂行能力に特別な意義を認めているという事実である。単に傾向性というだけなら、幼児が親指を吸うのだって人間の傾向性ではある。だが自由な言論はただ我々の傾向性であるに留まらず、我々が特別な価値を認めるものでもある。我々は、言論の自由がなくては人間としてのポテンシャルを十全に発揮することができないと考えている。したがって言論の自由への権利については、少なくとも次の二点を指摘しておかなければならない。すなわち第一点は、我々が発話行為を遂行する動物であるということであり、第二点は、我々はこの発話行為遂行能力に特別な意義ないし価値を認めているということである。つまり――このことは一点の曇りもなく明確にしておきたいのだが――人権の正当化は倫理的に中立ではありえないのである。人権を正当化するにあたっては、我々人間が生物学的にいかなる存在であるのかに留まらず、我々の存在にいかなる――顕在的もしくは潜在的な――価値が認められるかについても明らかにしておく必要があるのである。この点、後で改めて取り上げることにする。

言論の自由への権利に反対する立場から出された論拠を逐一検討してみると、むしろこの権利を「我々は発話行為を遂行する動物である」という自然的事実から導く議論の優れた点がはっきりしてくる。現在流行りの論法は次のようなものである。すなわち、最も有力な言語理論によれば言語とは行為の一種――発話行為――である。そして発話行為も他の行為と同様、他人に対して危害を加える可能性がある。したがって我々は、他の行為と同様に、発話行為に対しても規制を加える権利を有する。私の発話行為にはあなたをはじめ任意の他人に危害を加える可能性があり、したがって社会には私の言論の自由に様々な規制を加える権利が、いやむしろそうする義務がある、というのである。

発話行為も行為であるという指摘は正しいとしても、この論法には誤りが含まれている。あなたが私の発言で傷ついたとしよう。その痛みは、物理的に殴られたのに匹敵するものだったかもしれない。だがそれでもやはり両者の間には大きな違いがある。発話行為によって生じる発話媒介効果はあくまでも聞き手の心理状態であって、肉体的な損傷ではない。私だってあなたの発言のせいで苛立ったり、憤慨したり、激昂したり、傷ついたりするかもしれないが、だとしても出血したり骨折したりするわけではない。「棒と石なら骨も折れるが言葉で怪我することはない」などと子供向けの諺にいう所以である。

また、これも大事な点だが、聞き手に対する発話媒介効果というのは、聞き手次第の部分がかなり大きい。例えばあなたの発言により私が苛立ったり、憤慨したり、激昂したり、傷ついたりしたとしても、あなたの発言の内容が、それに対する私の側での感情を直接決定しているわけではない。人間は発話行為を遂行する動物であると同時に、そのこと自体によって合理的な動物でもある。いかに攻撃的な発話行為であっても、それがもたらす発話媒介効果がいかなるものであるかを見定めるにあたって、その発話行為を合理的に取り扱う余地は十分にある。例えば、無視を決め込んで、いちいち感情的に反応しないというのだって選択肢の一つである。この点で言論は、いかにそれが攻撃的なものであったとしても、殴ったり縛ったりといった物理的な危害を伴う行為とはまったく別物なのである。

では発話媒介効果が聞き手次第ではない——合理的な対処が不可能な——事例はないのかといえば、

もちろんそうしたケースも存在し、これに関してはすでに言論の自由に理由のある規制を課す可能性について、弁護士、裁判官、立法府による検討が重ねられている。この種の発話媒介効果は大きく次の二種類に分けられる。その第一は、合理的な対応が不可能なほど壊滅的な事態が引き起こされてしまう場合で、よく引かれるのは満員の劇場で「火事だ！」と叫ぶ事例である。第二は、直接の聞き手に及ぼされる発話媒介効果を介して、直接の聞き手ではない第三者に発話媒介効果が及ぶ場合である。あなたが私に対して何か敵対的な発言をした場合、その発言で私がどの程度傷つくかは基本的に私次第だと言える。だがあなたが私についてまったく虚偽のことを、意図的かつ悪意をもって私以外の人に語った場合、私は自分ではどうしようもないまま甚大な危害を被る可能性がある。名誉毀損を罪とする法律の規定はこの点を根拠としている。私見だが、米国では名誉毀損罪を定める法律が現状弱すぎるので、もっと強くすべきだと思う。

第6節　人権と人間

第4節では消極的権利としての普遍的人権について、個人的安全への権利を含む生存権、私有物を所有する権利、言論の自由への権利、他の人々と自由に結社する権利、結社する相手を選ぶ権利、信仰と無神論の双方を含め信じたいものを信じる権利、移動の権利、プライヴァシーの権利を挙げておいたが、これで全部だと主張したいわけではない。むしろ世の中の喧騒がますます激しさを増す昨今、静寂の権利は強力な候補たるべきというのが私の意見である。

それはともかく、人権の理論は常に人間の理論に基づくものでなければならない。権利は地位機能に由来するというのが原則だが、人権の場合、その地位機能はなんらかの制度——所有、貨幣、結婚等、制度の目的が当該制度に内在する権利の種類を自動的に定めるような制度——に発するわけではない。人権とは、ある存在が人間であるということだけによってその存在に付与される権利であり、したがってその正当化にあたっては、いかなる存在が人間であるかについて我々の有する観念こそが基礎となる。そしてこの理由のゆえに、誰もが理性で納得できる人権のリストを最終的に確定するのは不可能だと私は思う。誰もが理性で納得できる「人生の目標」のリストが作れないのと事情は同じである。

政治哲学や社会哲学の界隈では「人間の自然本性」に訴える議論はもう何十年も前から主流を外れているが、これは非常に深刻な間違いだと私は思う。本書では基礎的事実を受容する立場をとり、どんな主題についても生物学的基礎を見据えつつ論じていくことを基礎的な要件としているが、人権についても生物学的な人間論を抜きに論じることは不可能と思われる。先に挙げた人権のリストは、人間とはいかなる存在か、人生において追求すべき価値とはいかなるものかについての一定の観念を根拠としているが、前者については生物学的な正当化が可能であり、後者についても少なくとも生物学的な議論による支持を与えることが可能だと私は考えている。倫理学ではよくあることだが、この議論は論証的に組み立てられてはいない。つまり合理的な人なら誰でも賛成できるはず（賛成できない人は合理性を欠いている）との想定はここには存在しない。認識の主観性が要素として含まれているのは事実である。しかしだからといって、議論が恣意的であるとか飛躍があるとかいった話にはならない。

では法律の裏打ちがなければ権利とは言えないとするベンサムの主張にはどう答えることができるだ

ろうか。私はこの議論は人権論とはまったく独立に論駁できると思っている。法はそれ自体が地位機能の体系である一方、他の地位機能に認可を与える役割を担うことも少なくない。だが地位機能の妥当性は必ずしも法的な認可に依存するわけではなく、法的な認可を欠いた非公式な権利も多く存在している。例えば、私を含め多くの人が受容している「結婚」の観念に基づくなら、婚姻関係にある者同士は、人生を一変させるような重大な意思決定に際しては配偶者から事前に相談を受ける権利を有しているはずである。私が転職を考えているとすれば、私の配偶者には、私がその件について決めて実行に移す前に相談を受ける権利があるだろう。そしてこの権利が妥当なることについては、仮にそれを保障する法律が存在していなかったとしてもなんら変わることはないのである。

第7節　そもそも積極的権利など存在するのか

最後に、現状の人権論で一般に受容されているとは言いがたいある仮説を検討しておきたい。その仮説とは、普遍的人権としての積極的権利は、仮に存在したとしてもその数はきわめて少ない、というものである。生存権や言論の自由への権利と同等に絶対的な普遍的人権と言えるような積極的権利はほとんど存在しないのだ。言論の自由への権利の行使とは、要するに一定の行為に関して本人以外の全員に不干渉の義務を課すことであるが、これと、例えばすべての人に十分な生活水準を提供する義務をすべての人に課すというのでは、求められている事柄がまったく異なる。後者に述べられているのは前述の通り、せいぜいそれが実現すると望ましいとか、そうなると素晴らしいといった類いのことにすぎない。

だが普遍的人権の観念は一定の義務論的主張を伴う——全人類に一定の義務を課す——のであり、したがって絶対的な消極的権利——言論の自由への権利、信教の自由への権利、移動の自由への権利、生存権等——についてはリスト化が可能なのに対し、快適な生活水準への権利、高等教育への権利、無償医療への権利といった積極的権利は、それに匹敵する絶対的権利としては存在しないのである。

ここで私が主張している論旨は、例えば次のように言えば明確に伝わるのではないだろうか。仮にカリフォルニア州など既存の政治的単位が、州内の全市民に無償医療への権利や十分な住居への権利を保障するというのであれば、それは政治権力の本来的な行使の範疇に含まれよう。この場合、権利と義務は成文法によって定められる事柄だからである。だが先刻来我々が検討しているのは、全人類に義務を課す普遍的人権が存在するという主張であって、事情がまったく異なる。そして、そのような意味での積極的権利は数がきわめて少ないというのが私の見解である。もちろん事実問題として、富裕な国から低開発国に多額の援助がなされているのは事実だが、それはあくまでも贈与であって、決して人権に由来する義務ではない。

絶対的で普遍的な人権として積極的権利が存在すると言える状況として私が唯一思いつくのは、当人に自力での生存が不可能な場合だけである。乳幼児がケアへの権利、食事や住居などを提供してもらう権利を絶対的な権利としてもつのはこのためである。同じ理由から、怪我や老衰、病気等を原因として自活能力を失った人々も、ケアへの絶対的な権利を有すると言える。いま挙げたケアへの権利が、絶対的とは言えないその他の積極的権利と根本的に違うのは、絶対的権利として保障されるケアが、最低限人間的な生活を維持するのに不可欠なものであるのに対し、高等教育や十分な住居への権利の場合はそうではないということである。つまり基準はあくまでも「生存」であって、自力では生存を維持することのできない人に対しては、それを扶助する義務が普遍的義務として存在するというのが私の議論なのである。

だがこの義務ですら、そのつどの状況に応じて相対的なものでしかない。例えば、私の自宅前で幼児が怪我をしており、私が助けなければ死んでしまうという場合、この幼児は普遍的権利を有し、私にはその子を助ける義務が課される。だがバークリー在住の私に、世界中の怪我した子供全員を助ける義務はない。したがって、この権利を絶対的な普遍的人権と考えるには次のような定式化が必要である。すなわち、自力では生存を維持することができない絶望的状況にある人は、その人を助けることが可能な状況にある他の人々によって助けてもらう権利を有する、というわけである。

私の議論に対しては、消極的権利であっても、それを実装するにあたっては共同体の側で膨大なコストを要する大規模な積極的取り組みを要する場合があるのであって、それゆえ消極的権利と積極的権利を明確に区別するのは不可能だとの批判が寄せられている。例えばイリノイ州スコーキーで起こった有名な事件では、ネオナチ団体のデモに対して言論の自由への権利が実装された結果、そのデモ隊を保護するために警察および州兵を出動させなければならなくなり、州政府に莫大なコストを課すことになった。このデモに対しては、警察および州兵を相当規模投入しなければ表現の自由への権利を保障することができないほど、世間の反発が大きかったのである。

この批判について、私は一定の効力は認めつつ、しかしなおも反論は可能だと考えている。消極的権利の行使が共同体に大きなコストを強いるため、その実装に制限をかけざるをえなくなるような状況は当然考えられ、その場合にはいかなる理由であればそうした制限が可能であるかが問われることになろう。だが権利の内容だけを見れば、そこには共同体の側での積極的な取り組みを要求するものは何もない。要求されるのは権利行使者がその権利の行使にあたって干渉を受けないことだけである。これに対し、積極的権利の場合は、その権利のまさに本質、つまり内容それ自体において、全人類による高コストな取り組みが要求されているのであって、この点は実に大きな違いであろう。

さて結論に入る前に、以上の議論に含まれる哲学的に重要なポイントをまとめ、要点を明確にしておくこととしよう。

第8節　権利の定式化にあたっての実践上の観点

私の議論で行くと、同じく人間の生活の一部であって重要度においても特段差がないようなもののうちに、特に権利として定式化されるものと、わざわざ権利とするにはあたらないものとが区別されることになる。例えば自分の腕を好きなように振り回せることとか、好きな姿勢がとれること、息を深く吸ったり浅く吸ったり好きなようにできること、その辺を好きなように歩き回れること——これらが人間の生活の中で根本的に重要な事柄であることは私も認める。言論よりは重要度において劣るかもしれないが、それでもなお十分に大切なことばかりである。だが言論の自由への権利が確実に人権のリストに載るのに対し、身体動作や姿勢の自由は載りそうにない。これはなぜなのだろうか。私の考えでは、身体の姿勢は他人に影響を与えることがなく、言論の自由の行使のように他人に対して攻撃的なものとなる可能性もないため、他人から干渉される可能性が低く、それゆえ明示的な保護を与える必要性も低い、ということではないかと思う。

国境を跨ぐ移動の自由や、意見表明の自由といったものについては、これを基本的人権のリストに加えるべき実践上の理由がある。これらの自由は、敢えて保護しなければならない状況になる可能性が大きいからである。それに対し、好きなものを食べる自由や、好きな姿勢で座る自由、好きなように歩き回る自由は、重要度において劣るものではないけれども、敢えて人権のリストに連ねておく必要がない。要するに、人権のリストに何が載るかは、実践上の観点から取捨選択されるということである。他人から干渉される可能性の強い事柄は、誰の迷惑にもならない事柄に較べて人権のリストに加えられやすいのである。言論の自由が敢えて憲法に明記されているのには十分な理由がある一方、歩行の自由はわざわざ明記しておく必要がないわけだ。[原注8] 前述の通り、現代人の生活は騒音に満ちているため、静寂権はそろそろ普遍的権利として承認してもいいのではないかと私は考えている。実際、多くの都市ではこの権利が暗黙に承認されていて、夜間一定時刻以降の騒音を禁じる法律を制定したところも少なくない。この展開は私個人としては大歓迎なのだが、それはともかくとしてもこの事例で重要なのは、我々が基本的人権とみなすものがいかに歴史的な偶然と実践的な要請の産物であるかを顕著に示していることである。

原注8　もちろんこうした単純な事柄でも、例えば宗教上の戒律による規制を受ける可能性はあり、その場合は安息日に出掛ける権利とか、肉食の権利、ブルカを着ない権利、祈禱をしない権利などが主張される事態に至るかもしれない。

第9節　権利をめぐる五つの論理的誤謬
――絶対的権利、条件付き権利、一応の権利

人権論には、哲学者同士の専門的な議論であれ、広く公衆の参加する論争であれ、論理的・概念的な混乱が随所に見られる。そしてこの混乱の典型的な原因は、権利の対立に含まれる論理的性質についての誤解である。なんらかの権利が行使される際、他の人間的価値に――あるいは生活上の必要に――抵触する可能性は常にある。例えば言論の自由への権利があるからといって、満員の劇場で「火事だ！」と叫ぶ自由まで与えられているわけではない。仮にあらゆる発言の自由が権利として認められているならば、その権利は他の人々のもつ安全への権利と対立することになる。そのため、ある人の権利の制限を正当化するのに必要な条件をどう定めるかについて、その実践上の論拠を組み立てる作業に、立法府や憲法学者や裁判官は膨大な時間を費やして取り組んでいる。そもそも価値――特に道徳的価値――というものは、複数集めれば必ずどこかで対立を生ずるものであり、したがって価値の理論は対立の可能性を許容するものでなければならない。この対立についてしばしば見られる誤謬のうち、哲学者の間でよく知られているのが次の五つである。

第一の誤謬は、ある権利が功利主義的な論拠で覆されうるならば、その権利はもともと功利主義的な根拠に基づくものだった、とする考え方である。だが功利主義的に覆されるような権利はそれ自体が功利主義的な権利だ、などとする理屈は成り立たない。権利の義務論が非義務論的な価値と対立したからといって、その義務論それ自体が非義務論的であることにはならないのである。例えば言論の内容が一

定の明白かつ現在の危険を示すものである場合には言論の自由への権利を規制することができるとする議論は、まさに功利主義の論法にほかならないが、この議論が成り立つからといって、言論の自由への権利が義務論的な権利ではなく功利主義的な権利であるなどということにはならない。

第二の誤謬はもう少し根が深く、ある権利が何か他の論拠によって覆されうるならば、そのことはその権利が絶対的権利ではなく、一応の権利にすぎなかったことを示すと考えるものである。だが複数の絶対的権利同士が対立するのは珍しいことではない。例えば私のもつ言論の自由への権利は、あなたのもつプライヴァシーの権利と対立する可能性がある。その場合どちらを優先するかを決める必要が出てくるが、だからといってこの二つが絶対的権利ではなく一応の権利にすぎないという結論が導かれるわけではない。この一応の権利とか一応の義務というのは、意味の不明確な哲学用語の代表格である（詳しくはSearle 1978を参照せよ）。ここでいう「一応の（prima facie）」はもともとは法律用語で、「……であることを示す証拠がとりあえず存在するようだ」というくらいの意味である。例えば「一応の証拠（prima facie case）」があるというのは、提出された証拠がとりあえず主張の妥当性を示していると言えそうだという意味である。だからそもそも、この「一応の」は権利や義務などに付く形容ではないのである。

このように、一応の権利と絶対的権利を対置させるのは無意味な議論である。他方、条件付き権利と絶対的権利の対置には意味がある。ところがこの両者はしばしば混同されており、それが第三の誤謬である。例えば言論の自由への権利は絶対的権利であるが、反対尋問権は条件付き権利である。反対尋問権とは要するに、自分にとって不利な証言をした証人に反対尋問を行う権利であるが、これは民事であれ刑事であれ裁判で自分が被告側に立った場合にのみ生じる権利であって、その意味で条件付き権利である。広場での立ち話の最中に自分の悪口を言われたとしても、その悪口を言った人に反対尋問を行う権利というのはない。証人に反対尋問をする権利は、裁判という一定の制度的構造の内部にいるという条件のもとでのみ有効な権利である、という意味でまさに条件付き権利であるが、言論の自由への権利や生存権は、その種の条件を要することのない絶対的権利である。他の権利と対立することはあるが、だからといってこれらの権利が絶対的権利であることに変わりはないのである。

敢えてこの点を強調しておく必要があるのは、一九六〇年代に言論の自由をめぐって行われた大論争の中で、当局が言論の自由への権利は「絶対的権利ではない」との主張に固執したからである。ただそこでの実質的な主張内容は、言論の自由への権利といえども功利主義的な根拠に基づいて覆すことが可能である、というものにすぎず、実際、これは言論の自由への権利が絶対的権利たることを否定するものではない。むしろ言論の自由への権利と生存権に匹敵するほど絶対的な権利など他にありえないと言うべきなのだ。他の権利の行使と対立したり、他の観点から制限を求められることはもちろんありうるが、そのことによってこれらの権利の絶対性が損なわれることはないし、他の価値と対立することがありうるというだけでこれらを条件付き権利と呼ぶことは不可能である。

第四の誤謬は、ある行為を保障する権利が存在することを根拠に、その行為を実行することにはなんの問題もありえないと考えることである。つまり権利の存在がその権利のもとで遂行される行為の妥当性を意味するとの議論だが、これはまったく当たらない。権利の付与というのは、実際に行使されると困るようなものも含めて行われるものだからである。人間社会をうまく組織化するにはそのくらい広い射程で権利の付与を行う必要があるのだ。この誤謬は大学紛争の頃によく見られた。当時の大学教員には、学問の自由を盾に教室で政治的オルグを行うのは自分たちの権利であって、なんの問題もないと主張する者がちらほらいたのである。たしかに学問の自由は、教室内で行われることに関して教員に非常に大きな自律性を権利として認めるものではあるが、かれらがそうした自律性をもつという事実は、何をしようと問題ないということを意味しない。ある権利のもとである行為が行われるという事実は、その行為になんの問題もないということまで含意するわけではないのである。

第五の誤謬は、ある権利もしくは義務が、他の価値と対立し覆された場合、後者の価値が承認されたことで元の権利もしくは義務それ自体の内容に変化がもたらされると考える議論である。ロールズのように優れた哲学者ですらこの誤謬を免れえず、我々は約束を守る義務は場合によっては覆すことができると認めるに際し、約束の規則そのものを変更しているのだ、などと主張している（Rawls 1955）。残念ながらこれは事実に反する主張である。義務論的権力には、適用に際して「特段の事情がない限り」との条件がつきものだが、この「特段の事情」を考慮するというのは、当の義務論的権力を生み出した構成的規則に変更を加えるということではないのである。

第10節　結論

以上、急ぎ足で論じてきたが、結論として、普遍的人権は十分に意味をなす概念であること、人間であるという事実を地位機能を付与されるべき一個の地位として扱うことに論理的な問題は一切ないことを、改めて確認しておきたい。人権もまた地位機能に伴う義務論的権力の一種であり、貨幣、私有物、政府の存在についての信念と同様に、普遍的人権が存在するという信念も、自然主義的な人間観、社会観と、矛盾なく両立しうるのである。加えて、人権を正当化し、人権のリストを数え上げようとする試みには、人間とは何か、何が価値であるかについて一定の立場が前提となるため、人権論は倫理学的に中立的なものではありえない点についても指摘したが、これは人権論が言った者勝ちの恣意論に陥らざるをえないということではない。現在、言論の自由への権利は非常に特殊な種類の共同体や文化でしか尊重されていないが、それでも私は、言論の自由への権利を妥当な普遍的人権として承認すべき理由を提出することは可能だと考えている。正当化の基準が必ずしも普遍的に共有されているわけではないかといって、その基準が恣意的であるとか妥当でないといったことにはならないのである。

附録

論理的関係は量化式で書いてほしいという人のために、以下に要約を付すものとする。それぞれの式には解説もつけておいた。

普遍的人権

(∀x)（x は生物学的に人間である　→　x は地位 S（S のゆえに、x は UHR（x が A する）を有する))

生物学的に人間である任意の x は、その事実によって人間という地位を有し、この地位のゆえに一定の行為を遂行する普遍的人権を有する。

消極的な普遍的人権

(∀x)（x が NegUHR（x が A する）を有する　→　(∀y)（y は義務（y は（x が A する）のを妨げない）を負う))

一定の行為を遂行する消極的な普遍的人権を有する任意の x に対し、x 以外の全員は x によるその行為の遂行を妨げない義務を負う。

積極的な普遍的人権

(∀x)（x が PosUHR（x が A する）を有する　→　(∀y)（y は義務（y は（x が A する）のを保障すべく行為する）を負う))

一定の行為を遂行する積極的な普遍的人権を有する任意の x に対し、x 以外の全員は x によるその行為遂行を保障すべく行為する義務を負う。

結語――社会科学の存在論的基礎

人間社会はそのほぼ全体が制度的構造によって構成されている。この制度的構造によって地位機能が、この地位機能によって様々な社会的役割が付与され、それによって社会の内部に義務論的な権力関係が創出され配置される。仮にこの議論が正しいとした場合、そこから社会科学の分野で現在行われている研究にどのような含意がありうるだろうか。この問いに簡単に答えるなら、私にはよくわからないの一言である。研究の現場で何が有用となるかを事前に述べるのは不可能だし、社会科学には基礎論の理解を必要としない分野が多く存在しているとも考えられる。例えばパリでピエール・ブルデューの追悼会に出席したときのこと、基礎論上の問題について講演を終えた私に、参加者の一人――労働組合の社会学を専門とする米国の社会学者――から、自分の仕事はあなたの仕事が終わったところから始まる、と言われたのを覚えている。彼が言いたかったのは、自分の研究にとって労働組合の存在論的基礎など知る必要がないということだったのだろう。彼にとっては、歴史上のある時点に具体的に存在する組織の具体的なあり方が理解できればそれで十分なのだ。地質学者が地殻プレートの動きを研究するのに原子物理学を詳しく理解している必要がないのと同様に、社会学者が労働組合の動きを研究するのに社会的存在論を詳しく理解している必要はないというわけだ。たしかにその通りなのかもしれない。だが私はどうしても、基礎論の理解こそが肝心だと考えてしまう。どんな研究分野でも、その基礎存在論の理解こそが、その分野内の個別の論点についての理解を深めてくれると考える方が、私にははるかにしっくりくるのだ。いずれにせよ、本書で試みたのは社会科学の研究対象の基礎存在論を論理的に分析することであって、既存の社会科学に哲学的基礎づけを与えようとしたわけではない。もちろん本書の分析が将来の社会科学にとって有用なものとなる可能性は大いにあるが、なんの役にも立たない可能性も十分にある。

オックスフォードの学部生として経済学を勉強していた当時、教員の誰一人として、自分のやっている研究がいかなる存在論的前提に基づいているのかを気にしている人はいなかった。我々学生は、物理学で力は質量と加速度の積に等しい（F＝ma）と教わるのと同じトーンで、貯蓄と投資は等しくなる（S＝I）と教わり、水が水素と酸素の化合物であることを知るのと同じ仕方で、限界費用と限界収入が等しくなることを知ったのである。経済学的現実もまた、科学的に探求可能な世界の一部をなすものとして扱われていたわけだ。それより前、ウィスコンシン大学で社会学のコースをとったときにも、基礎存在論への言及は一切なかった。前述の通り、存在論など考えなくとも成果が出せる分野もないわけではないだろうが、研究の対象となる現象がいかなる存在論を有しているのかについて意識を尖鋭化しておくだけで、研究の全体がぐっと深みを増す。例えば貨幣という対象を、物理学、化学、生物学が研究しているのと同様の自然現象のごとく扱うならそれは誤りというものである。昨今の経済危機は、経済現象が巨大な幻想の産物であることを暴き立てた。誰もがこの幻想を共有し、信じ込んでいる限り、このシステムは問題なく作動し続ける。だがサブプライム住宅ローンがそうであったように、この幻想の一部に綻びが生じると、システム全体が一気に瓦解してしまうのだ。近年、制度派経済学への関心が復活しつつある（Lawson 1997）のを私は歓迎している。

本書で私は（少なくとも）三つ、非常に強い主張を行った。反駁が容易になるよう、その三つの主張をできるだけ強い形で述べ直しておきたい。第一に、人間の制度的現実のすべては、したがって人間文明のほぼすべては、単一の論理的・言語的操作によって創出され、存続を維持される。第二に、その操作とは地位機能宣言である。第三に、人間文明に見られる膨大な多様性と複雑性は、この操作が無限個の事例に対して適用可能であり、また再帰的な反復適用も可能であることによって説明される。現実の人間社会に見られる複雑な構造はそのすべてが、この操作が相互に絡み合う多様な事例に適用され、また先行する適用の結果に対して再適用された結果創出されたものなのである。

本書の議論を通して、あらゆる社会的・制度的現実に共通する基礎構造の存在が明らかにされた。このことから、社会科学の各分野が、社会学なら社会学、経済学なら経済学で、互いにまったく無関係な主題を扱っているかのように考えるのは間違いであると言える。社会科学の各分野の間には相互に完全な透明性が求められるのである。人間社会に固有のあの素晴らしい制度群は、どれも地位機能宣言という特殊な言語的表象の反復適用による権力分布の形成・再形成の結果なのである。前述の通り、原子物理学に詳しくなくても地質学者として成果を上げることは可能だろう。しかし自然科学に携わる者であれば、どんな物質も原子構造をもつという程度の理解は、専門分野を問わず必須であろう。私が言いたいのは、社会科学が研究する各主題の存在論について十分な理解を得ようと思うなら、本書で記述を試みてきた構造については、誰もが理解していなくてはならないということである。

もちろん社会科学と自然科学の類比にあまり頼りすぎるのもよくない。実際、私はいかなる形の還元論にも与するものではない。だが本書の議論が正しいとするならば、社会科学は分野間の違いを超えて、どんな社会的現実にも共通する権力構造を扱っていると言うことができる。だからこそ私は、以上の議論を通じてその権力構造を創出し維持する基礎メカニズムの記述を試みてきたのである。

訳者解説

三谷武司

1　はじめに

本書は、John R. Searle, *Making the Social World: The Structure of Human Civilization*, Oxford University Press, 2010 の全訳である。本文にも言及のある通り、本書は John R. Searle, *The Construction of Social Reality*, The Free Press, 1995（『社会的現実の構築』、未邦訳）の続編であり、同書から引き継がれた研究テーマを著者は「社会的存在論（social ontology）」と呼んでいる。前著刊行後、サールの立論をめぐって多くの議論が生じたが、その詳細については本書「謝辞」に詳しいのでそちらを参照のこと。

社会的存在論が扱うのは、「○○は大統領である」のような、自然科学の範疇には明らかに含まれないが、かといって個々人の主観的な思い込みに還元されるわけでもないような客観的事実としての制度的事実である。この種の事実が有する特殊な性質を剔出し、その創出・維持のしくみを解明すること、それが社会的存在論の課題とされる。現時点におけるその理論の全体構想（後述）と、一九三二年生まれの著者の年齢（原書刊行時点で七十八歳、本訳書刊行時点で八十六歳）に鑑みて、本書の主題であるこの社会的存在論を、サール哲学の集大成ないし終着点と見るのは決して無理な態度ではあるまい。実際、言語哲学や心の哲学に関するサールの議論に親しんできた読者は、その先に「社会の哲学」が展開される様を目にして一定の感慨を抱くであろうし、本書からサール哲学に入門しようという読者は、社会的存在論において不可欠の成分としての位置づけを与えられている発話行為論や志向性論の詳細を求めて、著者の既刊書をひもとくことができる。

ところで本来訳者の仕事というのは良質な訳文を提供することにあり、責任上一応その課題は果たしえたと言わざるをえない現時点にあっては、訳者としては自分の訳文を通じて読者が原著者の議論を理解し、社会的存在論をめぐる哲学的・理論的問題に関して示唆を得、あるいは直観と論理の両面から本書を批判的検討の素材とし、ひいては直接間接の経路を通じてこの研究分野の発展に少しでも貢献できることを望むばかりであるから、ここに改めて本書全体の要約じみた解説を書こうという気にはなかなかならないし、原著者の人脈や既刊著作等と本書の関係についても「謝辞」や本文に散りばめられた文献参照・原注を見ていただくので十分かと思う。

しかしせっかく解説の紙幅を与えられたのであるから、読者の便に資するため、(1) 本書に関連する既存の紹介・解説類に比して留意すべき点、(2) 本書の議論の根幹に関わる不備であると、したがって有意義な批判的検討の出発点たりうると訳者が考える点、(3) 明らかに不備だが議論の根幹に関わらないので指摘される機会が少ないだろうし指摘されたところでそこから有意義な発展も見込めないのでここで潰しておきたい点を、それぞれ簡単に述べておくことにする。

2 「基礎的要件」について

サールの社会的存在論を（あるいはその言語哲学を、心の哲学を）理解し、また支持あるいは批判の対象とするにあたり絶対に踏まえておくべき根本前提は、それが徹底した自然主義の立場を堅持していることである。本書ではこの立場は「序文」で示唆され、第1章第1節で「基礎的要件」として定式化され、その後に続く各章でも、そのつど提出される理論のチェックのために繰り返し登場している。内容はごく単純で、要するに心（志向性）であれ言語であれ社会的・制度的事実であれ、すべては自然科学の知見と矛盾することなく記述され、またその延長上に、それを基礎として説明されなければならないということである。具体的に言うと、サールの理論は脳→心→言語→社会の順に、基礎から発展へのきれいな単線的構成をもっている。社会的存在論はこの全体構想の最後に位置するものであるから、その当否を最終的に判断するためには、その前に志向性論と言語論の当否をこの要件に照らして検討する必要がある。本書の第2章・第3章で心の哲学（志向性論）に、第4章で言語哲学（発話行為論）に、かなりまとまった説明が与えられている所以である。いずれにせよ、社会的存在論に関し、この「基礎的要件」の制約下でどこまで豊かな理論が構築できているかが本書の読み所であり、さしあたり批判的検討の足場となるべき問題設定であることは論を俟たない。

本書冒頭の数ページを読めば書いてあることをわざわざこの限られた紙幅の中で改めて強調したのは、本書の議論を紹介・検討した邦語文献（中山 2011: Ch 3; 倉田 2017; 大河原 2017）がいずれもこの自然主義ないし「基礎的要件」への言及を欠いているためである。その結果、例えば会社＝法人を「個人のそれには還元できない固有の義務論的力の担い手」として扱い、それをもって「サール的な枠組みを維持したうえで」の社会的存在論の「拡張」と称する議論（倉田 2017: 100–104）が出てきてしまう。しかし「サール的な枠組み」において、自然科学的な存在根拠をもたない――端的に言えば脳を有する生物個体でない――会社＝法人が、それ以上還元不可能な義務論的権力の担い手となりうる余地は一切ないのである。仮に議論の基礎にこの種の「集団的行為者」を置き、そこに「表象（信念）や動機（欲求や目標）といった心的状態（志向的状態）を帰属」（倉田 2017: 103）させてもよいのであれば、集合的行為に必要とされる集合的意図を、意図を含め志向性は個人の脳内にしか存在しえないとの要件と齟齬をきたさないように定式化するための本書第3章の議論は無用の長物以外のなにものでもなくなってしまう。いずれにせよ「基礎的要件」に違反する任意の議論は、サール社会的存在論の――拡張ではなく――端的な拒絶と言わなければならない。

3 「地位機能宣言」について

訳者の考えでは、サール社会的存在論の根幹は、「〇〇は大統領である」といった社会的事実の存在様態を、この種の事実についての我々の直観的知識もしくは常識に基づき、また前述の「基礎的要件」の制約を受けつつ記述・分析していく部分と、そうやって明らかにされた存在様態を有する社会的事実がいかにして成立するかを、やはり「基礎的要件」の制約のもとで――具体的には志向性論と発話行為論によって――説明していく部分の二つに分けることができる。もちろんこの二つの課題は合わせて一つの社会的存在論を成すべきものであるから、互いに他に対する制約ともなっている。

まず、「○○は大統領である」を典型例とするこの種の事実が一定の制度の存在を前提とし、その内部でのみ成立する制度的事実であること、制度的事実を可能ならしめるこの制度が構成的規則の体系であること、構成的規則が「XはCにおいてYとみなされる」の形式をとること、このY項（例えば「大統領」）がX項に一定の機能を付与する地位であること、この地位機能の内実は義務論的権力に見出されること、義務論的権力は人に願望独立的な行為理由を与えるものであること、地位機能の作用には集合的承認が必要であること、地位機能の成立には必ずしも構成的規則を（したがって制度の存在を）要しない場合もあること、最も一般的には地位機能は地位機能宣言によって創出されること、地位機能宣言には地位機能付与の対象となるべき物理的実体としてのX項を要しない場合（会社設立等）もあること、等々——これらはいずれも、社会的事実の存在様態に関する我々の直観・常識を、「基礎的要件」への違反を周到に回避しながらサール独特の用語に落とし込んだ命題群にほかならない。

実際これら命題に関する本書の議論は、読者に対し既知の事柄についての想起を促すような書き方になっている。したがって読者は批判的検討に際し、サールによる用語定義を厳密に把握し内的な論理構造を確認したうえで、社会的世界についての自分の直観や常識を振り返り、これら命題群が十分網羅的であるかどうか、あるいは直観や常識に反する部分がないかどうかをチェックすることを求められる。第1章補論には『社会的現実の構築』の議論に対して提起され、本書執筆のきっかけを与えたとされる三つの論点が示されているが、それらはいずれも、いま述べたような種類の批判的検討から出てきたものである。

そのようにして体系的に整理された制度的事実の存在様態に対し、その生成メカニズムを志向性論および発話行為論の自然な延長として説明するのが、サール社会的存在論のもう一つの側面である。そして訳者の考えでは、この側面において本書の議論は重大な不備を抱えている。

サール曰く、地位機能は――したがって制度的事実は――地位機能宣言によって創出される。任意の制度は構成的規則の体系であるが、構成的規則は地位機能宣言の一特殊事例（「定立的」な地位機能宣言）にすぎず、したがって一般に地位機能宣言は制度の存在を必要としない。にもかかわらず地位機能宣言が地位機能を――制度的事実を――創出する力をもつのはなぜか。本書の説明上の課題はこの点に集約され、その解決のために志向性論と発話行為論が動員される。サールが与えた答えは、地位機能宣言が地位機能を創出しうるのは、それが宣言だからだ、というものである。宣言という発話行為類型は、それが本来的に――言語的に――有する性質のゆえに、制度に依存することなく世界内に、その命題内容が表象する事態を創出する能力をもつというのである。「我々は意味論の力を用いて意味論を超える力を創出している」（本書179頁）とはこの謂いである。

そこで鍵となるのが「適合方向」である。この概念は心（志向性）と言語（発話行為）の双方に適用され、志向的状態としての信念は〈心から世界へ〉、発話行為としての陳述は〈言語から世界へ〉の下向きの適合方向↓を有し、志向的状態としての願望は〈世界から心へ〉、発話行為としての約束は〈世界から言語へ〉の上向きの適合方向↑を有する、等とされる。志向的状態も発話行為も一定の世界状態の「表象」を含むが、この表象が現実の世界状態と合致するときに当該の志向的状態ないし発話行為は「充足」を得る。当該の志向的状態ないし発話行為において、この充足を獲得する「責任」が、その志向的状態ないし発話行為と世界のいずれにあるかを示したのが適合方向である。信念や陳述は充足を得るにあたりその表象内容を所与の世界状態と合致させるべきことを含意するがゆえに下向きの適合方向を、願望や約束は充足を得るにあたりその表象内容を所与として世界状態の方がそれと合致するよう必要なら変化すべきことを含意するがゆえに上向きの適合方向を有するという。

そのうえでサールは、発話内行為の一類型としての「宣言」は、例えば終戦宣言が戦争の終結を宣言することによって実際に戦争を終結させるように、ある世界状態を表象することでその世界状態を実現するのであり、宣言一般のもつこの性質のゆえに地位機能宣言は地位機能を創出することができ、またしたがって宣言は〈言語から世界へ〉と〈世界から言語へ〉を併せた二重の適合方向↕を伴うとする。この議論はさらに、二重の適合方向をもった類型は心＝志向的状態には見られず、言語（発話行為）に特有のものであるから、人間が制度的事実を創出するにあたっては言語が不可欠の役割を担うとの主張へと繋がる。

しかしここで注意が必要である。サールは確かに前段落の通りのことを述べているのだが、なぜ宣言が宣言であることとそれ自体によって一定の世界状態を創出する能力をもつのかについては、依然何一つ説明されていないからである。実は以前の論考では、宣言のもつこの力の源泉についてきわめて明示的な記述があった。すなわち「発話内行為の分類」（Searle 1975: 359）でも、『志向性』（Searle 1983: 171-72）でも、『心・言語・社会』（Searle 1998: 150）でも、宣言による世界状態の創出は「言語外的な制度（extra-linguistic institution）」の存在を前提とし、その内部でのみ可能であることが明言されている。もちろん『社会的現実の構築』（Searle 1995）がこの線に沿って書かれた作品であることは本書32頁で明記されている通りである。

ところが本書ではとりわけ「アドホックな事例」への対応のために、制度外での地位機能創出に説明を与えることが必要になった。一方、宣言による地位機能創出という立場は堅持され、その結果、制度と宣言の間で説明／被説明の関係が入れ替わることとなった。しかしサールは宣言型発話行為に関しては以前の所説を繰り返すばかりで、本書で新たに生じた課題にとって有効な性質が宣言に帰属されることはなく、結局、宣言を特徴づける性質としては「二重の適合方向」だけが残ることとなったのである。

しかし前述の通り「適合方向」というのは充足の責任の所在を示す概念にすぎず、適合方向が二重であることをもって宣言に地位機能創出の能力を認める議論は成り立たない。仮に適合方向概念がその種の説明力を有するのであれば、信念や陳述はその適合方向のゆえに自動的に真となり、願望や約束はその適合方向のゆえに自動的に実現するのでなければおかしい。しかしもちろんそんなわけはないのだから、適合方向概念によって地位機能宣言の有効性を基礎づけることは不可能である。二重の適合方向は、地位機能宣言が地位機能を創出しうることを前提に見出される性質であって逆ではないのである。

さて、サール自身この不備にどこかで気づいているのか、この点を補うべき重要な役割を、「集合的承認」の概念に与えている。本書では一応、地位機能の創出は地位機能宣言が担い、地位機能の作用または維持の保障を集合的承認が担うという役割分担がなされているように見える。しかし随所で、あたかも集合的承認こそが地位機能の創出を可能にしているかのような記述も見られる（例えば本書147頁以下）。この混在状況により、本書の議論は全体として大きな曖昧さを抱えることとなる。訳者が考える整合的解釈の一つの可能性は、宣言（厳密には宣言と同じ論理形式を有する表象）は集合的承認の対象として含まれているのであり、それゆえ、一見集合的承認だけで地位機能の創出が得られているかのように読める箇所でも、実際には宣言による創出という論理が貫かれている、とするものである。
しかし仮にこの解釈が一定の妥当性をもつとした場合、表面上の曖昧さを我慢すれば理論それ自体は無傷で救出できるのかというと、事はそう単純ではない。というのもサールの言う集合的承認は、「各人の個人的承認の集合に相互的信念を加えたもの」（本書88頁）へと還元可能とされているからである。これは要するに、集合的承認とは世界と他人に関する個人の主観的態度の集合にほかならないということである。地位機能の、したがって制度的事実の存在が、こうした主観的承認に支えられているとした場合、はたして制度的事実は一般に客観的事実であるという前提が維持できるのかどうか、はなはだ心許ないと言わざるをえない。制度的事実の客観性はあくまでも宣言のもつ創出能力によって担保されていたからである。

以上、ごく簡単にではあるが、社会的存在論における説明部分の根幹をなす地位機能宣言の概念にまつわる不備、議論の揺れ、曖昧さ、整合的解釈の可能性とその問題的帰結を指摘してきたのは[1]、訳者として、ここから社会的存在論の本格的な検討が始まってほしいと考えているからである。実際訳者自身、この解説を書く過程で、すでに何度も通読している本書を、例えば原著者の先行文献との対比において、あるいは訳者の本来の専門分野であるニクラス・ルーマンの社会的システム理論との対比において改めて読み直す必要を痛感するに至った。望むらくは読者各位においても、それぞれの仕方で本書がさらな

1 Tsohatzidis（2010）も地位機能宣言の問題性に着目し、本書の議論全体に対して本節の指摘とも関連する三点の批判を寄せている。

る思考の契機となってくれればと思う次第である。[2]

この関連で、本書の一般理論に対し特殊理論の位置づけを与えられた前著『社会的現実の構築』について一言付しておく。もし本書の議論が大成功を収めていたならば、少なくとも社会的存在論の一般理論の水準では、本書刊行により依拠すべき文献が更新されたと言われてしかるべきであった。しかし前段までの訳者の指摘が一定の説得力をもつと言えるのであれば、宣言の理論的地位を制度の内部に保留していた『構築』の理論に再度立ち戻っての検討が必要となるはずである。それ以外にも『構築』には読者の直観に訴える制度的事実の事例呈示が本書よりも多く丁寧に掲載されていること、また最後の三章で展開される実在論をめぐる議論は本書が欠く要素であると同時に、本書の理論を再考する際の足掛かりを含むものであることを考えると、『構築』は依然一読の価値を失っていないと言うべきである。

4 「積極的人権」について

他方、社会的存在論の根幹には関わらないところで著者が非常に強い主張をしていて、しかも訳者の考えではそれが明らかに間違っている箇所というのもある。「積極的人権」の観念に対する批判（本書289頁以下）である。

サール曰く、「消極的人権」がすべての人に対して不干渉の義務を課すのと同様に「積極的人権」はすべての人に対して支援の義務を課すものであるが、常識的に考えてそんな義務が存在するわけはなく、それゆえ巷間「積極的人権」とされているもの（「誰もが十分な生活水準を得る権利」等）のほとんどは実際には人権ではない。だから、さもそれが人権であるかのように述べる世界人権宣言は「普遍的権利と普遍的義務の間に論理的な含意関係の存在することまで頭が回ら」ない人が書いた「きわめて無責任な文書」である（本書289頁）。

だがここで用いられている「普遍的権利は普遍的義務を論理的に含意する」という前提は、訳者の考えでは、権利や義務の概念それ自体から導かれるものではなく、消極的権利の場合にのみ成り立つ命題にすぎない。消極的権利の例として「殺されない権利」を考えると、ある人が「殺されない」という事態は、「殺す」人が一人でもいたら実現されないのであり、だからこそすべての人に対して「殺さない」義務を課すのである。論理的な含意関係は、権利の消極性と義務の普遍性の間に見出されるのであって、権利の権利性が義務の普遍性を導くのではない。また権利の普遍性が義務の普遍性を導くのでもない。仮にこの権利をもつ人が世界に一人しかいなくても、その人の「殺されない権利」はすべての人に「殺さない義務」を課すのである。

一方、積極的権利として「十分な生活水準を得る権利」を考えると、ある人が「十分な生活水準を得る」という事態が実現しないのは、その人に「十分な生活水準を与える」人が一人もいない場合である。したがってこの権利が求めるのは、その人に「十分な生活水準を与える義務」をもつ人が（少なくとも一人）存在することである。論理的な含意関係は、権利の積極性と義務の存在の間に見出される。この権利を普遍的権利として定めたところで、論理的含意は「誰にでも自分に対して十分な生活水準を与え

2　大河原（2017）は、原書刊行後に寄せられた批判的反応を多く紹介しているほか、本書の議論をかなり詳細に検討していて実に有用である。

る義務をもつ人が存在する」ことにすぎず、「すべての人が他のすべての人に対して十分な生活水準を与える」普遍的義務は導かれないのである。

要するに、サールは本来権利の消極性に由来するにすぎない義務の普遍性を、権利の権利性それ自体に由来するものと誤認し、そこから普遍的な積極的権利は普遍的義務を含意するがゆえに（多くの場合）積極的権利は普遍的人権ではないと結論づけてしまったのである。しかし以上示した通り、普遍的な積極的権利が含意するのはあくまでも義務の存在にすぎない。

このようにサールの「積極的人権」批判は端的に誤りだというのが訳者の読みなのだが、訳者が何か大事な要素を捉え損なっている可能性もないわけではないので、その当否はぜひ読者各位の目で直接ご確認いただきたい。特に人権を扱った第8章は応用的な性格の強い章で、ここだけを読んでも比較的理解に支障がないと思われる。

5　翻訳について

翻訳は正確さと明確さ、そして読みやすさを旨とし、そのためには時に原書の構成に対して批判的な立場をとることも厭わなかった。特に原書の段落構成はお世辞にも読みやすいものではなく、箇所によっては適切に考えられたものとも思われなかったため、訳者が適当と判断したところに改段落を入れてある。また原書脚注の多くは文献挙示の目的にしか用いられていないうえ原書巻末には文献一覧がなく、これは非常に不便であるから、原書脚注の文献情報を巻末にまとめ、文献参照のみの原注は本文に埋め込んだ。（以上、凡例を参照のこと。）

訳語は既訳を参照のうえ、訳者が最適と考えるものを採用した。deontic power を「義務論的権力」と訳すのだけは最後まで迷ったが、(「義務論的パワー」は言うまでもなく)「義務論的力」の術語としての据わりの悪さと、特に第7章の章題(および同章に登場する無数の power)は議論の内容からして「権力」と訳すほかないという事情から、やはり「義務論的権力」が最適と判断した。これはフーコーなりルークスなりの既存の権力論でも発生していた問題で、結局は「権力」を全部「力」にしてしまうか、日本語の「権力」の意味内容を、違和感を伴いつつ拡張してやるかのいずれかしか手がないのであって、従来の議論が採ってきた後者の方途を本訳書でも採用したものである。

本訳書の企画は、勁草書房編集部の渡邊光さんから紹介いただいたものである。ここまで結構批判的なことを書き連ねてきたので最後に急いで付け加えておくが、社会を脳と心と言語とともに単一の世界の中に描き切ろうというサールの社会的存在論は、実に壮大でとんでもないプロジェクトなのである。本書は社会科学の基礎に関心をもつ人なら誰もが真剣に批判的に読む価値のある一書であり、今回その翻訳を担当できたことは望外の幸せであった。作業開始から現在までこちらの多忙やらあちらの都合やらで結構な時間がかかってしまったが、なんとか刊行にこぎつけることができてほっとしている。脱稿してからなかなか初校が出てこなくてやきもきした一方、こちらもぎりぎりまで初校・再校・三校と大量の修正を入れさせてもらったのでお互い様かなと思いつつ、渡邊さんには諸々感謝申し上げる。

文献

倉田剛、二〇一七、「社会存在論——分析哲学における新たな社会理論」、『現代思想　一二月臨時増刊号（総特集：分析哲学）』四五巻二一号、八九-一〇七頁

中山康雄、二〇一一、『規範とゲーム——社会の哲学入門』、勁草書房

大河原伸夫、二〇一七、「サールの社会的存在論における「宣言」及び「認知」・「受容」について」、『法政研究』八四巻二号、三九九-四五三頁
https://catalog.lib.kyushu-u.ac.jp/opac_download_md/1854775/p161.pdf

Searle, John R., 1975, "A Taxonomy of Illocutionary Acts," in: Keith Gunderson (ed.), *Language, Mind and Knowledge*, Minnesota Studies in the Philosophy of Science, Vol. VII, Minneapolis: University of Minnesota Press, 344–69.

Searle, John R., 1983, *Intentionality: An Essay in the Philosophy of Mind*, Cambridge: Cambridge University Press.

Searle, John R., 1995, *The Construction of Social Reality*, New York: Free Press.

Searle, John R., 1998, *Mind, Language, and Society: Philosophy in the Real World*, Basic Books, 1998.

Tsohatzidis, Savas L., 2010, "Review of John R. Searle, *Making the Social World: The Structure of Human Civilization*," *Notre Dame Philosophical Reviews* (2010.9.19)
https://ndpr.nd.edu/news/making-the-social-world-the-structure-of-human-civilization/

人名索引

＊ア行

アンデション Andersson, Å. | x, 30, 183, 243

アリストテレス Aristotle | 96, 104, 173, 196, 200

ヴィトゲンシュタイン Wittgenstein, L. | 4, 6

ウィリアムズ Williams, B. | 131, 204-6, 274, 289

ヴェーバー Weber, M. | 96, 219

ヴェルマン Velleman, D. | 68

エクルズ Eccles, J. | 3

オースティン Austin, J. L. | 6, 16, 40

＊カ行

カルナップ Carnap, R. | 6

カント Kant, I. | 4, 51, 104

ギルバート Gilbert, M. | viii, 68

グライス Grice, P. | 119, 131

グロティウス Grotius, H. | 283

クワイン Quine, W. V. O. | 6, 187

＊サ行

サール Searle, J. R. | ix, 13, 30, 37, 42, 70-1, 79, 107, 147, 180, 194, 207, 215, 309

シャヴォシー Siavoshy, C. | viii, 229

シュミット Schmitt, C. | 268

ジンメル Simmel, G. | 96

ストローソン Strawson, P. F. | 6, 112

スミス Smith, A. | 71

スミス Smith, B. | viii-ix, 28, 160

ソーサ Sosa, E. | 109

＊タ行

ダメット Dummett, M. | 95

タルスキ Tarski, A. | 73

ダントー Danto, A. | 56

ダンドレイド D'Andrade, R. | viii

チョムスキー Chomsky, N. | 103

デイヴィドソン Davidson, D. | 95-6

デ・ソト De Soto, H. | 182

デュルケーム Durkheim, É. | 96, 242

トゥオメラ Tuomela, R. | viii-ix, 68

トマセロ Tomasello, M. | viii-xi, 9, 103, 191

＊ナ行

ネーゲル Nagel, T. | 201

＊ハ行

ハーバーマス Habermas, J. | 96

ハーマン Harman, G. | 51

ハイデガー Heidegger, M. | 249

ハウザー Hauser, M. | 103

パシンスキー Passinsky, A. | vii, 89, 179

ハント Hunt, L. | 283, 285

ヒューディン Hudin J. | vii, x, xii, 8, 89, 91

ヒューム Hume, D. | 204, 206, 223

フーコー Foucault, M. | 96, 229, 238-43

ファインバーグ Feinberg, J. | 55

フィッチ Fitch, T. | 103

ブラットマン Bratman, M. E. | xi, 68

フリードマン Friedman, J. | 28, 182

ブルデュー Bourdieu, P. | 96, 315

フレーゲ Frege, G. | 4, 6, 64, 121

ベガ Vega, M. | viii, 283

ベンサム Bentham, J. | 240, 274-6, 287,

303
ヘンペル Hempel, C. G. | 5

＊マ行
マッキンタイア MacIntyre, A. | 274-6, 287
マルクス Marx, K. | 170
ミラー Miller, S. | viii, 68, 129
ミル Mill, J. S. | 295
モウラル Moural, J. | ix-xi, 283

＊ラ行
ライプニッツ Leibniz, G. | 187, 209
ラコツィ Rakoczy, H. | viii, 191
ラッセル Russell, B. | 4, 6
ルイス Lewis, D. | 131
ルークス Lukes, S. | viii, 229-10, 230, 234, 242
ローティ Rorty, R. | 223
ロールズ Rawls, J. | 5, 211, 311
ローソン Lawson, T. | 317
レジャーエフ Ledyaev, V. G. | 229

事項索引

＊ア行

意識 consciousness
　前言語的—— prelinguistic | 102-4
意図 intentions
　——と因果的な〈開き〉and causal gaps | 61-2
　——と意志の自由 and freedom of will | 62
X は C において Y とみなされる X counts as Y in C | 12
　——と言語 and language | 174
　構成的規則としての—— as constitutive rule | 150-2
　地位機能宣言としての—— as Status Function Declaration | 26-31

＊カ行

会社 corporations
　二重の宣言としての—— as double declarations | 152-8
観察者相対的 observer-relative | 23-4
願望 desire
　一次的——と二次的—— primary and secondary | 200
規則 rules
　構成的—— constitutive | 11-2, 150-2
　統制的—— regulative | 11-2, 151-2
　地位機能宣言としての—— as Status Function Declarations | 150-2
機能 function | 90-3
　対行為者—— agentive | 90
　地位—— status | 7-8, 91-2
義務 obligation
　——と言語の必要性 and the necessity of language | 149
義務論 deontology | 126-37
　言語の必要性 necessity of language | 129-30
　——と社会的現実 and social reality | 133-7
　コミットメントとしての—— as commitment | 126-33
　義務としての——as obligation | 128
　発話行為に内在的なものとしての—— as internal to speech acts | 130-3
義務論的権力 deontic powers | 10, 193
　条件付きの—— conditional | 10
　選言的な—— disjunctive | 10
　正の—— positive | 10
　負の—— negative | 10
　——と合理性 and rationality | 203-7
　——と発話行為 and speech acts | 159-61
　——と地位機能 and status functions | 166-9
言語 language | 95-140
　自然化された—— naturalized | 95
　——の主たる機能 primary functions of | 111-3
　——と合成性 and compositionality | 99, 120-6, 134-5
　——と離散性 and discreteness | 98-9
　——と言語外的操作 and extralinguistic operations | 175
　——と生成性 and generativity | 99-100, 125-6
　——と統語論上の操作 and manipulation of syntax | 105-6
　——と前言語的心性 and prelinguistic

mentality | 101-5
——と命題の統一性 and unity of the proposition | 109
制度としての—— as an institution | 173
コミットメントの基本形式としての—— as basic form of commitment | 127-30
諸機能に必要なものとしての—— as necessary for functions | 97
言語的な制度的事実 linguistic institutional facts | 178
——と非言語的な制度的事実 and non-linguistic institutional facts | 178
権利 rights
——と義務論的権力 and deontic powers | 276-8
——と義務 and obligations | 278-82
地位機能としての—— as status functions | 276
権力 power | 227-71
生権力 Bio-Power | 238-42
政治—— political | 252-70
目的論的—— telic | 243
——とバックグラウンドの実践 and Background practices | 242-52
——と指令型 and directives | 236-7
——と意図的な——行使 and intentional exercise of | 232
——と社会的圧力 and social pressure | 242-52
——と脅迫 and threats | 238
——と意図せざる帰結 and unintended consequences | 235-6
能力としての—— as capacity | 227-8
指導力とは異なるものとしての—— as distinguished from leadership | 233-4
〜に対する権力としての—— as power over | 228-9
権利としての—— as a right | 232
行為 action | 47-56
行為内意図 intentions-in-action | 47-52
——と意図 and intention | 47-52
——と因果的自己言及性 and causal self-referentiality | 50-1

＊サ行

三元論 trialism | 2
志向性 intentionality | 35-62
——の定義 definition of | 35-6
——の構造 structure of | 38-44, 56-62
——と意識 and consciousness | 36-7
志向性相対的 intentionality-relative | 23-4
自由意志 free will | 193-225
集合的行為 collective action | 78-84
構成的成立関係としての—— as constitutive by-way-of relation | 77-84
因果的手段関係による—— as causal by-means-of relation | 77-84
集合的志向性 Collective Intentionality | 8-9, 63-93
——と階級意識 and class consciousness | 260
——と集合的機能付与 and collective assignment of function | 90-93
——と還元可能性 and reducibility | 68-73
社会的存在論の基礎としての—— as

fundamental to social ontology | 64
集合的承認 Collective Recognition | 162-5
協同とは異なるものとしての―― as distinguished from cooperation | 86-9
充足条件 conditions of satisfaction | 41-2
自立的なＹ項 freestanding Y terms | 27-8, 156-8, 160, 171-3
――と義務論的権力の創出 and creation of deontic powers | 159-61
人権 human rights | 273-313
絶対的な―― absolute | 309-11
条件付きの―― conditional | 309-11
負および正の―― negative and positive | 289-94
一応の―― prima facie | 309
――と言論の自由 and free speech | 294-301
――と義務 and obligations | 278-82
――と普遍的な人間の義務 and universal human obligations | 282
地位機能としての―― as status functions | 276-8
遂行的発話 performatives
言語的な―― linguistic | 174-5
非言語的な―― non-linguistic | 174-5
意味の役割 role of meaning | 175-80
生権力 Bio-Power | 238-42
――とベンサムのパノプティコン and Bentham's panopticon | 240-1
――と知 and knowledge | 240-1
――と規格化 and normalization | 239-41
政治 the political | 266-7
公私の領域区分 public and private requirement | 266-67
制度 institutions
――と実力行使 and brute force | 221-3
――と意識をもたないロボット and unconscious robots | 212-5
制度的事実 institutional facts | 12-13
発見可能な―― discoverable | 28-30, 182-7
――と自由意志 and free will | 193
――と想像力 and imagination | 190-2
――と内包性 and intensionality | 187-90
――と体系的な派生事実 and systematic fallout | 30, 183
地位機能と外延を同じくするものとしての―― as coextensive with status functions | 32
マクロな事実としての―― as macro facts | 30, 183
政府 government
究極的な制度的構造としての―― as ultimate institutional structure | 252-6
宣言 Declarations | 16-19
――と言語的現象 and linguistic phenomena | 16
遂行的発話としての―― as performative utterances | 16
地位機能としての―― as Status Functions | 16-17, 180
存在論的な客観性 ontological objectivity | 24-5
存在論的な主観性 ontological subjectivity | 24-5

＊タ行
タイプ／トークンの区別 type-token distinction | 118
地位機能 status functions | 7-8
——と義務論的権力 and deontic powers | 10
地位機能宣言 Status Function Declarations | 16-17, 26-8, 147, 167-8, 179, 317
非言語的な—— non-linguistic | 179
適合方向 direction of fit | 39-41
特定性の要件 Exactness Constraint | 237-8

＊ナ行
認識論的客観性 epistemic objectivity | 24-5
認識論的主観性 epistemic subjectivity | 24-5
ネットワーク Network | 44-7

＊ハ行
バックグラウンド Background | 44-7, 242-52
表象 representation
表出とは異なるものとしての—— as distinguished from expression | 113-4
機能的概念としての—— as functional notion | 43
開き Gap, the | 208-09
方法論的個人主義 methodological individualism | 70

＊マ・ラ行
文字 writing | 181-2
ライプニッツの法則 Leibniz's Law | 187
——と合理性 and rationality | 195-6
理由 reasons
願望独立的—— desire-independent | 10-1, 135, 200-7
実践的推論 practical | 195-9
慎慮による—— prudential | 223
理論的推論 theoretical | 195
総体—— total | 198
動機因としての—— as motivators | 198
構成因としての—— as constitutors | 199
効果因としての—— as effectors | 198-9
叙実的実体としての—— as factitive entities | 197-8

参考文献

Andersson, Åsa, *Power and Social Ontology*, Malmö: Bokbox Publications, 2007.

Austin, J. L., *How to Do Things with Words*, Cambridge, Mass.: Harvard University Press, 1962.（J. L. オースティン『言語と行為』坂本百大訳、大修館書店、1978 年）

Bardsley, Nicholas, "On Collective Intentions: Collective Action in Economics and Philosophy," *Synthese* 157 (2007): 141–59.

Bentham, Jeremy, "Anarchical Fallacies; Being an Examination of the Declarations of Rights Issued during the French Revolution," in: John Bowring (ed.), *The Works of Jeremy Bentham*, vol. 2, Edinburgh: William Tait, 1843, 489–534.

Bratman, Michael E., *Faces of Intention*, Cambridge: Cambridge University Press, 1999.

Danto, Arthur, "Basic Actions," in Alan. R. White (ed.), *The Philosophy of Action*, Oxford: Oxford University Press, 1968, 43–58.

Davidson, Donald, "Rational Animals," *Dialectica* 36 (1982): 317–27.（ドナルド・デイヴィドソン「合理的動物」柏端達也訳、『主観的、間主観的、客観的』春秋社、2007 年、156–74 頁）

De Soto, Hernando, *The Mystery of Capital: Why Capitalism Triumphs in the West and Fails Everywhere Else*, New York: Basic Books, 2000.

De Waal, Frans, *Our Inner Ape: A Leading Primatologist Explains Why We Are Who We Are*, New York: Riverhead, 2005.（フランス・ドゥ・ヴァール『あなたのなかのサル——霊長類学者が明かす「人間らしさ」の起源』藤井留美訳、早川書房、2005 年）

Dummett, Michael, *Origins of Analytical Philosophy*, Cambridge, Mass.: Harvard University Press, 1993.（マイケル・ダメット『分析哲学の起源——言語への転回』野本和幸他訳、勁草書房、1998 年）

Durkheim, Emile, *The Rules of Sociological Method*, George E. G. Catlin (ed.),

trans. Sarah A. Solovay and John H. Mueller, Glencoe, IL: Free Press, 1938.（エミール・デュルケーム『社会学的方法の規準』菊谷和宏訳、講談社学術文庫、2018年）

Eccles, John, "Culture: The Creation of Man and the Creator of Man," in: John Eccles (ed.), *Mind and Brain: The Many-Faceted Problems*, Washington: Paragon House, 1982, 257–269.

Feinberg, Joel, *Doing and Deserving: Essays in the Theory of Responsibility*, Princeton: Princeton University Press, 1970.

Foucault, Michel, *Power*, James D. Faubion (ed.), trans. Robert Hurley et al., New York: New Press, 2000.

Friedman, Jonathan, "Comment on Searle's 'Social Ontology': The Reality of the Imagination and the Cunning of the Non-Intentional," *Anthropological Theory* 6 (2006): 70–80.

Gilbert, Margaret, *On Social Facts*, London: Routledge, 1989.

Gilbert, Margaret, "Walking Together: A Paradigmatic Social Phenomenon," *Midwest Studies in Philosophy* 15 (1990): 1–14.

Grewendorf, Günther and Georg Meggle (eds.), *Speech Acts, Mind, and Social Reality: Discussions with John R. Searle*, Dordrecht: Kluwer Academic, 2002.

Grice, H. P., "Meaning," *Philosophical Review* 66 (1957), 377–88.（ポール・グライス「意味」『論理と会話』清塚邦彦訳、勁草書房、1998年、223–39頁）

Grice, H. P., "Logic and Conversation," in: Peter Cole and Jerry L. Morgan (eds.), *Syntax and Semantics 3: Speech Acts*, New York: Academic Press, 1975, 41–58.（ポール・グライス「論理と会話」『論理と会話』清塚邦彦訳、勁草書房、1998年、31–59頁）

Harman, Gilbert, "Practical Reasoning," *Review of Metaphysics* 29 (1976): 431–63.

Hauser, Marc D., Noam Chomsky, and W. Tecumseh Fitch, "The Faculty of Language: What Is It, Who Has It, and How Did It Evolve?" *Science* 298 (Nov. 22, 2002): 1569–79.

Hudin, Jennifer, "Can Status Functions Be Discovered?" (unpublished)

Hume, David, *A Treatise of Human Nature*, L. A. Selby-Bigge (ed.), New York: Oxford University Press, 1978.（デイヴィッド・ヒューム『人間本

性論　第2巻』石川徹／中釜浩一／伊勢俊彦訳、法政大学出版局、2011年）

Hunt, Lynn, *Inventing Human Rights: A History*, New York: W.W. Norton, 2007.（リン・ハント『人権を創造する』松浦義弘訳、岩波書店、2011年）

Kant, Immanuel, *Critique of Judgment*, Indianapolis: Hacket Publishing, 1987.（イマヌエル・カント『判断力批判』熊野純彦訳、作品社、2015年）

Koepsell, David, and Laurence S. Moss (eds.), *John Searle's Ideas about Social Reality: Extensions, Criticisms, and Reconstructions*, Malden, Mass.: Blackwell, 2003.

Lawson, Tony, *Economics and Reality*, New York: Routledge, 1997.（トニー・ローソン『経済学と実在』八木紀一郎監訳、江頭進／葛城政明訳、日本評論社、2003年）.

Ledyaev, Valeri G., *Power: A Conceptual Analysis*, New York: Nova Science, 1997.

Lewis, David, "General Semantics," in: Donald Davidson and Gilbert Harman (eds.), *Semantics of Natural Language*, 2nd ed., Dordrecht: D. Reidel, 1972, 169–218.

Lukes, Steven, *Power: A Radical View*, 2nd ed., New York: Palgrave Macmillan, 2005.

MacIntyre, Alasdair, *After Virtue: A Study in Moral Theory*, Notre Dame, Ind.: University of Notre Dame Press, 1981.（アラスデア・マッキンタイア『美徳なき時代』篠崎榮訳、みすず書房、1993年）

Marx, K., *Capital: A Critical Analysis of Capitalist Production*, trans, Samuel Moore and Edward Aveling London: Swan Sonnenschein & Co., 1904.（カール・マルクス『マルクス・コレクションIV　資本論第1巻（上）』今村仁司／鈴木直訳、筑摩書房、2005年）

Mill, John Stuart, *On Liberty and Other Essays*, New York: Oxford University Press, 1998.（ミル『自由論』斉藤悦則訳、光文社古典新訳文庫、2012年）

Miller, Seumas, *Social Action: A Teleological Account*, New York: Cambridge University Press, 2001.

Miller, Seumas, "Joint Action: The Individual Strikes Back," in: Savas L. Tsohatzidis (ed.), *Intentional Acts and Institutional Facts: Essays on John Searle's Social Ontology*, Dordrecht: Springer, 2007, 73–92.

Nagel, Thomas, *The Possibility of Altruism*, Oxford: Clarendon Press, 1970.

Rakoczy, Hannes, and Michael Tomasello, "The Ontogeny of Social Ontology: Steps to Shared Intentionality and Status Functions," in: Savas L. Tsohatzidis (ed.), *Intentional Acts and Institutional Facts*, Dordrecht: Springer, 2007, 113-37.

Rawls, John, "Two Concepts of Rules," *Philosophical Review* 64 (1955): 3-32.（ジョン・ロールズ「二つのルール概念」深田三徳訳、田中成明編『公正としての正義』木鐸社、1979年、289-335頁）

Rawls, John, *A Theory of Justice*, Cambridge, Mass.: Harvard University Press, 1971.（ジョン・ロールズ『正義論〔改訂版〕』川本隆史／福間聡／神島裕子訳、紀伊國屋書店、2010年）

Schmitt, Carl, *The Concept of the Political*, trans. George Schwab, Chicago: University of Chicago Press, 1996.（カール・シュミット『政治的なものの概念』田中浩／原田武雄訳、未來社、1970年）

Searle, John R., *Speech Acts: An Essay in the Philosophy of Language*, Cambridge: Cambridge University Press, 1969.（ジョン・R・サール『言語行為——言語哲学への試論』坂本百大／ 土屋俊訳、勁草書房、1986年）

Searle, John R., "A Taxonomy of Illocutionary Acts," in: Keith Gunderson (ed.), *Language, Mind and Knowledge*, Minnesota Studies in the Philosophy of Science, Vol. VII, Minneapolis: University of Minnesota Press, 1975, 344-69.（ジョン・R・サール「発語内行為の分類法」野村恭史訳、山田友幸監訳『表現と意味』誠信書房、2006年、1-51頁）

Searle, John R., "Prima Facie Obligations," in: Joseph Raz (ed.), *Practical Reasoning*, Oxford: Oxford University Press, 1978, 81-90.

Searle, John R., "Minds, Brains, and Programs," *Behavioral and Brain Sciences* 3 (1980): 417-24.（ジョン・サール「心・脳・プログラム」久慈要訳、D・R・ホフスタッター／D・C・デネット編、坂本百大監訳『マインズ・アイ——コンピュータ時代の「心」と「私」（下）』TBSブリタニカ、1992年、178-210頁）

Searle, John R., *Intentionality: An Essay in the Philosophy of Mind*, Cambridge: Cambridge University Press, 1983.（ジョン・R・サール『志向性——心の哲学』坂本百大監訳、誠信書房、1997年）

Searle, John, *Minds, Brains and Science*, Cambridge, Mass.: Harvard Universi-

ty Press, 1984.（ジョン・サール『心・脳・科学』土屋俊訳、岩波書店、2015 年）
Searle, John R., "Collective Intentions and Actions," in: Philip. R. Cohen, Jerry Morgan and Martha Pollack (eds.), *Intentions in Communication*, Cambridge, Mass.: MIT Press, 1990, 401–15, reprinted in: John R. Searle, *Consciousness and Language*, Cambridge: Cambridge University Press, 2002.
Searle, John R., *The Rediscovery of the Mind*, Cambridge, Mass.; MIT Press, 1992.（ジョン・R・サール『ディスカバー・マインド！――哲学の挑戦』宮原勇訳、筑摩書房、2008 年）
Searle, John R., *The Construction of Social Reality*, New York: Free Press, 1995.
Searle, John R., *Rationality in Action*, Cambridge, Mass.: MIT Press, 2001.（ジョン・R・サール『行為と合理性』塩野直之訳、勁草書房、2008 年）
Searle, John R., "Reality and Social Construction: Reply to Friedman," *Anthropological Theory* 6, (2006): 81–88.
Smith, Barry, "John Searle: From Speech Acts to Social Reality," in: Barry Smith (ed.), *John Searle*, Cambridge: Cambridge University Press, 2003, 1–33.
Smith Barry (ed.), *John Searle*, Cambridge: Cambridge University Press, 2003.
Smith, Barry, David M. Mark and Isaac Ehrlich (eds.), *The Mystery of Capital and the Construction of Social Reality*, Chicago: Open Court, 2008.
Strawson, P. F., *Individuals: An Essay in Descriptive Metaphysics*, London: Methuen, 1959.（P. F. ストローソン『個体と主語』中村秀吉訳、みすず書房、1978 年）
Tarski, Alfred, "The Semantic Conception of Truth and the Foundations of Semantics," *Philosophy and Phenomenological Research* 4 (1944): 341–75.（アルフレッド・タルスキ「真理の意味論的観点と意味論の基礎」飯田隆訳、坂本百大編『現代哲学基本論文集 II』勁草書房、1987 年、51–120 頁）
Thomasson, Amie L., "Foundations for a Social Ontology," *ProtoSociology* 18–19 (2003): 269–90.
Tomasello, Michael, *Origins of Human Communication*. Cambridge, Mass.: MIT Press, 2008.（マイケル・トマセロ『コミュニケーションの起源を探

る』松井智子／岩田彩志訳、勁草書房、2013 年）
Tomasello, Michael and Josep Call, *Primate Cognition*, New York: Oxford University Press, 1997.
Tsohatzidis, Savas L. (ed.), *Intentional Acts and Institutional Facts: Essays on John Searle's Social Ontology*, Dordrecht: Springer, 2007.
Tuomela, Raimo, "We Will Do It: An Analysis of Group-Intentions," *Philosophy and Phenomenological Research* 51 (1991): 249–77.
Tuomela, Raimo, *The Philosophy of Sociality: The Shared Point of View*, New York: Oxford University Press, 2007.
Tuomela, Raimo, and Kaarlo Miller, "We-intentions," *Philosophical Studies* 53 (1988): 367–89.
Velleman, J., David *Practical Reflection*, Princeton, N.J.: Princeton University Press, 1989.
Williams, Bernard, "Internal and External Reasons," in: *Moral Luck: Philosophical Papers 1973–1980*, Cambridge: Cambridge University Press, 1981, 101–13.
Williams, Bernard, *Truth and Truthfulness: An Essay in Genealogy*, Princeton, N.J.: Princeton University Press, 2002.
Williams, Bernard, *In the Beginning Was the Deed: Realism and Moralism in Political Argument*, Geoffrey Hawthorne (ed.), Princeton, N.J.: Princeton University Press, 2005.

ジョン・R・サール（John R. Searle）
1932 年生まれ。1959 年、オックスフォード大学にて博士号を取得。
カリフォルニア大学バークレー校名誉教授。

三谷武司（みたにたけし）
1977 年生まれ。東京大学大学院情報学環准教授。翻訳家。

社会的世界の制作
人間文明の構造

2018 年 9 月 20 日　第 1 版第 1 刷発行

著　者　ジョン・R・サール
訳　者　三《み》　谷《たに》　武《たけ》　司《し》
発行者　井　村　寿　人

発行所　株式会社　勁《けい》　草《そう》　書　房
112-0005 東京都文京区水道 2-1-1　振替 00150-2-175253
（編集）電話 03-3815-5277／FAX 03-3814-6968
（営業）電話 03-3814-6861／FAX 03-3814-6854
三秀舎・松岳社

ISBN978-4-326-15455-5　Printed in Japan

中山康雄
規範とゲーム
社会の哲学入門
四六判　二八〇〇円
15418-0

ジョン・R・サール
坂本・土屋訳
言語行為
言語哲学への試論
四六判　四四〇〇円
19875-7

ジョン・R・サール
塩野直之訳
行為と合理性
四六判　三五〇〇円
19959-4

マイケル・トマセロ
松井・岩田訳
コミュニケーションの起源を探る
四六判　三三〇〇円
19963-1

＊表示価格は二〇一八年九月現在。消費税は含まれておりません。

勁草書房刊